原口耕一郎　著

隼人と日本書紀

同成社　古代史選書　31

はじめに

手塚治虫のライフワークとされる長編『火の鳥』に、クマソを扱った二篇がある。『火の鳥』全体の冒頭を飾る「黎明編」では、ヤマタイ国の女王ヒミコがクマソの国を滅ぼし、そのヤマタイ国も大陸から渡ってきた騎馬民族に征服される。騎馬民族の王ニニギはヤマトを建国し、生き残ったクマソは一族を復興させるため旅立つ。続く「ヤマト編」では、ヤマトの王が「正しい歴史」を喧伝するため『古事記』を編纂する。しかしクマソの王、川上タケルはこの動きを察知し、ヤマトの歴史書が伝えない「歴史の真実」を後世に伝えるため、自ら筆を執って歴史書をつくる。これを知ったヤマト側は、クマソ討伐のためにヤマトオグナ（ヤマトタケル）を派遣する。

川上タケルによると、ヤマトの王がつくらせた『古事記』は、「王に都合のよいつくり話の歴史」「ウソッパチの歴史」だというが、作中において残念ながらクマソの歴史書は失われ、その具体的な内容は不明のままである（ただし一部は後世に伝わったようで「鳳凰編」にて言及がある）。それはさておき、作中において『古事記』は、「どうやって人々がこれまで暮らしてきたかを正しく書いてある」とはみなされていない。

現在の研究においては、クマソが実在したとは考えられていない（中村明蔵『クマソの虚構と実像―つくり出された反逆者像―』（丸山学芸図書、一九九五年）など）が、仮にクマソが実在し、彼らが何らかの記録を残していたとするならば、それはどのような内容であり、そしてまた、どのような言葉／文体で綴られていたのであろうか。

また作中では、『古事記』に対する手塚の強い疑念があらわれていたが、それはおそらく、『日本書紀』に対しても基本的に同じであろう。

『日本書紀』を用いて「古代」を復元することは、可能なのか。これは日本古代史研究という分野全体が共有する根本的な問題であり、また私個人にとっても同様である。私は日本古代史研究という領域に迷い込んで以来、一貫してこのテーマを追い続けてきたつもりでいる。本書は、南九州の隼人を題材として用いながら、古代天皇制と『日本書紀』との関係性の、その一端を解明することを目指している。

『日本書紀』は、「公明正大」な「歴史的事実」を後世に伝えようとしたものであろうか。そうではあるまい。そのように考えるものなど誰もいまい。「『日本書紀』は特定の立場から特定の主張をするために編まれた史書だ」と誰もが答えるに違いない。しかし、そうであるならば、『日本書紀』を用いて古代を復元するという文献史学の営みは、本質的に挫折せざるをえないのではないか。

この点をめぐり重要な問題提起を行ったのが、神野志隆光であった。

…文献史学は漠然と、一種の文献信仰と言ってよいと思うのですけれども、それ以前にあり得たもの、失われたけれどもそれ以前にあり得たものが何かあったのではないかと考えながら進めてきました。それと同じように、神話と言ったときやはり、本来神話というものはあるのだということから出発してきました。それに対して、やはり根本的にそういう、あったはずだということからではなく、現にあるもの、つまり我々がまさに作品として持っているというところでしか始まらないという点にたって、その今あるものがエクリチュールのレベルで捉えられなければならない問題だということになった時、『古事記』や『日本書紀』を通じてそれ以前にあり得たものを考えることはできないことがはっきりするのではないでしょうか…（神野志隆光「〈インタビュー〉古代文学研究からの提起」（『古代天皇神話論』若草書房、一九九九年）三八〇―三八一頁）

『古事記』に記されていることは、『古事記』に記されたこと以上のものではないし、『日本書紀』に記されていることは、『日本書紀』に記されたこと以上のものではない。われわれは、この単純にして明快な事実から出発するほかはない。

しかし、神野志も、彼の問題提起に共感する私も、空疎な観念論者、気楽な相対主義者などではない。神野志の議論は「歴史的事実」という概念を前提にして成り立つものだと、私は理解している。端的にいえば、『日本書紀』に記された事柄は、「歴史的事実」とは別なところで産み出されたものだと神野志は主張する。だからこそ、『日本書紀』を用いて「古代」を復元することなどできぬのだ。いわば、実証主義的不可知論とでも位置づけることができようか。むろん、このようなことは白か黒かの二者択一ではなく、すべてはグレーゾーンのなかにあり、両端の間を振り子がどちらに振れるかという程度問題である。そして私は、『日本書紀』の隼人関係記事の少なくとも一部について、黒よりのグレーに染まりつつある。

また本書は、「エクリチュール」の問題にも目を向けたつもりである。

漢字で書くということをどうとらえるか、その問題をおいて『古事記』をよみはじめることはできません。『古事記』の入り口に立つまでに、漢字という外来の文字を受け入れて読み書きすることがどのように果されたか、『古事記』がどういう読み書きの空間のなかにあったかということについて、見ておかなければなりません。『古事記』が、神話や古い伝承を書きとめたものだと簡単にはいえないということが、そこではっきりするでしょう（神野志隆光『漢字テキストとしての古事記』（東京大学出版会、二〇〇七年）一頁）。

いささか大げさにいえば、史料にもとづき「歴史的事実」の探求を試みる文献史学の、その限界はどこにあるのか。それを私なりに追求した試みの軌跡が、本書だともいいうる。

本書では『日本書紀』研究の現状を振り返り、天皇制の成立とその意義を確認した上で、古典学／文献学的方法を用いて『古事記』、『日本書紀』、『続日本紀』などの隼人関係記事に対して、その政治思想史的側面を中心に分析を行い、とくに『日本書紀』隼人関係記事について史料批判を加えることを目的とする。『日本書紀』全篇にわたり十全な史料批判を加えるなど、見果てぬ夢でしかないのかもしれない。いったいいつになったら、古代史研究者はそれをやり遂げることができるのだろうか。

本書は、そのささやかな試みの一つにすぎないものではあるが、私なりの挑戦の第一歩でもある。

目 次

隼人と日本書紀

凡例および使用テキスト

【凡例】

引用史料は原則として新字にあらためた。訓読文はそれぞれ使用テキストのものによった。また注釈や現代語訳についても、それぞれ使用テキストのものを参照した。引用文も新字にあらためた。

なお、本書においては、潤色、造作、文飾という語句を、以下のように使い分ける。潤色は、原史料に漢籍や中国思想などにもとづく粉飾を施したもの。造作は、事実上ゼロから創作されたもの。文飾は、潤色と造作をあわせていう場合に用いる。

【使用テキスト】

古事記　新編日本古典文学全集『古事記』（小学館、一九九七年）。

日本書紀　新編日本古典文学全集『日本書紀①―③』（小学館、一九九四―一九九八年）。

続日本紀　新日本古典文学大系『続日本紀一―五』（岩波書店、一九八九―一九九八年）。

日本後紀　〈新訂増補〉国史大系『日本後紀』（吉川弘文館、一九八四年）。

日本文徳天皇実録　〈新訂増補〉国史大系『日本文徳天皇実録』（吉川弘文館、一九九〇年）。

類聚国史　〈新訂増補〉国史大系『類聚国史一―四』（吉川弘文館、一九七八年）。

薩摩国風土記佚文　新編日本古典文学全集『風土記』（小学館、一九九七年）。

万葉集　新日本古典文学大系『万葉集三』（岩波書店、二〇〇二年）。

律令　日本思想大系新装版『律令』（岩波書店、一九九四年）。

令集解　〈新訂増補〉国史大系『令集解一―四』（吉川弘文館、一九七二年）。

延喜式　〈新訂増補〉国史大系『延喜式前・中・後篇』（吉川弘文館、一九七八年）。
天平八年薩麻国正税帳　林陸朗・鈴木靖民編『天平諸国正税帳』（現代思潮社、一九八五年）。
天平十年周防国正税帳　林陸朗・鈴木靖民編『天平諸国正税帳』（現代思潮社、一九八五年）。
倭名類聚抄　中田祝夫解説『倭名類聚抄〈元和三年古活字版二十巻本〉』（勉誠社、一九七八年）。
日本書紀纂疏　真壁俊信校注『神道大系　古典注釈編三　日本書紀注釈（中）』（神道大系編纂会、一九八五年）。
神書聞塵　秋山一実校注『神道大系　古典注釈編四　日本書紀注釈（下）』（神道大系編纂会、一九八八年）。
日本紀聞書　秋山一実校注『神道大系　古典注釈編四　日本書紀注釈（下）』（神道大系編纂会、一九八八年）。
易経　新釈漢文大系『易経（下）』（明治書院、二〇〇八年）。
礼記　新釈漢文大系『礼記（上）』（明治書院、一九七一年）。
周礼注疏　景印本『十三経注疏』（上海古籍出版社、一九九七年）。
淮南子　新釈漢文大系『淮南子（上）（下）』（明治書院、一九七九・一九八八年）。
国語　新釈漢文大系『国語（上）』（明治書院、一九七五年）。
春秋左氏伝　新釈漢文大系『春秋左氏伝（四）』（明治書院、一九八一年）。
後漢書　吉川忠夫訓注『後漢書　第1冊　本紀一』（岩波書店、二〇〇一年）。
晋書　標点本『晋書』（中華書局、一九七四年）。
宋書　標点本『宋書』（中華書局、一九七四年）。
北斉書　標点本『北斉書』（中華書局、一九七二年）。
北史　標点本『北史』（中華書局、一九七四年）。
隋書　標点本『隋書』（中華書局、一九七三年）。
旧唐書　標点本『旧唐書』（中華書局、一九七五年）。
新唐書　標点本『新唐書』（中華書局、一九八六年）。

冊府元亀　景印本『冊府元亀』（中華書局、一九六〇年）。
唐大詔令集　排印本『唐大詔令集』（商務印書館、一九五九年）。
唐会要　排印本『唐会要』（上海古籍出版社、二〇〇六年新1版）。
釈名　景印本『釈名』（中華書局、二〇一六年）。
芸文類聚　標点本『芸文類聚』（上海古籍出版社、一九九九年新2版）。
初学記　標点本『初学記』（中華書局、一九六二年）。
太平御覧　景印本『太平御覧』（中文出版社、一九八〇年）。
事物紀原　景印本『事物紀原集類　附索隠』（新興書局、一九七六年）。
文苑英華　景印本『文苑英華』（中華書局、一九六六年）。
全唐文　景印本『全唐文』（中華書局、一九八三年）。
経律異相　大正新脩大蔵経刊行会『大正新脩大蔵経　第53巻　事彙部上』（一九九〇年）。
法苑珠林　大正新脩大蔵経刊行会『大正新脩大蔵経　第53巻　事彙部上』（一九九〇年）。

序章――本書の視角――

本書は隼人を題材として用いながら、古代天皇制と『日本書紀』（以下、『書紀』）との関係性の、その一端を解明することを目的とするが、隼人や『書紀』について具体的な検討を行う前に、まずは本書の基本的な立脚点を確認しておこう。

本章では本書の基本的な立場を表明したい。近年の隼人研究および『書紀』研究がおよそどのような学説によって支えられているのか、少しく大げさにいえば、どのような理論的背景をもっているのか、私なりにこれらの研究を取り巻く状況を探ることによって考察してみたいと思う。

さて、本書においては近年の日本文学研究等で指摘された概念の一つである古代テキスト論を踏まえつつ、テキストとしての古代、テキストとしての『書紀』、テキストのなかの隼人、といった視点を打ち出してみたい。

一　作品としての『記・紀』

ここ二、三十年において『古事記』（以下、『記』）や『書紀』――とくにいわゆる「記紀神話」の理解をめぐって――の研究に最もインパクトを与えた成果の一つに、神野志隆光による一連のテキスト読解がある。(1)

神野志は『記』と『書紀』を「別個の作品」とみなし、それ自体が独立した構造と論理をもつものとして、いいかえれば、ある執筆目的のもとに書かれたものとして、作品論的立場から分析する姿勢をとる。(2)『記』と『書紀』は、神話でいうならば「記紀神話」「日本神話」と一括しうるものではなく、たがいに異なる世界像をもった別個の神話・歴史書であり、このような視点から『記・紀』を読み直さねばならないという。(3)おそらく神野志がいいたいことは、『記』や『書紀』はそれぞれが一つの作品であるから、あくまで『記』や『書紀』のテキスト世界に即して、『記』と『書紀』それぞれの内部を貫く論理を読み取らねばならない、ということだろう。神野志は、『記』には「日本」という名がみえず、中国や仏教に触れることがないため、それらが登場する『書紀』との決定的な違いではないか、と指摘する。

要するに、『古事記』と『日本書紀』の「古代」を、八世紀のもとめた「古代」であり、それぞれ別な「古代」を語るものとして見ようということである。両者のあいだの違いを、ひとつの「古代」という点から見るとき、八世紀において、みずからの「古代」を語ろうとしたテキストの意味は見失われてしまうであろう。違いがあるのは、違う「古代」を語ろうとするものだからだととらえよう。『古事記』『日本書紀』に見るのは、それぞれのテキストがつくろうとした「古代」でなくてはならない。ひとつではない「古代」、すなわち、複数の「古代」がそこにはある。それは、いうまでもなく、歴史の現実とは別な次元にある。(4)

ここで『記・紀』の相違について一例をみてみよう。ヤマトタケルは西へ赴きクマソを「征伐」して帰京するが、父である景行天皇の命により、次は東方のエミシを討つことになった。旅立つにあたりヤマトタケルは叔母のヤマトヒメの元へ挨拶に立ち寄り、クサナギの剣を授けられる。

史料1『日本書紀』巻七　景行天皇四十年（一一〇）冬十月条

戊午《ぼご》に、道《みち》を枉《ま》げて、伊勢神宮《いせのかむみや》を拝《をろが》みたまふ。仍《よ》りて倭姫命《やまとひめのみこと》に辞《いとままを》して曰《まを》さく、「今《いま》し天皇《すめらみこと》の命《おほみこと》を被《かがふ》りて、東《ひむがしのかた》に征《ゆ》きて諸《もろもろ》の叛者《そむけるものども》を誅《つみな》はむとす。故《かれ》、辞《いとまをまを》す」とまをしたまふ。是《ここ》に倭姫命、草薙剣《くさなぎのつるぎ》を取《と》りて、日本武尊《やまとたけるのみこと》に授《さづ》けて曰《のたま》はく、「慎《つつし》みてな怠《おこた》りそ」とのたまふ。

『書紀』のヤマトタケルは、「天皇の命を受け東方へ赴き、反逆者どもを誅滅しようとしております。そこで、暇乞いに参りました」と、立派な挨拶をしている。しかし、『記』ではそうではない。

史料2『古事記』中巻　景行天皇

故《かれ》、命《みこと》を受けて罷《まか》り行《ゆ》きし時に、伊勢大御神《いせのおほみかみ》の宮に参《ま》ゐ入《い》りて、神の朝庭《みかど》を拝《をろが》みて、即《すなは》ち其《そ》の姨《をば》倭比売命《やまとひめのみこと》に白《まを》さく、「天皇《すめらみこと》の既《すで》に吾《あれ》を死《し》ねと思ふ所以《ゆゑ》や、何《なに》。西《にし》の方《かた》の悪《あ》しき人等《ひとども》を撃《う》ちに遣《つかは》して、返《かへ》り参《ま》ゐ上《のぼ》り来《こ》し間《あひだ》に、未《いま》だ幾《いく》ばくの時を経《へ》ぬに、軍衆《いくさども》を賜《たま》はずして、今更《さら》に東《ひむかし》の方の十二《とをあまりふたつ》の道の悪《あ》しき人等《ひとども》を平《たひら》げに遣《つかは》しつ。此《これ》に因《よ》りて思惟《おも》ふに、猶吾《なほあれ》を既に死ねと思《おも》ほし看《め》すぞ」と、患《うれ》へ泣きて罷《まか》りし時に、倭比売命《やまとひめのみこと》、草那芸剣《くさなぎのつるぎ》を賜《たま》ひ、亦《また》、御嚢《みふくろ》を賜《たま》ひて、詔《のりたま》ひしく、「若《も》し急《には》かなる事有《ことあ》らば、茲《こ》の嚢《ふくろ》の口を解《と》け」とのりたまひき。

『記』のヤマトタケルは、「天皇が私など死んでしまえと思うのはどうしてなのでしょう。西方の悪者どもを討ちに私を遣わして、まだいくらも経たないのに、軍隊もくださらず、今、さらに東方の悪者どもを平定せよと私を遣わされたのです。これによって考えますと、やはり、私など死んでしまえとお思いになっていらっしゃるのです」と嘆いて泣き出すのである。

このように、『記・紀』が描くヤマトタケルの人物像は、まったくといってよいほど異なっている。[5] いわば『記・紀』は、それぞれが異なるヤマトタケルを創り出したのだ。

『記』『書紀』『風土記』『万葉集』といった八世紀のテキスト群が語る〝古代〟は、いうなればそれぞれのテキストが創り出した〝古代〟であって、それらを安易にくってたった一つの〝古代〟、一つの見方しかない〝歴史の真実〟

といった概念に還元することはできない。神野志の視点を極限まで押し進めれば、『記・紀』が語るのはあくまで『記・紀』内部だけで完結するストーリーであり、『記・紀』のテキスト世界の外部の〝現実〟とは関係がない、ということになるだろう。いくら『記・紀』を読んでみたところで〝歴史的事実〟など分かりようがない、ということになるだろう。

僕の知り合いで神野志隆光さんという人が、二〇〇七年に『複数の「古代」』という本を出しました。『古事記』や『日本書紀』に描かれている「古代」は、それらの編纂物が造り上げた「古代」なのであって、現代の歴史学者がそこから自分勝手に「これは史実」「これは単なる神話・伝説」という選別を行い、そうして選別された「史実」だけをつなぎあわせて「日本古代史」を語ることにどれほどの意味があるのか。僕なりに乱暴に要約するならば、神野志さんが主張しているのはそういうことです。方法的に原理的な問いとして、非常に奥深いものがあると僕は思います。(6)

むろん、神野志の問題提起もいわば程度問題であって、『記』や『書紀』を使って歴史の復元がまったくできないといっているわけではないだろう。以上要するに、例えば『書紀』を読むに際しては、冒頭のいわゆる天地開闢（神代紀第一段）から、持統譲位／文武即位（持統紀十一年八月乙丑条）にいたるまで、『書紀』の語る〝おはなし〟を一貫した態度で読み解かなくてはならない、ということである。これを隼人研究にあてはめると、コノハナサクヤヒメの火中出産譚（神代紀第九段）から持統紀の相撲記事（持統九年五月条）まで、『書紀』の隼人関係記事すべてに対して一貫した説明を与えねばならない、ということになる。

神野志の『記・紀』読解がどの程度妥当性をもつかについては、もちろん議論の余地がある。(7)しかし私は、それは程度の問題、強弱様々なヴァリエーションの問題であって、基本的な発想自体は妥当なものとして受け止めている。

二　漢字で書かれたテキストとしての『記・紀』

宮崎県都城市に所在する縄文時代の遺跡から、大分県姫島産黒曜石製の石器が出土したとしよう。南九州には黒曜石産地がいくつかあるが、なぜ用いられたのは姫島産のそれであるのか。そこからはいったい何を読み取ることができるのか。あるいは、豊後水道に浮かぶ姫島から宮崎県最南端で内陸の都城市まで、姫島産黒曜石はいかなるルートを経てもたらされたのか。当時の交易の様子はいかなるものであったのか。考古学者は石器の素材たる黒曜石をめぐって、このような思いをめぐらせることだろう。ところで、テキストとは文章である。文章は言葉という素材から成り立っている。言葉についてあれこれと考えてみることは、テキスト読解にとって大きな意味をもつ。考古学者が石器の素材である石材の「出自」や「由来」に注意を払うように、テキストを読む者もまた、その素材たる言葉の出自や由来に関心をもつ（べきである）。その究極的な事例として、中国語学者・森博達による検討をあげることができる。森は『書紀』に使用されている〝言葉〟の言語学的な分析を通じて、『書紀』の約半分は中国人が述作したという衝撃的な結論をもたらした(8)。森によると、『書紀』に用いられた万葉仮名の発音には、上代日本語の発音体系によるのではなく、唐代北方音（隋唐時代の長安付近の読書音）に依拠する部分もあるのだという。

さて、ここでは言葉の問題について考えてみたい。まず、『書紀』について。『書紀』は漢文で書かれているが、中国を中心とした東アジアのいわゆる漢字文化圏において、文章を漢文で書くとはどのようなことであるのか。

…漢文を理解する場合にそこに使用されている語、句がどういう意味であるかを最初に理解する必要がある。その時に漢和辞典等をひくと、その意味があり、その語、句が過去のどの漢籍のどこに使用されていたかを示している。これが出典である。この出典は単にそこにあるというだけのものではなく、その漢籍で使用されている例がその語、句に含まれていて、それを新たに使用した場合に、過去に使用された意味を背後にひそめて、単純な語句に大きな意味を含めることができ、文章に深みを出すことができるのである。従って漢詩文を理解する時に、その語句の出典を知ることはぜひとも必要なことになる。(9)

…これは漢詩の話であるが、漢文についても同じようなことが言える。漢文は実際の中国語の変化に関係なく、時空を超越した約束事によって書かれるものであった。だからこそ東アジアの共通言語となりえたのである。近代以前の東アジアにおける外交文書、外交使節が交わした筆談などは、基本的にすべて共通言語としての漢文によって書かれた。また外交の場ではしばしば重要な行事として漢詩の応酬が行われた。…漢詩、漢文の学習は、ふつうわれわれが外国語を学ぶ時のように、文法と単語をおぼえ、文法によって単語をならべれば出来るというものではない。その習得には、まず儒教の経典や標準となる古典の名作を数多く熟読して、それを自分なりに消化した後、それを真似るかたちで自分の言いたいことを書くのである。これがもっとも効果的な方法で、現にこれまでずっと、この方法によって漢詩、漢文は学習されてきた。…煎じ詰めれば漢詩、漢文の作り方とはこういうものである(10)…

漢文を採用した東アジアの漢字文化圏において、文章述作の際に漢籍の語句や文章を踏まえることは常識的なことであるが、ここで注意すべきは、それら典拠となる語句や文章の選択は、意識的に、いわば特定の意図を込めた上でなされるということである。

前節でみた『書紀』ヤマトタケルの東征説話について、景行がヤマトタケルに与えた言葉のなかに、次の一文がある。

史料3『日本書紀』巻七　景行天皇四十年　秋七月条

〈前略〉其《そ》の東夷《あづまのひな》の中《なか》に、蝦夷《えみし》は是尤《これもと》も強《こは》し。男女交《をのこをみなまじ》り居《ゐ》、父子《ちちこ》別《わきため》無《な》し。冬《ふゆ》は則《すなは》ち穴《あな》に宿《い》ね、夏《なつ》は則ち樔《す》に住《す》む。毛《け》を衣《き》、血《ち》を飲《の》み、昆弟相疑《えおとあひうたが》ふ。山に登《のぼ》ること飛禽《とぶとり》の如《ごと》く、草《くさ》を行《ゆ》くこと走獣《はしるしし》の如し。恩《めぐみ》を承《う》けては則ち忘《わす》れ、怨《あた》を見《み》ては必ず報《むく》ゆ。是《ここ》を以《も》ちて、箭《や》を頭髻《たきふさ》に蔵《かく》し、刀《かたな》を衣《ころも》の中《なか》に佩《は》き、或《ある》いは党類《とうるい》を聚《あつ》めて辺界《ほとり》を犯《をか》し、或いは農桑《のうそう》を伺《うかが》ひて人民《おほみたから》を略《かす》む。撃《う》てば草に隠《かく》れ、追《お》へば山に入《い》るときく。故《かれ》、往古《いにしへ》より以来《このかた》、未《いま》だ王化《みおもむけ》に染《したが》はず。〈後略〉

東夷のなかでも蝦夷はもっとも強い。男女は雑居し、父子の区別もなく、冬は穴のなかに寝て、夏は木の上の巣に住む。毛皮を着て、生血をすする。兄弟は互いに疑いあい…などと蝦夷の様子が描かれている。なおここで「東夷」「蝦夷」「王化」といった語句が登場することは、本書の目的に照らしても興味深い。すでに指摘があるように、この記事には非常によく似た文章がある。

史料4『礼記』礼運第九

〈前略〉昔者先王未《むかしせんわういま》だ宮室《きゅうしつ》有《あ》らず、冬《ふゆ》は則《すなは》ち営窟《えいくつ》に居《を》り、夏《なつ》は則ち橧巣《そうさう》に居《を》る。未《いま》だ火化《くわくわ》有《あ》らず、草木《さうもく》の実《み》、鳥《てう》獣《じう》の肉《にく》を食《くら》ひ、其《そ》の血《ち》を飲《の》み、其《そ》の毛《け》を茹《くら》ふ。未《いま》だ麻絲《まし》有《あ》らず、其《そ》の羽皮《うひ》を衣《き》る。…以《もつ》て君臣《くんしん》を正《ただ》し、以《もつ》て父子《ふし》を篤《あつ》くし、以《もつ》て兄弟《けいてい》を睦《むつま》じくし、以《もつ》て上下《しやうか》を斉《ととの》へ、夫婦《ふうふ》所《ところ》有《あ》り。〈後略〉

昔、王たちにもまだ家屋がなかった頃、人々は冬は穴に住み、夏は木の枝で作った巣に暮らしていた。未だ火を用いることが知られておらず、果実や鳥獣の肉をナマで食べ、その血を飲み、毛までも食べていた。未だ麻や絹も知らなかったから、鳥獣の羽や毛皮を着ていた。しかしその後に火の利用が知られ、聖王たちの時代になると、「文明」が発達し、中国的な「礼」が制定されていき、君臣、父子、兄弟、夫婦の秩序が形成された。

前述の景行紀の文章は、明らかに『礼記』の文章／思想を踏まえている。(11) 蝦夷は男女や父子の区別もなく、兄弟間の秩序もない、儒教的価値観からみて「文明化」される以前の「未開」で「野蛮」な存在だと描写されている。この記事は背景に中国思想を潜ませており、景行もヤマトタケルも中国思想にもとづいて行動していることが読み取れる。『書紀』述作者は中国思想をもとにしてこの記事を書いたと思われ、日本列島に暮らす人々が先祖代々受け継いできた、素朴なヤマトタケル伝承をそのまま書き記したものと理解することはできない。

次に『記』について。(12)『記』には序文（以下、記序）があり、そこでは稗田阿礼が「誦習」したものを、太安万侶が書き記したとされている。中国語である漢文で書かれた『書紀』とは異なり、『記』は〝日本語〟を志向している。(13) しかし記序に登場する「誦習」については、書かれた文章を暗誦する意であることが明らかにされている。すなわち、「語部によって語り伝へられた口頭の伝承物を口うつしに暗誦したものではない」(14)。記序を文字どおりに解釈すると、阿礼は書かれたテキストを暗誦したのであって、一般的にイメージされるような語部としての阿礼の姿は、記序を根拠にして導き出すことはできない。そもそも、『記』の文章はどのようなものであるのか。当時の口頭伝承を伝えているとみなせるものなのであろうか。『記』の文体については、漢文訓読調の文体との類似という、非常に重要な指摘がなされている。米谷匡史は八世紀初頭の文体について、次のように指摘する。

しかし、訓読されるべき非漢文として書かれた文章（原口注：ここでは日本語を志向した『記』の文体のこと）であっても、そこには、すでに漢文訓読の回路が介在しており、漢意以前のきよらかな「やまとことば」と言えるようなものでは決してない。むしろ、漢文との接触・交渉のなかで、漢文訓読＝翻訳の回路をつうじて、新たに「日本語」として書く文体が成立したと言うべきものなのである。…（原口注：書記言語としての）「日本語」は、このような漢文との接触・交渉をつうじて、新たに鋳造された言語なのであり、それ以前には存在しえない。

…このような文字状況のなかで、『古事記』『日本書紀』の神話は書かれたのである。[15]

そして、文字や文体は、テキストを書くという営みにおいて、たんなる透明な道具ではなく、発想を規定し、表現を制約する形式でもある。その制約から自由に、物語を書き記すことはできない。[16]

漢文訓読とは、日本語とは文法も発音も異なる中国語である漢文を、日本語として通用するようにした翻訳語だといいうる。『記・紀』が書かれた時代には、漢文か、漢文に強い規制を受けた漢文訓読調の日本語しか「書く言葉」はなかった。『記』は漢文ではなく、日本語の文章を目指している。だが、それははたしえなかった。『記』は結局、日本語の文章として書きとげることができなかった。なぜか。『記』が編纂された当時、日本語で本格的な文章を書くという営みがはじまったばかりであり、未だそれは試行錯誤の段階であった。例えば次のような例をみてみよう。ヤマトタケルがクマソを討つ場面である。

史料5『古事記』中巻　景行天皇

於是、天皇、惶二其御子之建荒之情一而詔之、西方有二熊曽建二人一。是、不レ伏無レ礼人等。故、取二其人等一而、遣。当二此之時一、其御髪結レ額也。爾、小碓命、給二其姨倭比売命之御衣・御裳一以、剣納二于御懐一而、幸行。〈中略〉爾、其熊曽建白、信然也。於二西方一、除二吾二人一、無二建強人一。然、於二大倭国一、益二吾二人一而、建男者、坐祁理。是以、吾、献二御名一。自レ今以後、応レ称二倭建御子一。是事白訖、即如二熟瓜一振析而、殺也。故、自二其時一称二御名一、謂二倭建命一。〈後略〉

是《ここ》に、天皇《すめらみこと》、其《そ》の御子《みこ》の建《たけ》く荒き情《こころ》を惶《おそ》りて詔《のりたま》はく、「西《にし》の方《かた》に熊曽《くまそ》建《たける》二人《ふたり》有《あ》り。是《これ》、伏《したが》はず礼無《ゐやな》き人《ひと》等《ども》ぞ。故《かれ》、其《そ》の人等《ひとども》を、取れ」とのりたまひて、遣《つかは》しき。此《こ》の時に当《あた》りて、其《そ》の御髪《みかみ》を額《ひたひ》に結《ゆ》ひき。爾《しか》くして、小碓命《をうすのみこと》、其《そ》の姨《をば》倭比売命《やまとひめのみこと》の御衣《みけし》・御裳《みも》を給《たま》はりて、剣《つるぎ》を御《み》懐《ふつくろ》に納《い》れて、幸行《いでま》しき。

〈中略〉爾《しか》くして、其《そ》の熊曽建《くまそたける》が白《まを》ししく、「信《まこと》に然《しか》あらむ。西《にし》の方《かた》に、吾二人《われふたり》を除《お》きて、建《たけ》く強《こは》き人無《な》し。然《しか》れども、大倭国《おほやまとのくに》に、吾二人《われふたり》に益《ま》して、建《たけ》き男《を》は、坐《いま》しけり。是《ここ》を以《もち》て、吾《あれ》、御名《みな》を献《たてまつ》らむ。今より以後《のち》は、倭建御子《やまとたけるのみこ》と称《い》ふべし」とまをしき。是《こ》の事を白《まを》し訖《をは》るに、即《すなは》ち熟瓜《ほそぢ》の如《ごと》く振《ふ》り析《さ》きて、殺《ころ》しき。故《かれ》、其の時より御名《みな》を称《たた》へて、倭建命《やまとたけるのみこと》と謂《い》ふ。〈後略〉

原文で訓点が付してあるところは、日本語の語順ではなく、漢文の語順で書かれている。景行は小碓命に西方のクマソ兄弟を討てと命ずる。クマソは朝廷に服従せず、天皇を頂点とした「礼」の秩序に背くものたちであるからと、小碓命を遣わす。この時に当たって、小碓命は女性の服装を準備する。さて、小碓命はクマソの宴で少女の姿となり、クマソ兄弟を刺し殺す。クマソの首長であるクマソタケルが小碓命に「今よりはヤマトタケルと名乗られよ」と申し終えると、小碓命（ヤマトタケル）はクマソタケルを瓜を切り裂くように殺したという。

神野志によると、動詞＋ヲハルの表現は『万葉集』に一例もみえず、『源氏物語』にも一例もみえないという。そもそも動詞＋畢・竟・訖・了は漢文の完了形であり、古代日本の「話し言葉」「日常の言葉」「生活の言葉」のなかに存在したのか疑問視されるという。すなわち、これは漢文訓読から派生した表現であるという[17]。また奥村悦三は次のような例をあげ、これらはもともと日本語の（口頭）表現にはなかったものであり、漢文訓読から派生した表現だと指摘する[18]。

例：校長（を）始め（として）教職員一同、この時に当たり決意を新たにする。

〇〇トトモニ：与二〇〇一共

〇〇（ノ）トキニアタリテ：当二〇〇時一

〇（ヲ）ハジメテ：始レ〇

瀬間正之も、これら訓読語について以下のように指摘する。

さて、訓とは、(原口注：本居)宣長も指摘するように、漢字に我が国の言葉を当てたものである。漢語漢文があって初めて存在するのが訓読語・訓読文であるが、ところが、遅くとも七世紀後半には、訓読語・訓読文が漢語漢文から独立するという事態が生じていたのではないだろうか。文字表記を想定して文を為す場合、口頭言語とは別に、訓読により成立した言語と文体が既に存したことを想定しなければならないだろう。漢語漢文で考え、文章を制作するのではなく、訓読語・訓読文で思惟し、それを漢語漢文の枠に当てはめる方法で表記が為されたものと思われる。比喩的に言うならば、この訓読的思惟の言語とは、漢語漢文とのクレオールと見なせるかも知れない。…こうした状況下で出現したのが、山ノ上碑・森ノ内木簡など、天武朝に出現を見る国語の語順に漢字を配列した文体であろう。これは、漢語のシンタックスから解き放たれ、国語表記を意図した文体であるが、背景としては訓読的思惟があったと見られる。そして、そこにはさらに重要な問題、訓読語・訓読文の口頭化という逆転現象も想定しなければならない[19]。

(傍点は原口)

また山口佳紀は、『記』をめぐる座談会の席で次のように発言している。

…つまり、仮にこのような文章で書いた日本語をだれかが聞いたときに、これ、日本語か?というふうに感じたんじゃないか、その当時の人が聞いてもね。できあがったものは広い意味で一応日本語として受け取れるものではあったろうけれども、それがそのままどこかで通用している、少なくとも話しことばで通用しているようなものとか、伝承というかたちで通用しているようなものではないだろうというふうにまず考えるんですね。
それで、じゃあいったいああいう形式で日本語文を書くことが可能になったのはなぜかというふうに考えると、やはりまずその前提として漢文訓読という作業があって、その漢文訓読というのはもともと、外国語文を日本語文として曲がりなりにも読めるようにしたものだから、できあがったものは当時の人間が一般に使う日本語とはいわば似ても似つかないものなんだけれども、じゃあ理解できないかといえば理解できるような、そういう文章だというふうに考えるんです。(20)

「日本語」として理解できるものではあるが、ふだん話されているようなものとは異なる「日本語」とは、いったいどのようなものであろうか。これについても、神野志が秀逸な例をあげている。(21)

女性のほうが質問した。

「あなたはジャックですか」

「はい。私はジャックです」

「あなたはジャック・ジョーンズですか」

「はい。私はジャック・ジョーンズです」

こうして、三十数年ぶりに再開した二人は路上で奇妙な会話を始めた。

「オー、何という懐かしい出会いでしょう」

「私はいくらかの昔の思い出を思い出します」

「あなたは一人ですか」

「はい。私は一人です」

「一杯のコーヒーか、または一杯のお茶を飲みましょう」

「はい。そうしましょう」

ジャックはベティをコーヒー・ショップへ誘った。(22)

七世紀終わりから八世紀はじめの人々にとって、『記』の文体はこのようなものではなかったか。この文体は確かに日本語として成立しているのだろう。しかしこのような「日本語」で話す人間はいないだろう。これは中学校の英語の授業でしか出会うことのない「日本語」である。ここからもまた、『記』が「語られたもの」をそのまま書き写したとはいい難いことが知られよう。

奥村もまた類似の例を挙げている。(23)

◎ I have free time every Saturday.

①私は毎週土曜日に自由な時間を持つ。

②オレ、土曜はいっつもヒマだよ。

仮に奈良時代の話し言葉が②だとすると、『記』の文体は、現代のわれわれが①に対してもつ印象に近いものではなかったか。

歌謡についてもかつて太田義麿は、次のように述べていた。

歌謡として行われていた詞章が文字に記載されるのは、創作された詩篇が記定されるのと同意義でないことは言うまでもないが、しかし記載された歌謡詞章が、集団の中で謡われていたそのままの歌謡のあり方を髣髴するものでもないことも、またまぎれもない事実である。わかりきったことであるが、記載するということは、文字をもった立場以外からはおこって来ないことだからである。文字をもち、これを記載しようとする立場は、歌謡を歌謡として歌唱することをやめただけでなく、それとは別個の機制においてこれをとらえることに関心を抱いている立場である。(24)

また、太田はさらに、次のようにも述べている。

…言うまでもないところだが、由来、成文化ということは、口頭伝誦の否定を意味することなのである。いかなる場合でも、成文化は、口頭伝承をそのままのものであらしめぬ要求や動機なしには生じ得ない事態である。伝誦者が老齢になったというような事情はあったにしても、それだけの理由で自動的におこってくるべきことがらではない。…かりに、『古事記』の素材的内容の主要部がいつかどこかで形造られたとしても、これをその特定の時、特定の場所、特定の状況以外の別の条件下に広くあらしめる可能性をひらくのが成文化ということであり、そこには本質的な内容の転換がある。その転換なきものとして、記紀が今日に伝わり読者を獲る経緯を理解することはできまい。素材的なものの正体を見破らんとするときにも、一面、そこに実現する言語形象の産出のからくりを見定めることによって、観点をたしかめることができると言える。(25)

これを受けて瀬間は、「口頭歌謡を文字記載しようという要求は、まずは修史事業から生じたものと考えられる」(26)と指摘する。

犬飼隆は『記』の用字、すなわち『記』における文字の選択を同時代の木簡のそれと比較し、次のように述べる。

…『古事記』は、当時の一般的な万葉仮名の用法に立脚しつつ、それを「精錬」した状態を呈している。『日本書紀』の万葉仮名に比較すれば、『古事記』の個々の万葉仮名は「普通の」字体である。しかし、その system は、高度な学識によって整備されている。中国の中古音を基準に据えつつ、各字体が万葉仮名として用いられた実績も考慮し、各音節にあてる字体を一、二種類にしぼりつつ、少数の異体を意図的に交え、音韻の区別を実現している。対して、木簡は、官人の日常・実用の文字使用の状況を示しているとみてよい。(27)

また漢文訓読という方法自体が、朝鮮半島由来である可能性も指摘されているが(28)、近年の国語学では日本での最初期の書記言語について、朝鮮半島の文字文化の影響を考慮する方向にあるようだ。

奥村は「話すことと書くことの間」と題された論考を、次のような言葉で締めくくっている。「上代日本語の散文について、話すことばから書くことばが自ずと生まれてきたとは、いまだ、信じられない」(29)。

三　古代天皇制と「律令国家」

次章以降みていくことになるが、隼人とは何かを考える上で、七世紀終わりからはじまるとされる天皇制の問題は、決定的ともいいうる重みをもつ。天皇制の開始とともに、隼人も歴史の舞台へと登場することになる。日本の君主はずっと昔から天皇と呼ばれていたわけではない。五、六世紀には、それは（大）王と呼ばれていた。「天皇」という語句は、中国古典に多く登場する中国語であり、歴史上最初に君主号として天皇号を採用したのは、唐の第三代皇帝・高宗だとされる。この天皇号の情報がわが国に伝わったのは天武朝の頃だと考えられ、日本の天皇号については、天武朝の途中か、次の持統朝に成立したと考える(30)ことが現在の多数説であり、とくに天武朝後半から天皇号を採用したと考えることが、異説があるもの(31)の今日の通説としてよいだろう。日本の天皇制とは、ひとことでいえば中国皇帝制の模倣だということになる。

ところで東アジア世界においては、皇帝は王より上位に位置する。東アジア世界において、皇帝と王は対等ではない。王は皇帝に任命される存在なのであり、皇帝の臣下として位置づけられる。『記・紀』の記事や、七世紀末～八世紀の日本古代国家は、天皇の統治する天下において、蝦夷や隼人を従え、朝鮮諸国の王たちを天皇の臣下として位置づけようとする。かつての倭国の（大）王は、中国皇帝と同じレベルの存在である天皇となることを目指したのである。七世紀末～八世紀にかけての天皇や、『記・紀』に描かれる天皇像は、あくまで皇帝レベルの君主であり、中国皇帝から倭王として冊封された古墳時代の（大）王とは質的に異なるものを目指そうとしている。『記・紀』では日本の歴代君主を天皇と呼び、王とは位置づけていない。これは倭王として中国から冊封されていた過去、すなわち中国皇帝より下位にあった歴史的事実を隠蔽し、日本の君主を中国皇帝と同じレベルの存在だと主張しているということではないか。(32)

さて、その天皇制（皇帝制）の導入とともに、それに付随する諸制度も取り入れられる。「日本」国号の成立、(33)成文法である律令制、中国的な都城の建設、貨幣の発行、年号の設定、新たな暦の導入、華夷思想の導入などであるが、このような流れのなかで、歴史書も編纂され、『記』と『書紀』が成立する。これらの事業はいずれも、基本的に中国の政治思想によっているとみなすべきである。そのような意味において、天皇制は前代までの（大）王制とは質的に異なる。天皇制は、（大）王制から単に君主号を変更しただけではない。思想的背景が異なるのである。このことを過小に評価してはならない。なお、私は「イデオロギー」の話をしているのであって、社会の「実態」の話をしているのではない。これら天皇制とそれに付随する諸制度は、まずはイデオロギーの側面から解明されるべきだと私は考える。天皇制も、律令制も、『記・紀』も、夷狄も、第一義的にはイデオロギー的な存在なのであり、それらが実態としてどの程度社会の現実とリンクしているのかは、また別な問題だろう。(34)もちろん、まったく現実とは関わらない、などというつもりはなく、私がいいたいことは、それらには「現実」「社会の実態」とリンクする部分もあれば、しない部分もある。では、リンクしないことの意味とはいったい何なのか、ということである。

そこで、華夷思想（中華思想）にともなう夷狄制度について考えてみたい。華夷思想も夷狄概念も、まずは中国固有のシステムだということに注意しなければならない。一見これと類似したものに、おそらくは時代や地域の区別なく人類社会に普遍的にみられるであろう、〝おらがむら意識〟や〝自文化中心主義《エスノセントリズム》〟がある。しかしこれらは、中国思想にもとづいているわけではない。逆に華夷思想は、中国の思想や学問による長い「研鑽」の歴史があり、抽象性を帯び政治思想的含意をもつ「礼的秩序」として確立している。華夷思想を一般的なエスノセントリズムと同一視してはならない。[35] もちろん華夷思想も、もとをたどれば素朴なエスノセントリズムに根ざしているのかもしれないが、単に自分たちと異なる人々を差別しているわけではない。それは、思想として抽象化されるまでに発展した中国人の文明観や世界観にもとづいた、思弁的な差別なのである。わが国がこれを政治システムとして体系的に輸入した時には、すでに素朴なものではなくなっていた。

ところで、奈良時代は一般に〝律令国家〟の時代といわれるが、律令国家とは、律令という法（成文法）にもとづいた国家、ということであろう。このうち律は現在の刑法にあたるものとされ、令は今日の行政法にあたると説明されることが多い。この律令国家をどのように理解するかをめぐっては、吉田孝による見解が有力視されている。

> 七〇二年の大宝律令の施行は、建設すべき律令国家の青写真を提示したものであった。大宝律令は大化改新にはじまる諸政策の一つの到達点でもあったが、そこに提示された国制の大部分は、あるべき目標であって、その施行とともに直ちに実現したわけではなかった。…繰返し言うように、大宝律令はあくまでもあるべき国制の設計図であって、直ちにその規定が実現したわけではない。「律令を張設して、年月已《すで》に久し、然れども纔《わず》かに一、二を行ひ、悉くに行ふこと能わず」とは、大宝律令施行後ほぼ一〇年を経た和銅四（七一一）年七月の詔の一部であるが（『続日本紀』）、そこに多分の誇張が含まれているにせよ、律令の規定がそのままの形で施行されていないことは事実であった。[36]

確かに律令法は公布されたのであるが、行政などの実態は、必ずしも法の規定どおりに運営されていたわけではなかったという。吉田によると、大宝律令とは、国家が進むべき道筋の「青写真」「設計図」を示したものだということになるが、とくに律については、奈良時代を通じて適切に運用されてはいなかったことが明らかにされている。残された記録をみる限り、刑罰が律の規定通りにはなされていないのだという。[37] 律令が適切に運用されるようになるのは、むしろ平安時代に入ってからだとみる者も多い。この点について大隅清陽は、「少なくとも律令…をそのまま実態視する議論が成り立たないのは確か」[38]だとし、次のように述べている。

　今日における律令制研究（特に日唐律令制比較研究）は…律令制を絶対視するものではなく、むしろ、その理念と実態のずれ、制度としての有効性と限界を正しく見積もり、歴史的な展開の中に位置づけることで、その相対化をはかるものである。[39]

律令の規定どおりに行政がなされていないことなどから、〝律令国家〟という概念／呼称自体に再検討を促す見解もあるが、[40] それはひとまず措くとしても、必ずしも律令の規定どおりに社会が動いてはいなかったということは、大方が認めるところであろう。ここで一例をあげてみよう。

史料6『令』巻第四　戸令第八

　凡先奸。後娶為㆓妻妾㆒。雖㆑会㆑赦。猶離之。

日本思想体系（新装版）本『律令』の頭注によると、これは「先ず情交して後に結婚したときは、赦に会っても離婚させる規定」なのだというが、「奸」は「婚姻外の男女の情交」、「赦に会ふと雖も」は「奸罪が赦に会って免ぜられても」との意味だという。同書はさらに、次のように解説する。

　中国には「不㆓以㆑礼交㆒」を姦とする伝統的な礼の観念があり、婚姻の礼によらない男女の情交は、一切認めなかった。唐律でも婚姻外の男女の情交は、和姦・強姦を問わず、また配偶者の有無を問わず、すべて姦罪として処罰の対象とした。ところで、婚姻や男女の情交についての観念を異にする古代の日本においても、このような唐律の規定をほぼそのまま継承し…、またこの戸令先奸条も…唐令をほぼそのまま継承したものと推測される。古代の日本では、未婚男女の情交は比較的自由であり、婚姻のほとんどは先ず男女の情交から始まったと推測されるので、これらの条文は、現実には殆ど機能しなかったと思われる。日本律令は唐律令に多くの修正や削除を加えているが、これらの条文に限って唐律令をほぼそのまま継承しているのは、日本律令の制定者が民を教化して中国的な家族道徳や礼の秩序を樹立しようと意図したのであろうか(41)。

ここで指摘されているのは次のようなことである。日本の律令は中国律令の思想や条文を継受しているが、婚姻に関する法規定のなかで、正式に結婚する前の男女が関係をもつことを禁じている。しかし、『万葉集』の詩歌や『常陸国風土記』の歌垣記事などから伺われるように、古代日本における性規範は「おおらか」なものであったと考えられ、このような法がはたして規定通りに運用されたのかは疑わしく、まったくの空文であった可能性もある、ということである。

なお、立法主旨が「民を教化して中国的な家族道徳や礼の秩序を樹立しようと意図した」かどうかは、見解の分かれるところであろう。それはさておき、私はここで律令国家論や律令実態論の是非を論じているのではない。先にみたとおり、『記』や『書紀』といった史書は、必ずしも〝歴史的事実〟や〝真実〟にもとづいているわけではなかった。いうなれば、古代天皇制の求める〝理念〟〝あるべき姿〟としての「歴史」を表明したものであった。律令もこれと同じではないか。いや、これらのみではなく、そもそも天皇制自体がそのようなものではなかったか。河内春人は日本の華夷思想について、「…対夷狄認識は日本の歴史的経緯から自成したものではないため、実態と相違する部分では虚構をもってその闕を補わなければならなかった」と指摘するが(42)、中国とは異なる歴史的経緯、社会の成熟度、文化的背景などであったと思われる当時の日本において、中国の君主制とそれにともなう諸制度をそのまま継受したとて、はたしてうまくいったのであろうか。天皇制自体が当初から、〝理念〟と〝実態〟のズレという矛盾を内包したものではなかったか。天皇制およびそれに付随する諸制度と、社会の実態、行政の実情との関係は、タテマエとホンネ、理想と現実といった関係ではなかったか。むろんこれらを論証するには、膨大な議論が必要となることはいうまでもない。しかし、少なくとも古代天皇制の一端を捉えた言説としての価値は認められるのではないか。少なくとも、作業仮説として、先に述べたとおり、〝理念〟と〝実態〟のズレが存することの意味を問うことは許されよう。(43)

四　『日本書紀』出典論と史料批判

最後に、いわゆる『書紀』出典論(44)について考えてみたい。これからみていくように、『書紀』出典論は本書においても大きな意味をもつものである。

山田英雄は『書紀』出典論をめぐり、以下のように発言している。

…このような事実（原口註：漢籍による『書紀』の文飾のこと）が明らかになると、問題がもつれ始める。というのは日本書紀の文章を熱心に読んでも、それはそのまま漢籍を読んでいるにすぎず、日本の史実の一部分を読んだことにはならない結果になるからである。しかし、ここまで直接いえるかどうかは疑問の余地がある。すなわち日本の史実をふまえて、それに近い内容をもつ漢籍の文章を引用することも可能性としては考えることもできるから、大筋は事実で、文飾の部分はすてさればよいという論が成立する。このような議論になると、それに反対する論と賛成する論とでは、いずれも確かな根拠をもたない場合には水掛け論となり、単なる信念、信用の

決意の問題となり、普遍性のある解決への道は閉ざされ行きづまってしまうであろう。(45)

（傍点は原口）

私は、このような理解には、一部に誤解があるかもしれぬと危惧する。というのも、ここでの山田の発言は、『書紀』出典論の「文字面」の側面のみを取り上げているように思われるからである。山田自身が述べるように、漢文を述作する際に漢籍等を参照し、語句や文章表現の参考とすることは、「過去に使用された意味を背後にひそめて、単純な語句に大きな意味を含めることができ、文章に深みを出すことができる」からである。言い換えれば、典拠となる語句や文章は、文飾の目的に応じて意図的に選択されているのである（本章第二節）。このようにわれわれは、表記や文章表現の背後にある、述作者の「思想」「政治思想」をこそ読み取るべきではあるまいか。漢籍による文飾を加えられた史料は、端的にいえば、中国思想によって書かれているのであって、山田がいうような、「日本の史実をふまえて、それに近い内容をもつ漢籍の文章を引用する」といった理解が可能であるかどうか、個別に検討する必要があるだろう。すなわち、当該史料が示す時期において、中国思想によって描かれるにふさわしい史実が存在するのかどうか、である。このことについては、第三章であらためて述べてみたい。

次に少し譲歩し、別な側面からこの問題を考えてみよう。山田が指摘するような問題が起こることを認めるとしよう。しかし、忘れてはならないことがある。出典論では後世に潤色／造作がなされていることが確実に分かる。これに対して、文章表現に典拠があるからといって、その史料をただちに切り捨てるのはあまりに乱暴だとの議論がある。なるほど、それをただちに切り捨てるのは確かに乱暴なのであろう。しかし繰り返すが、われわれに確実に分かるのは、「この記事は後世の文飾を受けている」ということのみである。それ以外はすべて蓋然性／可能性の話である。そして、後世の文飾を受けているという確証があった場合、文飾された史料の史実性に揺れが生じることは、認めねばならないのである。なぜなら、どの程度の作為がある記述なのか、まさに検討を要するからである。この場合、その史料の史実性に少なくとも一定の留保を付すことは、理にかなったことである。そこでこのような場合も、白か黒かの二者択一ではなくグレーゾーンのどちらに振れるかという蓋然性／可能性の問題として捉えることが妥当であろう。そしてその蓋然性／可能性は、他に何らかの傍証がない場合、白よりのグレーか黒よりのグレーか、両者を同じレベルの蓋然性／可能性だと考えることはできないのである。この場合、振り子は白よりではなく黒よりに振れたと考えるべきであり、振り子の位置が異なるため、両者を同程度の説得力をもつ同等の仮説として取り扱うことはできない。同列に扱うことはできないのである。

学術研究というものは、まずは立証できる議論から、すなわち土台を築くことができることから行うべきであろう。したがって本書では、古典研究の上でわれわれに確実性の高い知識をもたらしてくれる、出典調査、訓詁学を重視する。

五　本書の視角

本章では作品としての『記・紀』、漢字で書かれたテキストとしての『記・紀』、古代天皇制と「律令国家」、『日本書紀』出典論と史料批判の関係をめぐって、近年の研究動向を把握することに努めた。第一節では「書かれたものとしての『記・紀』」「作品としての『記・紀』」という立場から、『記・紀』の論理を追わねばならないことを確認した。第二節では『記・紀』編纂時の文字や文章の表記の問題を踏まえ、『記・紀』を捉え直さねばならないことを確認した。第三節ではそのイデオロギー的側面を中心に、『記・紀』編纂時の天皇制の特質を確認した。第四節ではいわゆる『書紀』出典論をめぐり、史料批判における論点の整理を行った。はじめに述べたとおり、これらが本書の前提となる議論である。

以上の成果をもとに、次章からはいよいよ隼人と『書紀』について、具体的な検討を加えたい。

註

（1）神野志隆光『古事記の達成─その理論と方法』（東京大学出版会、一九八三年）、同『古事記　天皇の世界の物語』（NHKブックス、一九九五年）、同「文字とことば・「日本語」として書くこと」（『万葉集研究』第二一集、塙書房、一九九七年）、同『古事記と日本書紀　「天皇神話」の歴史』（講談社現代新書、一九九九年）、同『古代天皇神話論』（若草書房、一九九九年）、同『漢字テキストとしての古事記』（東京大学出版会、二〇〇七年）、同『複数の「古代」』（講談社現代新書、二〇〇七年）、同『古事記の世界観』（吉川弘文館、二〇〇八年）など。

（2）平川南『全集　日本の歴史　第2巻　日本の原像』（小学館、二〇〇八年）五三頁。

（3）米谷匡史「古代東アジア世界と天皇神話」（大津透ほか『日本の歴史第08巻　古代天皇制を考える』講談社、二〇〇一年）三一二頁。

（4）神野志前掲註（1）『複数の「古代」』四頁。

（5）青木周平「ヤマトタケル」（AERAMOOK『日本神話がわかる。』朝日新聞社、二〇〇一年）。

（6）小島毅『父が子に語る日本史』（トランスビュー、二〇〇八年）七一頁。

（7）例えば『書紀』を「ひとつの作品」とみなす視点については、それと論じられているわけではないものの、『書紀』区分論との関わりが問題となろう。次の論考を参照されたい。森博達『日本書紀の謎を解く─述作者は誰か』（中公新書、一九九九年）、同『日本書紀成立の真実─書き換えの主導者は誰か』（中央公論新社、二〇一一年）。また、『記』と『書紀』はどこまで区別できるのかという問題についても、同じく直接それを論じているわけではないが、『記』『書紀』の史書としての形態を論じることが参考となろう。本書第五章第三節を参照されたい。
(8) 森前掲註(7)『日本書紀の謎を解く』、同『日本書紀成立の真実』など。
(9) 山田英雄『日本書紀』(教育社歴史新書、一九七九年)八三頁。
(10) 金文京『漢文と東アジア―訓読の文化圏』(岩波新書、二〇一〇年)一八一―一八三頁。なお金文京によると、中国周辺の諸民族はそれぞれの言語で漢文を訓読していたのだという。ここから金は、従来の漢字文化圏に替え「漢文文化圏」という概念を提唱している(同書)。
(11) 『礼記』のこの文章は有名なものであるらしく、多くの漢籍に引用/収録されている。『書紀』が『礼記』を直接参照しているのか、あるいは類書などを経由した間接引用であるのかは、ここでは問わない。語句/文章の典拠については、小学館・新編日本古典文学全集本『書紀』の頭注などにあたられたい。いずれにせよ、『礼記』に代表される中国思想の影響下に述作された記事であることをここでは確認しておきたい。なお景行紀のこの蝦夷記事については、関口明による研究史整理および史料批判を参照されたい。関口明「「正史」に記されたエミシ」(『歴史読本』三七―一七、新人物往来社、一九九二年)、同「古代蝦夷論」(『蝦夷と古代国家』吉川弘文館、一九九二年)、同「渡嶋蝦夷と粛慎・渤海」(『古代東北の蝦夷と北海道』吉川弘文館、二〇〇三年)。
(12) 『記』についての考察は、主に以下の論考に依拠しているので参照されたい。神野志前掲註(1)「文字とことば・「日本語」として書くこと」、同前掲註(1)『漢字テキストとしての古事記』。
(13) 小島憲之「「原古事記」より「古事記」へ」(『上代日本文学と中国文学 上』塙書房、一九六二年)一六八―一七〇頁、亀井孝「誦習の背景」(『亀井孝論文集4 日本語のすがたとこころ(二)』吉川弘文館、一九八五年)。
(14) 小島前掲註(13)論文。
(15) 米谷前掲註(3)論文三一三―三一四頁。
(16) 米谷前掲註(3)論文三一八頁。
(17) 神野志前掲註(1)『漢字テキストとしての古事記』五四頁。

（18）奥村悦三「話すことと書くことの間―上代の日本語散文の成立をめぐって―」（東京大学国語国文学会編『国語と国文学』六八―五、一九九一年）。なお、上代において「日本語を書く」ということがどのような営みであったかについて、奥村の諸論考もあわせて参照されたい。同「暮しのことば、手紙のことば」（岸俊男編『日本の古代14　ことばと文字』中央公論社、一九八八年）、同「かなで書くまで―かなとかな文の成立以前―」（万葉学会編『万葉』一三五、一九九〇年）、同「書くものと書かれるものと―日本語散文の表現に向かって」（義江彰夫ほか責任編集『情況一九九六年五月号別冊　日本の古代をひらく』情況出版、一九九六年）、同「ことばが選ぶもの、ことばを選ぶもの」（東京大学国語国文学会編『国語と国文学』七六―五、一九九九年）など。

（19）瀬間正之「風土記前史」（『風土記の文字世界』笠間書院、二〇一一年）一五―一六頁。

（20）神野志隆光・山口佳紀・犬飼隆・西條勉「座談会　古事記はよめるか」（『季刊リポート笠間』三九号、一九九八年）一〇頁。

（21）神野志前掲註（1）『漢字テキストとしての古事記』五四―五六頁。

（22）清水義範「永遠のジャック&ベティ」（『永遠のジャック&ベティ』講談社文庫、一九九一年）八頁。

（23）奥村前掲註（18）「暮しのことば、手紙のことば」三六三頁。なお、一部改変した。

（24）太田義麿「古代歌謡の一位相」（『古代日本文学思潮論Ⅳ　古代詩歌の考察』桜楓社、一九六六年）八頁。

（25）太田義麿「海幸・山幸の伝説をめぐって」（『上代文学古典論』おうふう、一九九九年）一六一―一六二頁。

（26）瀬間正之「文字記載と歌謡」（『記紀の表記と文字表現』おうふう、二〇一五年）二八五頁。

（27）犬飼隆「古事記と木簡の漢字使用」（『木簡による日本語書記史【2011 改訂版】』笠間書院、二〇一一年）一九四頁。

（28）例えば、藤本幸夫「古代朝鮮の言語と文字文化」（岸編前掲註（18）書）、瀬間前掲註（19）論文など。

（29）奥村前掲註（18）「話すことと書くことの間」二一頁。

（30）渡辺茂「古代君主の称号に関する二・三の試論」（北海道教育大学史学会編『史流』八、一九六七年）、東野治之「天皇号の成立年代について」（『正倉院文書と木簡の研究』塙書房、一九七七年）、増尾伸一郎「天皇号の成立と東アジア―近年出土の木簡と朝鮮の金石文を手がかりにして」（大山誠一編『聖徳太子の真実』平凡社、二〇〇三年）など。

(31) 例えば、大津透『古代の天皇制』（岩波書店、一九九九年）など。

(32) 神野志前掲註（1）『古事記　天皇の世界の物語』、米谷前掲註（3）論文。

(33) 東野治之「日出処・日本・ワークワーク」（『遣唐使と正倉院』岩波書店、一九九二年）。なお、日本国号については、中国の「漢」や「隋」などと同様の王朝名だとする説もある。吉田孝『日本の誕生』（岩波新書、一九九七年）、神野志隆光『「日本」とは何か　国号の意味と歴史』（講談社現代新書、二〇〇五年）など。

(34) 平川南「古代史の新生―歴史学の閉塞と今日の課題」（義江ほか責任編集前掲註（18）書）、河内祥輔「義江彰夫著『歴史の曙から伝統社会の成熟へ』を読む」（歴史科学協議会編『歴史評論』五五四、一九九六年）、吉田一彦「古代国家論の展望―律令国家論批判―」（歴史科学協議会編『歴史評論』六九三、二〇〇八年）など。

(35) 河内春人「華夷秩序の構造と方位認識」（『日本古代君主号の研究―倭国王・天子・天皇―』八木書店、二〇一五年）三五四頁。

(36) 吉田孝「律令国家の諸段階」（『律令国家と古代の社会』岩波書店、一九八三年）四一三―四一四頁。

(37) 吉田一彦「官当の研究」（大阪歴史学会編『ヒストリア』一一七、一九八七年）、同「日本律の運用と効力（その一―三）」（『名古屋市立女子短期大学研究紀要』四五・四八・五〇、一九九〇・一九九二・一九九三年）、同「日本律の運用と効力（その四）」（『名古屋市立大学人文社会学部研究紀要』三、一九九七年）、大津透「律令法と固有秩序―日唐の比較を中心に」（水林彪ほか編『新体系日本史　2　法社会史』山川出版社、二〇〇一年）三〇頁、大津透「律令制研究の成果と展望」（同編『律令制研究入門』名著刊行会、二〇一一年）二二一頁、川尻秋生『全集日本の歴史　第4巻　揺れ動く貴族社会』（小学館、二〇〇八年）七七―八四頁など。

(38) 大隅清陽「コメント1　律令国家」（吉川真司・大隅清陽編『展望日本歴史6　律令国家』東京堂出版、二〇〇二年）一五頁。

(39) 大隅清陽「大化改新論の現在―律令制研究の視角から―」（日本歴史学会編『日本歴史』七〇〇、二〇〇六年）三三頁。

(40) 吉田一彦『民衆の古代史―『日本霊異記』に見るもう一つの古代』(風媒社、二〇〇六年)、同前掲註(34)論文など。
(41) 井上光貞・関晃・土田直鎮・青木和夫『日本思想体系新装版　律令』(岩波書店、一九九四年)五六二―五六四頁。
(42) 河内前掲註(35)論文三七三頁。
(43) 大隅清陽は天一閣博物館「北宋天聖令」〝発見〟の意義について、「賦役令のように、唐令を大幅に改変していることが明らかとなり、従来から推定されてきた日本令の独自性が確認された例も…多々あるのだが、その一方、假寧令や喪葬令などの礼制と関連の深い篇目に顕著なように、日本令が、唐令をほぼそのまま引き写して作成された場合も少なくないことが明らかになった。天聖令の発見によって我々が得た全体的な印象は、唐令と日本令がこれまでの予想以上に似ていたということであり、日本令の編纂における唐令の影響を、以前より増して考慮する必要が出てきたのである」とする。大隅清陽「これからの律令制研究―その課題と展望―」(九州史学会編『九州史学』一五四、二〇一〇年)五〇頁。
(44) 近年における『書紀』出典論を整理したものとして、瀬間正之「序に代えて　記紀に利用された典籍―出典論の研究史と展望―」(同前掲註(26)書)がある。
(45) 山田前掲註(9)書八四頁。

第一章　隼人論の現在

「地方の時代」といわれて久しく、近年では日本史学の分野においても列島「周縁」部をかつてのような「辺境」として捉えるのではなく、列島の「外部」へ開かれた地域として位置づけなおそうという機運が高い。それは「歴史的事実」や「地域社会の実態」としてはそのとおりであろうし、歓迎すべき方向性であろう。しかし、隼人が登場する『古事記』（以下、『記』）『日本書紀』（以下、『書紀』）『続日本紀』（以下、『続紀』）は、「中央の視点」で記されたものである。そこにみえるのは「歴史的事実」「地域社会の実態」なのであろうか。本書ではあえて「中央の視点」が「辺境」をどのような眼差しでみていたのか、ということを重視したい。そうでなければみえてこないものもあるのではないか。

例えば、古代の南九州社会を考えるにあたり「隼人」あるいは「隼人の文化」という概念をいかに理解するかは、鍵となるポイントとなるだろう。これについてはすでに多くの言及があるが、問題の大きさを鑑みるに、ここでまた別な角度からあらためて考察してみることも決して無駄ではないだろう。そこで本章では、近年の隼人研究を振り返ることにより、これを考察してみたいと思う。

ここ三十年ほどで、文献史学や考古学においては、「隼人の文化」という概念をめぐって大きな見直しがなされるようになってきている。しかし、文献史学、考古学、さらには文学や神話学等の分野において、必ずしもこの見方が貫徹しているとはいい難い面もある。

隼人については、『記』や『書紀』、『続紀』といった史書が基本史料となっており、これら以外に、例えば隼人についての信頼できる伝承などがあるわけではない。すなわち、われわれ後世の人間の隼人についてのイメージは、基本的にこれら史書に描かれた隼人像によっているということをまずは確認しておきたい。したがって、これら古代史書に登場する隼人像をいかに理解するかは、隼人の本質を知る上で避けることのできない論点となるだろう。文献史学による隼人関係史料の解釈が、考古学における南九州の遺構や遺物の解釈に影響を与え、その考古学の解釈がまた、文献史学の解釈に影響を与え…といった、文献史学と考古学の〝循環論法〟〝共犯関係〟が指摘されている。(1) むろん、両者の関係とはそもそもそのようなものであるのだが、本書においても注意しておきたい。

隼人の研究については、大きく二つの方向性があると考える。一つは、隼人と呼ばれた人々の実情を明らかにしていくという方向性である。当時の南九州社会と、そこに暮らす人々の実態を探るものである。もう一つは、隼人と天皇制との関わりを明らかにしようと試みる方向性である。これから本書で考察していくように、天武朝に隼人という〝制度〟が開始されるのであるが、この制度を生み出した天皇制とはいったい何だったのかを考察することで、隼人の本質に迫ろうとするアプローチである。いうまでもなく両者は相互に補完的なものであり、どちらか一方のみが重視されるものではない。

一　天皇制と隼人

現在では、「隼人とは何か」について考える上で、古代の政治思想を参照することが常識となっている。いわゆる華夷思想（中華思想）である。まず、天皇号の問題について述べておく。(2) これについては多くの研究があるが、とくに重要であるのは、渡辺茂と東野治之によるものであろう。(3) 両氏の研究の概略を示すと次のようになる。中国では唐の高宗が上元元年（六七四）にそれまでの皇帝号を天皇号にあらため、日本へは天武朝の途中にその情報が伝わったとされ、(4) 日本の天皇号は、この中国の制度／政治思想を模倣／導入したものであり、天武朝の途中か次の持統朝から天皇号を用いはじめたと考えるものである。異論があるものの、(5) これが現在の多数説を形成しており、とくに天武朝後半に成立したとする説が通説になっているといってよいだろう。

次に、華夷思想についてみてみる。「天下」の中央に位置する、華々しい「文明」国家である中華（華夏）を統べる王者には、天から下された「天命」によって「徳」の高い人物が任命される。その王者である皇帝は、人々を中国的価値観からみて「正しい道」に導く使命がある。皇帝の支配領域の外側には、正しい道や文明の何たるかを知らず、「未開」で「野蛮」だとされる「異民族」である夷狄が存在し、それらは東夷、西戎、北狄、南蛮と呼ばれる。夷狄は中華文明や皇帝の徳を慕って朝貢してくるのだとされる。

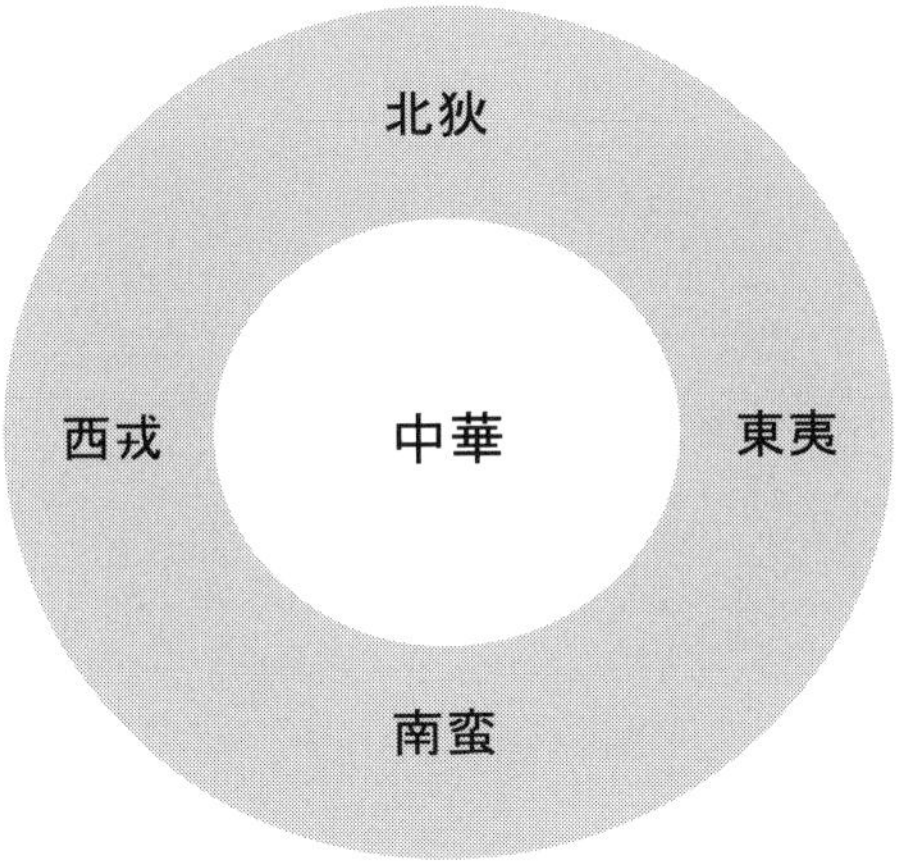

図1 華夷概念図

次に王化思想についてみてみる。中華の王者たる皇帝の徳が及ぶ範囲は、化内の地と呼ばれる。その外には皇帝の徳が及んでいない化外の地がある。化外の地に住む夷狄たちは、皇帝の徳を慕って朝貢してくるとされるが、天命を受けた王者たる皇帝は、これら夷狄たちを正しい道に導くために教え諭さねばならない（教化）。化外の夷狄たちが皇帝の徳を慕って化内の地に移り住むことを、「投化」「帰化」という。

おおまかなまとめ方ではあるが、これら華夷思想や王化思想を日本の古代天皇制も取り入れる。古代天皇が「中華世界に君臨する皇帝」であるためには、列島周縁部には「夷狄」が存在しなければならない。天皇制の創始にあたり、そうした政治的要請から創り出された存在が、蝦夷であり南島人であり隼人であった。この点については、本章第四節で再び取り上げたい。

ここで、本書の「夷狄」概念について触れておこう。現在、夷狄概念をめぐっては議論が錯綜した状況にある。まず、隼人が夷狄身分であったかどうかについて、隼人は通時的に夷狄であったとする説(6)、隼人は通時的に夷狄ではなかったとする説(7)、隼人は途中までは夷狄であったが途中から夷狄ではなくなったとする説(8)、蝦夷は夷狄であったが隼人は「夷人」であったとする説(9)などがあり、それぞれの立場から議論がなされている。さらに、法概念上、「諸蕃」「夷狄」の区別はなく、夷狄概念は九世紀までは明確な概念規定として用いられることはなかった、とする大高広和による問題提起(10)がなされた。なお大高は隼人について、「化外」の存在であったとする(11)。

大高の問題提起はこれから大きな議論を呼び起こすものと予想され、そのなかでいろいろと論点が整理されていくであろうが、事態は現在、さらに複雑化したといえよう。私自身、当事者の一人でもあり、この問題について深く考えねばならないのであるが、ここでは暫定的ではあるが、現時点での一応の見解を示しておきたい。

第四章で論じるが、私は、「隼人は途中までは夷狄であったが途中から夷狄ではなくなったとする説」に左袒する。天武朝において隼人は夷狄として設定されたものと考えている。その「夷狄」概念であるが、基本的に、「中国の華夷思想を導入し、列島「辺境」地域の人々を「化外の夷狄／蕃夷」として設定するという制度／政策が開始された」というものではないかと理解している。というのも、私は夷狄の定義において、法規定を最優先するわけではない立場だからである。天武朝に天皇制が開始されるに及び、中国の華夷思想もクローズアップされ、隼人を実質的に化外の夷狄だとする政策／制度がスタートしたものと考えている。天武朝はもちろん、浄御原令や大宝令以前の時代であるし、法概念や法規定は、むしろ後追いで整備されていったと考える立場である。[12] 当時においては、複雑な概念規定が高度に整備され組織化されていたわけではなかったと理解する点で、私の考える「夷狄」概念は、大高のいう「化外」と近いものであるかもしれない。

二　隼人の時間的範囲

「日向神話」を含め、『記・紀』においてはかなり古い時代から隼人が登場するが、現在では次の記事、

史料1『日本書紀』巻二九　天武天皇十一年（六八二）

秋七月壬辰朔甲午、隼人多来貢㆓方物㆒。是日、大隅隼人与㆓阿多隼人㆒、相㆓撲於朝庭㆒。大隅隼人勝之。〈中略〉

つまり、この天武紀十一年秋七月甲午条以降の記事、すなわち、確認されうる隼人の最初の朝貢以降の記事が、比較的信憑性の高い記事であり、それより前の時期の『記・紀』隼人関係記事は信憑性が低いものと考えられている。

このような理解を明確に打ち出したのは、中村明蔵であった。ここで、その基本的な主張を確認しておこう。中村によると、南九州の人々が悠久の昔から「隼人」と呼ばれていたわけではないという。[13] 隼人という呼称は、古代南九州の人々の自称とは思われず、むしろ古代王権が名づけた他称だと考えられるとする。中村は隼人の「初見」記事だとされる史料1記事について、㋐天武・持統朝とそれより前の時期の隼人関連記事には出現頻度において差異がみられること。㋑天武朝以降の記事は朝貢関係の記事が多いことが一つの特色であること。㋒この天武十一年の最初の朝

貢記事は、隼人を「大隅」「阿多」と二区分しており、欽明・敏達・斉明朝などの記事で「隼人」と一括された記事とは一線を画するものであること。(14)㋓この記事が隼人についてはじめての具体的内容をともなったものであること。㋔隼人という用語はおそらく天武朝から用いられていること、天武朝は日本型中華思想、律令国家成立、浄御原令制定などの点で画期となったこと。㋕隼人はそのような状況から生まれた政治的な名称であること。㋖この時期に筑紫大宰が積極的に南九州・南島に進出していること、といった点を説明した。(15)なお、中村は天皇号について、「東野治之氏の研究を基調とする天武・持統朝成立説」を支持すると明言している。(16)このように中村は、『記・紀』隼人関係記事についての具体的な史料批判を示すとともに、古代王権が南九州の人々を隼人と名付けたのは天武朝のことだとする、きわめて重要な指摘を行った。

少し補足を加えてみたい。㋐については、関連記事の年代を見比べれば一目瞭然であろう。隼人関係記事については、明らかに天武朝を境にして何らかの変化があることは誰しも認めざるをえないのではないか。㋑については、後述の永山修一の指摘がポイントになるであろう。㋒㋓については、隼人関係記事の具体性に関わる指摘であろう。天武朝より前の時期の記事については、第三章でみていくとおり、漢籍の文章や中国思想を模倣した可能性が高い記事もあること、また、きわめて説話的内容の記事もあり、ストレートには信を置きがたいものである。さらに㋔㋕㋖の主張も天武朝以降についての政治史的分析という点で、中村の見解を補強するものであろう。私はこれらに加えて、天武朝における天皇号の成立は重要な意義をもつと考えるし、また、天智朝にまったく隼人関連記事がみえないことも不審としたい。以上要するに、この中村の見解は支持されるべきだと思われる。

では、南九州の在地系一般住民が隼人と呼ばれなくなるのは、いつなのであろうか。これは永山が指摘するとおり、九世紀初頭のことだと考えられる。この時期に大隅・薩摩両国への班田制が実施され、また朝貢が停止されるにいた

り、

史料2『日本後紀』佚文（『類聚国史』）延暦十九年（八〇〇）　桓武天皇

十二月辛未、収二大隅・薩摩両国百姓墾田一、便授二口分一。〈後略〉

史料3『日本後紀』佚文（『類聚国史』）延暦二十年（八〇一）　桓武天皇

六月壬寅、停三大宰府進二隼人一。

史料4『日本後紀』佚文（『類聚国史』）延暦二十四年（八〇五）　桓武天皇

春正月乙酉、永停二大替隼人風俗歌舞一。〈後略〉

以降、南九州の人々を「野族」と呼ぶことはあっても、

史料5『日本文徳天皇実録』仁寿三年（八五三）秋七月条

丙辰。賜二薩摩国孝女挹前福依売爵三級一。復二終其身一。旌二-表門閭一。福依売天性至孝。父母年皆八十。老病着レ床。福依売雖無レ子。唯有二一女福依売一。扶二-侍左右一。嘗薬二十余年。備力致レ養。暁夕辛勤。容顔焦痩。観者憐レ之。福依売レ云二野族一。閑二於礼儀一。恭二-敬父母一。有レ所二諮稟一。必正レ色作レ声。未二曽褻惰一。

「隼人」と呼ぶことは一例もみえなくなり、隼人司管轄下の畿内隼人のみが「隼人」として各種儀礼などに参加し続ける[17]。永山が指摘するように南九州の在地系住民については、「隼人の呼称は朝貢に密接に関わるものであると考えられ」、「朝貢の開始とともに隼人は出現し、朝貢の停止とともに隼人は消滅する」。「隼人は朝貢（擬制された儀式も含む）を行うことによって隼人であり続けたのであり、朝貢を行わない隼人はもはや隼人ではなかった」[18]のであって、「南九州に居住するものが『隼人』とされたのは百二十年ほどでしかない」[19]のである[20]。このことは、九世紀初頭における対南九州政策／対隼人政策の進展の結果、南九州の在地系住民を隼人だとして設定する制度が終焉したということ

を意味しよう。これが「隼人の『消滅』」として評価される事態である。

南九州の在地系住民が隼人だとして設定され、南九州に隼人が「存在」したのは、天武朝から九世紀初頭にかけての、およそ百二十年間ほどでしかない。

三　隼人の空間的範囲

隼人と呼ばれた人々が居住していたのは、天武朝から九世紀初頭までの南九州であるが、ではその南九州の範囲とは、どこからどこまでであろうか。まず、一般に「隼人の地」とされるのは、島嶼部を除いた薩摩・大隅両国域（現在の鹿児島県本土域におおよそ相当）であり、種子島・屋久島から奄美・沖縄にかけての地域は、時期によってその呼称や範囲が変わると考えられるものの、掖玖・多褹・阿麻弥・南島などと呼ばれており、隼人とは扱いが異なっている。[21] 次に、肥後国域（現在の熊本県域におおよそ相当）に隼人系勢力の存在は認められず、むしろ薩摩国最北部で肥後国と接する出水郡には、はやくから肥後系勢力が進出していたとされている。[22]「天平八年（七三六）薩麻国正税帳」（以下、「正税帳」）にみえる出水郡の郡司は、すべて肥後系豪族である。[23]『倭名類聚抄』などによると、薩摩国は全部で一三郡であるが、「正税帳」は最北の出水郡と国府所在地である高城郡より南を「隼人一十一郡」と表現している。そうであるならば、出水・高城両郡は「非隼人郡」だということになる。[24] そもそも出水郡は肥後国の一部であり、薩摩国成立に際して肥後国から分割され編入されたのではないかとする学説もある。[25] また、『続紀』大宝二年（七〇二）四月の記事には、

史料6『続日本紀』大宝二年（七〇二）文武天皇

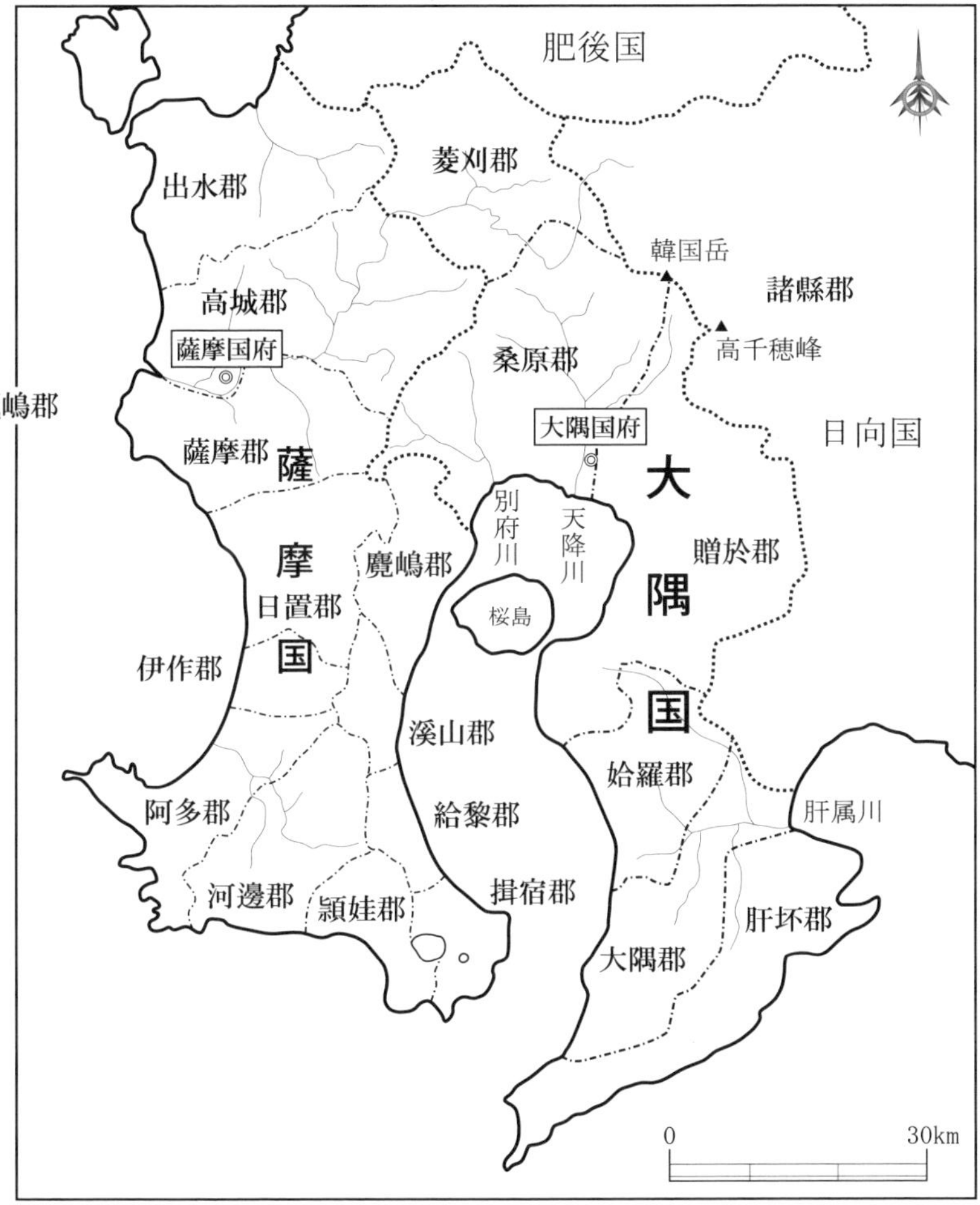
肥後国
菱刈郡
出水郡
韓国岳
諸縣郡
高城郡
高千穂峰
薩摩国府
桑原郡
甑嶋郡
大隅国府
日向国
薩摩郡
薩
大
別府川
天降川
摩
麑嶋郡
贈於郡
日置郡
隅
桜島
伊作郡
国
国
溪山郡
始羅郡
阿多郡
給黎郡
肝属川
河邊郡
頴娃郡
揖宿郡
肝坏郡
大隅郡
0
30km

図 2　薩摩・大隅郡配置図

夏四月壬子、令㆘筑紫七国及越後国簡㆓点采女・兵衛㆒貢㆖之。但陸奥国勿㆑貢。

とあり、「筑紫七国」の記述があるが、これは、筑前・筑後・豊前・豊後・肥前・肥後・日向の七国を指すと考えられる。もともと、薩摩・大隅両国域は、日向国に含まれていた(26)。さて、前述のとおり、大宝二年四月段階では「筑紫七国」とみえ（史料6）、まだ薩摩・大隅両国は成立していない。その後、同年に薩摩と多褹が「反乱」したため、

史料7『続日本紀』大宝二年（七〇二）文武天皇

八月丙申、薩摩・多褹、隔㆑化逆㆑命。於㆑是発㆑兵征討、遂校㆑戸置㆑吏焉。〈後略〉

これを征討し、戸籍を作成し役人を置いたというが(27)、この時期を境に薩摩国と多褹嶋が成立したと考えられる(28)。ただし、薩摩国の成立については、次の『続紀』記事にみえる

史料8『続日本紀』大宝二年（七〇二）文武天皇

冬十月。丁酉、先㆑是、征㆓薩摩隼人㆒時、祷㆓祈大宰所部神九処㆒、実頼㆓神威㆒、遂平㆓荒賊㆒。爰奉㆓幣帛㆒、以賽㆓其祷㆒焉。唱更国司等〈今薩摩国也。〉言、於㆓国内要害之地㆒、建㆑柵置㆑戍守之。許焉。〈後略〉

「唱更国司」の解釈をめぐって、まず薩摩国の前身である「唱更国」が成立し、その後、薩摩国となったとする説(29)と、大宝二年夏段階で薩摩国が成立し、唐の辺境支配にならって、隼人支配のため、日向（後の大隅国域を含む）・薩摩両国司が「唱更」の任を担ったとする説(30)と、二説ある。さらに、広域の日向国から薩摩・大隅両国が分立した後の日向国域に、隼人だとされた人々が居住していたかどうかは諸説あるが、古代の史料上「日向隼人」の語句がみえるのは、次の一例のみである(31)。

史料9『続日本紀』和銅三年（七一〇）元明天皇

三年春正月庚辰、日向隼人曽君細麻呂、教㆓喩荒俗㆒、馴㆓服聖化㆒。詔授㆓従五位下㆒。

この記事に出てくるのは「曽君細麻呂」であり、「曽君」の「曽」とは後の大隅国贈於郡のことであろう。この記事は、贈於郡域を含む大隅国が広域の日向国から分立する

史料10『続日本紀』和銅六年（七一三）　元明天皇

夏四月乙未、〈中略〉割二日向国肝坏・贈於・大隅・姶羅四郡一、始置二大隅国一。〈後略〉

以前の記事である。[32]

また、日向国最南端に位置し大隅国と接する諸県郡の諸県君を隼人だとする史料はなく、[33] 隼人の歌舞は衛門府被管隼人司の管轄下にあるが、[34]

史料11『令』巻第二　職員令第二

隼人司

正一人。〈掌。検二校隼人一。及名帳。教二習歌舞一。造二作竹笠一事。〉佑一人。令史一人。使部十人。直丁一人。隼人。

諸県郡の諸県舞は、治部省被管雅楽寮の管轄下にあり、

史料12『続日本紀』天平三年（七三一）　聖武天皇

秋七月乙亥、定二雅楽寮雑楽生員一。大唐楽卅九人、百済楽廿六人、高麗楽八人、新羅楽四人、度羅楽六十二人、諸県儛八人、筑紫儛廿人。其大唐楽生、不レ言二夏蕃一、取下堪二教習一者上。百済・高麗・新羅等楽生、並取二当蕃堪レ学者一。但度羅楽、諸県・筑紫儛生、並取二楽戸一。

両者の行政上の扱いは異なっている。したがって、ほぼ現在の宮崎県域という意味での日向国域の住民が、「隼人」だとされたことはなかったであろうと考えられる。[35] また、「日向神話」の主要な舞台として設定されているのも、隼人が「存在」する薩摩・大隅両国域だと考えられる。「日向神話」に登場するのは隼人の祖先であり、宮崎県域という意味

での日向国域の豪族の祖先が登場しないことにも注意したい（第五章第二節）。

なお、大隅国についてみれば、八世紀はじめに桑原郡が建郡され大隅国は五郡体制になったようだが、桑原郡は豊前・豊後からの移民を中心とした「非隼人郡」であった可能性が指摘されている(36)。さらに大隅国では、八世紀半ばには菱刈郡が建郡され、最終的に六郡となったようである。

史料13『続日本紀』天平勝宝七歳（七五五）　孝謙天皇

五月丁丑、大隅国菱苅村浮浪九百卅余人言、欲レ建二郡家一。許レ之。

最後に薩摩国甑嶋郡について触れておく。この郡は島嶼地域のみにより構成される郡だと考えられるが、次の『続紀』記事において「正六位上甑隼人麻比古」とみえ、

史料14『続日本紀』神護景雲三年（七六九）　称徳天皇

十一月庚寅、天皇臨レ軒。大隅・薩摩隼人奏二俗伎一。外従五位下薩摩公鷹白・加志公嶋麻呂並授二外従五位上一。正六位上甑隼人麻比古、外正六位上薩摩公久奈都・曽公足麿・大住直倭、上正六位上大住忌寸三行並外従五位下。自余隼人等賜レ物有レ差。〈後略〉

また、この郡は「正税帳」のいう「隼人一十一郡」に含まれる。したがって甑嶋郡の住民は隼人だとされていたものと考えられる(37)。

以上要するに、南九州において隼人が「存在」したのは、島嶼部を除く薩摩・大隅両国域に限られ（ただし、薩摩国甑嶋郡の住民は隼人である）、その両国においても、薩摩国出水・高城両郡、大隅国桑原郡のように、住民が隼人だとはされていなかったであろう地域も想定されている。

四　政治的に創出された隼人

ここで前節までの議論をまとめてみると、古代南九州の人々が「隼人」だとされたのは、時間的には天武朝から九世紀初頭までのおよそ百二十年間ほどであり、空間的には、薩摩・大隅両国域の在地系住民に限られる。また、両国域内においても、住民が隼人だとはされていなかったであろう地域も想定されている。もちろん、七世紀後半から八世紀にかけての、隼人あるいは南九州の状況を一括して扱うわけにはいかず、時間軸と空間軸に沿って緻密な考証を行わねばならないことはいうまでもないのであるが、おおよそこのようにまとめることができよう。(38)

前述のとおり、現在では隼人について、「政治的に設定された存在」と理解することが通説的位置を占めるにいたったが、このような理解に大きな影響を及ぼしたのが、石上英一による疑似民族説であった。

…蝦夷・隼人らは、形質・風貌・居住・生業・習俗といった人類学的・民族学的な示差的特徴を基礎とはするが、一方でそれらの特徴を誇張しあるいは倭人＝日本人との共通性を隠蔽して、政治的な意図の下に設定・編成・維持された民族集団である。また反抗し征服され服属するという政治的性格を指標として付与された民族集団である。(39)

石上はこのように、隼人とは、畿内など「中央」の人々との差異を特定の意図をもって誇張し、「中華の皇帝」としての天皇の権威を高めるため、政治的に設定された集団だとした。

ただし関口明は、以下のように注意を促す。関口によると蝦夷の研究史において、蝦夷を〝アイヌ系〟だと、すなわち人種論的に理解する説と、〝日本人で辺境に暮らす人々（方民説）〟と理解する説と、大きく二つの説に区分できるという。しかし、方民説（石上の疑似民族説も含まれる）もまた蝦夷を「日本人」として規定／理解する限りにおいて、広義の人種論的蝦夷観に含まれるとし、氏はかわって蝦夷を「政治的概念」として理解することを提唱した。中国的な夷狄観による史書の文飾や、時代や政治的変遷にともなう蝦夷への呼称の変化を踏まえながら、蝦夷が「アイヌ人」か「日本人」かという点はひとまず措き、政治的区分としての蝦夷像を明確化しようと試みた。(40)

これは、私には、きわめて説得力をもった重要な指摘だと思われるのである。私は、関口の提言を受けて、隼人という概念を次のように理解している。

隼人とは、古代天皇制あるいは「律令国家」によって〝上〟から〝一方的〟に創り出された存在である。その際、隼人として設定された人々が、現実に、実態として、どのような人々であるかということは、第一義的には「問わない」。例えば、仮に平城京に暮らす人々と同様の文化、習俗、言語等をもつ人々がこの列島のどこかにいるとして、彼らが政治的／行政的に夷狄だと設定されれば、彼らは翌日からXという夷狄として編成されうるのである。某地方にα地域とβ地域があるとして、両地域に暮らす人々はまったく同じ文化、習俗、言語等をもつとしよう。時の政府が華夷思想を充足させるために新たな夷狄の創出を必要としたとして、両地域の境にそのラインを設定したならば、α地域の人々は夷狄となるが、β地域の人々は「普通の人」のままである、ということも起こりうるのである。もちろんその後、Xとされた人々やα地域の人々は、朝貢や王権儀礼など夷狄の存在が必要とされる場面において、「野蛮人」「未開人」「異民族」として振る舞うことになる。なぜなら、それが彼らの職務となったからである。

以上のことは、少しばかり大袈裟な表現であるかもしれない。例えば橋本達也は南部九州の古墳時代について、前方後円墳・在地の墓制・土器様式・住居構造・鉄器生産などを概観した上で、

古墳時代後期に至り、近畿中央政権はより強力に、全国的な支配体制を構築しはじめる。ここまでにみた、墓

制・生活様式・生産構造の資料から、それまでの中央―地域の関係が各地域首長との同盟的な連合関係から主従関係へ移行しはじめ、大隅・薩摩地域は古墳時代社会の交流圏から疎外されはじめられたとみられよう。大隅地域では確実な後期古墳の存在が知られておらず、この時期、古墳築造域でなくなっている可能性が高い。薩摩の北端というより（原口注：肥後である）天草の一部である長島以外の鹿児島県域で横穴式石室がみられない現象も生活様式とともに一連のことと思われる。また、大隅・薩摩地域では生活様式に在来的な要素が強く残るとともに個性化する。その様相は他地域との差が拡がりつづけ、七世紀段階には相当に異なった習俗を形成していた可能性がある。結果として七世紀後半の律令国家の形成にあたって、化外の民としての位置づけが創出されるのである。すなわち、隼人としてとらえられた異質性は、自然環境やこの地域に住む人びとに備わった形質・性質によるものではなく、古墳時代社会のなかでの政治的動向を背景として形成されたものと理解すべきである。(41)

と、述べる。永山はこのような見解を受け、

古墳時代の南九州は、中期まではヤマトとの関わりがみられるが、薩摩・大隅地方では後期に入ると前方後円墳が消滅し、甲冑がみられなくなる。また、鉄鏃も独自性を強め、畿内産須恵器もほとんどみられなくなり、竈付き住居もつくられない。こうした状況は、橋本達也らが述べるように、「列島の中で異質化が進行する」と評価できるものである。こうした異質化の進行をもたらした要因・原因を探ることは、もちろん今後の重要な課題であるが、隼人像につきまとう「異質性」は、以上みてきたような歴史的展開の所産であって、その異質性を問題とすることによって、中央政権が「隼人」を「創出」していったということを確認しておきたい。(42)

と述べるが、私もこれらの見解に賛同したい。

しかし、隼人を「政治的概念」として理解する立場の基本的発想とは、前述のようなものであると私は考えている。

先にみたとおり、永山は隼人の「出現」「消滅」について朝貢という儀礼の存在に大きく注目し、また、「言うまでもなく、南九州に均一性をもった集団としての『隼人』がいたとは考えられない」(43)と指摘した。関口・永山両氏の指摘を総合すると、はたして隼人を実態をともなった民族概念として捉えてよいものかどうか疑わしいとせざるをえないであろう。やはり、古代の南九州に出自をもち、朝貢や王権儀礼に参加することによって日本における華夷思想というイデオロギーを充足させる政治的／社会的役割を担わされた人々が、「隼人」として位置づけられたものと考えたい。隼人として設定されるということは、化外の夷狄として、すなわち政治的／社会的役割としての「野蛮人らしさ」「未開人らしさ」「異民族らしさ」を強制されることである。隼人とは、第一義的には政治的な要請から創出された存在である。古代南九州の人々と他地域の人々を「人種」だとか「文化的要素」によって区分した概念ではなく、あくまでも「行政上の区分」(44)「一種の身分制度」(45)であると考えたい。

五　考古資料と隼人

ここで、隼人概念と考古資料の関わりについて考えてみよう。畿内系の古墳が鹿児島県北部にしかみられなかったことなどから、かつては「南九州は畿内型文化を拒んだ地域」と想定されてきた。しかし前節でみたとおり、近年の研究ではより複雑な政治的経緯が想定されており、慎重かつ考古学的証拠にもとづいた議論が求められる状況にある。本節では地下式横穴墓と成川式土器を中心に、この問題について論じてみたい。

まず、南九州に特徴的とされる墓制の分布をみてみると、地面から垂直に竪坑を掘り下げ、その底から水平に死者を安置するという地下式横穴墓がある。これは鹿児島県肝属平野南端を南限とし、宮崎平野中部を北限とする。東は沿岸の平野部から、西は宮崎県えびの盆地（図3の加久藤盆地）・鹿児島県大口盆地まで広がる。確実な初期地下式横穴墓は古墳時代中期前半に確認され、中期中葉以降は宮崎平野で分布域を拡大し、中期後半に築造ピークを迎え、一部には後期段階でも存在を確認できるがおおむね後期中葉までには築造が終焉するという[46]。また、地表下一〜二メートルに竪穴を掘り石室をつくり、それを板状の石で重ね覆うという地下式板石積石室墓がある。これは鹿児島県西北部（北薩地域）から熊本県人吉盆地・えびの盆地に分布し、おおむね前期から中期前半を中心に展開し、中期後半以降は存続せず、その後は土壙墓に置きかわったとみられるという。さらに、地面に穴を掘ってそのまま遺体を埋葬するという土壙墓があるが、鹿児島県西南部（南薩地域）では、古墳時代全時期を通じてこの墓制であったと考えられるという[47]。これらは特定の地域にしかみられないことなどから、かつては「隼人の墓制」とみなされることもあった。しかし、現在はかつてとは異なる理解がなされるようになってきている。以下、最近の考古学研究者の知見によりながら主に地下式横穴墓についてみていきたい。

●東憲章（二〇〇一年）[48]

一九九七年には宮崎考古学会が研究会『葬送儀礼にみる東アジアと隼人』を開催し、地下式横穴墓に見られる葬送儀礼の一端が紹介された。その中で、隼人と地下式横穴墓を直接結びつけることを否定する考えが大勢を占めた。…古墳時代の南九州に展開する地下式横穴墓は、地下式板石積石室墓や（立石）土壙墓とともに、古代史上に登場する「隼人の墓制」として紹介されることがしばしばある。局地的な分布を示す点、副葬品の多くが鉄製武器で「勇猛果敢な隼人」のイメージに合うことなどが、大和朝廷に抗い、異民族視され、討伐された隼人に結びついた理由であろう。しかし厳密には、隼人が文献上に登場するのは天武朝からであり、現時点では七世紀の半ばまでしか下り得ない地下式横穴墓とは年代的なギャップがある。また、日向国が現在の宮崎・鹿児島両県

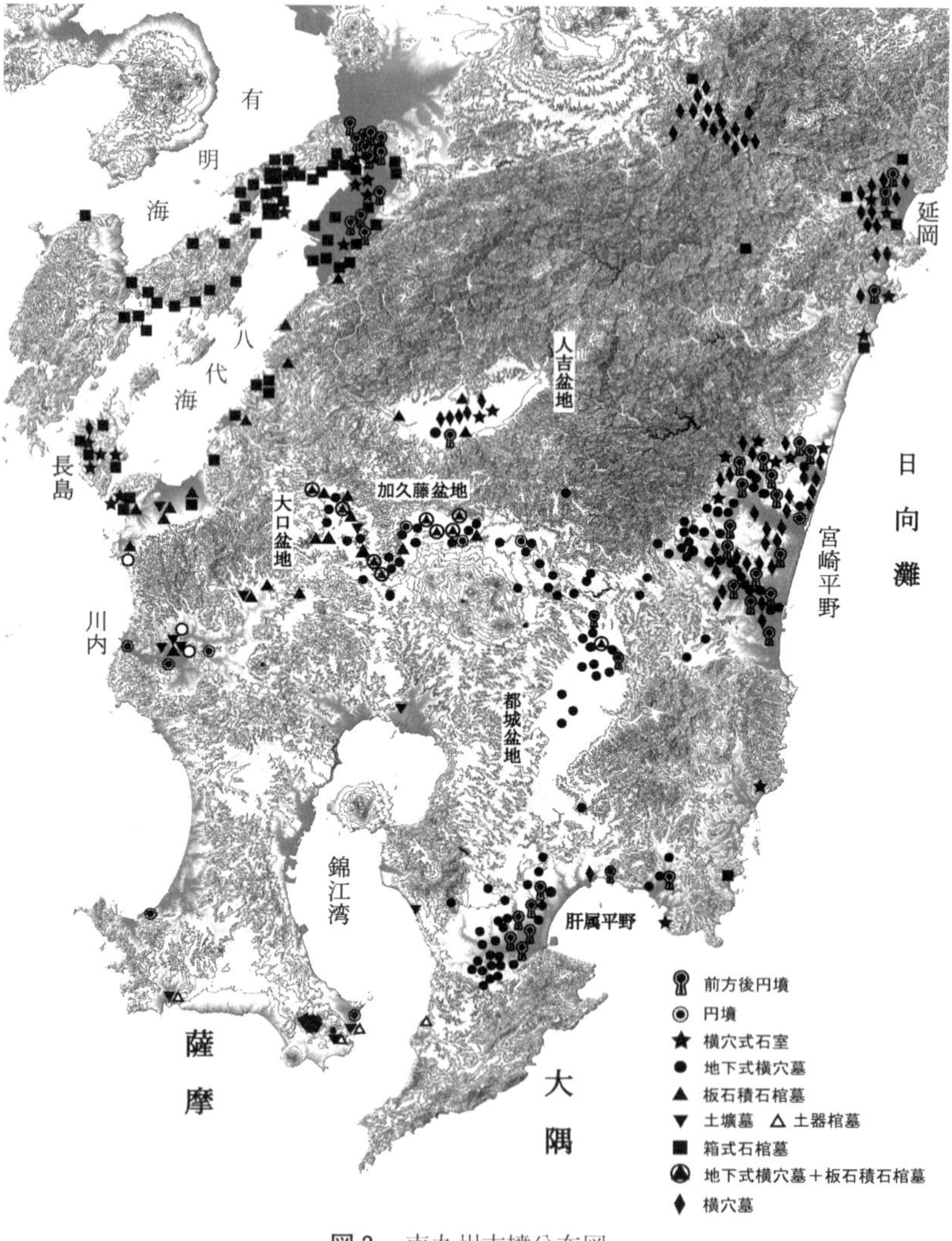
有明海
八代海
長島
川内
大口盆地
加久藤盆地
人吉盆地
都城盆地
錦江湾
肝属平野
薩摩
大隅
日向灘
宮崎平野
延岡
前方後円墳
円墳
横穴式石室
地下式横穴墓
板石積石棺墓
土壙墓
土器棺墓
箱式石棺墓
地下式横穴墓＋板石積石棺墓
横穴墓

図3　南九州古墳分布図

域を合わせた範囲を示した七世紀末の段階ではその領域内に隼人の居住域を含んでいたとしても、八世紀初頭の薩摩国の分出（七〇二年）、大隅国の分出（七一三年）により日向国内に隼人の居住地はなくなる。隼人居住地と地下式横穴墓の分布はごく一部しか重ならないのである。

●橋本達也（二〇一一年）(49)

…中期前半から展開する初期地下式横穴墓は短い羨道をもち、家形玄室を造りだすものが多い。これは同時期に九州に広がる横穴式墓制の思想導入によって成立したものとみてよい。とくに、福岡県鋤崎古墳や公州水村里5号墳の横穴式石室羨道部との構造的な類似性などから、漢城期百済横穴式石室墳の系譜上から九州に波及し、変容したものの一つとみなされよう。

鹿屋市岡崎18号墳1号地下式横穴墓では鉄鋌や初期のU字形鍬鋤先、鑷子などの半島系資料がともない、その地表上では初期須恵器を用いた祭祀が実行されていた。この墓制が単に地域的な閉鎖性のなかから独自に生み出されたものでないことは確実である。

地下式横穴墓が分布域を広げ、築造数を増やすのは男狭穂塚古墳・女狭穂塚古墳の築造期以降である。この段階は前方後円墳を築造する首長層がより限定されはじめ、同時に首長層の埋葬にも地下式横穴墓の採用が始まる。

地下式横穴墓が墳丘を持つ古墳とともに群を形成することや、周溝を利用して古墳に従属する例のあることはこれまでにも一定の認識がなされていたが、近年はさらに具体的な様相が明らかになりつつある。

古墳に従属する地下式横穴墓はその初期段階（ＴＫ216型式段階）から、終末（ＴＫ217型式段階）にまで存在し、中期には前方後円墳・円墳ともに地下式横穴墓をともなうもののあることが確認されている。また、内部調査もおこなわれた岡崎18号墳の地下式横穴墓では、大型の墓室や豊富な副葬品から首長墓とみなされる。

すなわち、古墳墓制と地下式横穴墓とは排他的ではなく、共存しうることがより鮮明となっている。地下式横穴墓と古墳被葬者とで民族や出自が異なるという安易な想定がすでに考古学的な根拠を失っていることは明らかで、地下式横穴墓に対して「隼人の墓制」などという標題をつけることはもはや学問的な営みとはいえない。

さて、このように地下式横穴墓が分布する時間的・空間的範囲と、隼人が「存在」する同じ区分とはほとんど重ならないということが明らかになった(50)。また、その性格や位置づけをめぐっても、新たな提言がなされている。ところで、早く中村は、地下式横穴墓の分布について次のように指摘していた。

このような地下式横穴の分布と築造時期は、隼人の区分とは異なるものである。すなわち、この墓制の分布する地域には同一の文化圏が形成され、ほぼ共通の信仰・言語・習俗をもつ人々が住んでいたとみられるにもかかわらず、大隅国の地方に居住していたものは「隼人」とされ、政治的には分離されているからである。そこには政府の政治的意図がはたらいていたとみることができる(51)。

つまり、そもそも地下式横穴墓が分布する時間的・空間的範囲と隼人が存在したそれは異なるものであるし、同墓制の分布域においても、後の大隅国東北部にあたる地域の人々は隼人と呼ばれたのに対し、日向国域に留まることになった人々は隼人とはされていないのである。ここからわかることは、仮に同一墓制の分布が文化的同一性を示すとするならば、日向国域南部の人々と大隅国域東北部の人々は同じ文化圏に所属するのであろうが、隼人であるかどうかの区分は、このような文化的なものとは別の基準、すなわち政治的な基準によって区分されているということである。これは地下式板石積石室墓にも同じことがいえるのであり、土壙墓については時期が重ならないことが指摘されうる。繰り返しになるが、隼人とは第一義的には政治的な存在であって、文化的な差異が「普通の人々」と隼人を区分する決定的な要因ではないのである。この中村の指摘は、隼人とは「政治的概念」であって、考古資料に代表される「古代南九州の人々の実態」とは必ずしも一致しないということを明確に示したきわめて重要なものである。隼人とは何かを理解するにあたってもっとも重要なことは、「政治的に創出された身分制度としての隼人」「文献上にあらわれる隼人像」と「古代南九州の人々の実態」とが齟齬をきたす場合もあるという事実を、いかに整合的に解釈するか、ということである。そうであるならば、「古代の南九州で流行した文化（墓制）」を「隼人の文化（墓制）」と呼べるかどうかは、きわめて慎重な考察が必要であろう。「土壙墓・地下式板石積石室墓・地下式横穴墓という特徴的な墓制は、ひとまず隼人と直接結びつけることを措いて、まず南九州の墓制として評価されていかなければならない」(52)であろう。

続いて成川式土器について確認しよう。「広口で脚台付きの甕や装飾性の強い大壺を保有し続けるなど、弥生土器的な様相を強く残し、古墳時代に普及する土師器と比較すると地域色が強い土器として知られている」(53)成川式土器は、弥生時代終末期以降から、地域差があるものの九世紀後半の様相を示すものが確認されている(54)。また、その分布域は鹿児島県本土域を中心とするが、近年では宮崎県都城盆地周辺やえびの盆地周辺など、宮崎県南部でも確認されている(55)。この成川式土器をめぐっても、かつては「隼人の土器／隼人が用いた土器」との認識／理解があったが、現在では異なる理解がなされるようになってきている。

●中村直子（一九八七年）(56)

成川式土器は南部九州の弥生後期から古墳時代ごろまでの土器様式の総称だが、従来、非常に在地色が強く排他的な土器様式だとみなされ、「隼人の用いた土器」との認識も強い。しかし近年新たな問題意識から再考をうながす見解も出てきた。それは、成川式の特殊性ばかりが強調され、それが即「隼人民族」の特殊性に短絡的につなげられてしまう従来の見方への批判である。これは、そもそも「隼人民族」の存在が考古資料から実証されたのかという基本的な懐疑に依拠している。

●下山覚（一九九五年）[57]

…「隼人」についての初出の文献記事である天武一一年（六八二）の『日本書紀』の記述以降、七世紀後半期以降に「成川式土器」の一部が残存するからといってやはり「成川式土器は隼人の土器である」という帰結にはいたらない。

なぜなら、「隼人」は考古資料によって具体的に示される空間や時間をもった概念だったのか疑われるためである。…

…永山氏の指摘を考慮すると、単に〝考古学的資料とある種の集団との対比を先見的に行うことなかれ〟という方法論的な問題だけではなく、果して、「隼人」を具体的に示しうる考古資料が実在するのかという疑問すらも生ずるのである。

ただ、「隼人」という呼称が用いられ「特殊化」されるには、当時、南部九州の人々に対してなんらかの文化的な〝差異〟が認識されたと考えられることから、考古資料でそのような差異の一部を明らかにすることはできるのではないかという展望はできると考えられる。

一方で、もし、「隼人」という名称に与えられたイデオロギーを極力排除しようとすると、考古資料と「隼人」という呼称との対比の必然性はなくなるという立場が生ずると考えられる。

成川式土器においても、先に確認した地下式横穴墓と同様のことが指摘できよう。そもそも成川式土器は古墳時代を中心とし、また一部は平安時代はじめにも残存しているが、しかしこれらの時代の人々は、当然、隼人ではない。また日向国域の人々も隼人ではない。したがって、成川式土器を「隼人の土器／隼人が用いた土器」と、直接的に隼人と結びつける理解は適切とはいえまい。むろん、成川式土器を使用した人々のなかには、「隼人」だとされた人々も存在したのであるが、両者を等式で結ぶのは妥当ではない。

以上のように、「隼人の文化」という概念について論じるには、隼人が政治的概念であること、隼人が「存在」した時間的／空間的範囲を意識しておくことが必要である。「政治的に創出された身分制度としての隼人」「文献上にあらわれる隼人像」と「古代南九州の人々の実態」は、可能な限り明確に区別しなければならない。そうでなければ、すべてが混乱に陥る恐れがある。そしてその上で両者を比較し、古代南九州社会の実情を明らかにしていく視点が求められるであろう。

六　畿内隼人をめぐって

畿内およびその近辺に移配された南九州系の人々を、一般に「畿内隼人」と総称する。本節ではこの畿内隼人について概観したい。さて、隼人の呼称開始時期をめぐって、畿内隼人の存在がクローズアップされる場合がある。つまり、天武朝より前の時期の『記・紀』隼人関係記事の記述内容とも相まって、「隼人」がいつから畿内近辺に移住した（させられた）かが一つの争点となっているのである。その際には、考古資料に注目が集まることも多い。

これについての代表的な議論として森浩一によるものがあり、それに対して永山が反論しているので、この議論を追ってみよう。森らの説[58]は次のようなものである。和歌山市で発見された褌姿で入墨のある力士像の埴輪、奈良県宇智郡阿陀《あだ》郷近辺の河川漁撈を想定させる遺物（釣り針など）、京都府綴喜郡大住郷近辺の横穴墓群、これらの存在は、「隼人」の畿内への移住が古墳時代までさかのぼることを示唆する。

これに対して永山は、以下のように反論する。まず、相撲と力士像については、延喜式の記載から、確かに紀伊に畿内隼人が居住していることがわかるが[59]、隼人と相撲の関わりを示す史料は、天武・持統紀の二例のみ（史料8、持統紀九年〔六九五〕五月丁卯条）であり、これ以降は史料にまったくみえず、あまり隼人と相撲を結びつけないほうがよい。また隼人が褌を着けていたり入墨をしていたという明証はない。したがって力士像があるからといって、隼人の存在証明にはならない。次に阿陀の鵜飼と隼人の関わりについてみてみよう。神武東征において鵜飼の祖が登場するが[60]、これを隼人に結びつける説もある[61]。しかし、そもそも隼人と鵜飼の関わりを明証する根拠はなく、また大和国でも比較的有名な阿陀の地名を阿多隼人が持ち込んだなど、ありえるのだろうか。例えば伯耆国日野郡阿太《あた》郷に隼人が住んでいるという話は聞いたことがない。

さらに河川で簗を用いて漁をする人々がいたとして、それがなぜ隼人と関わりがあるのか。隼人と簗漁の関わりを示す明証的な根拠はない。延喜隼人司式に竹細工の規定があるからといって、簗など竹製品を作れば隼人だということにはならない。『新撰姓氏録』をみても、阿陀の項目には、当地にアダの地名を持ち込んだはずの阿多隼人はみあたらない。ただし、大角隼人はみえる。この点からおそらくは、もともとアダという地名だった場所に、「大隅隼人」が移住してきたのであろう[62]。

私見を付け加えると、神武東征において阿陀の鵜飼の祖先は服属するが、そもそも隼人は東征以前に「日向」において服属しているのである。この二つは別の氏族だと考えた方がよいであろう。したがって、鵜飼と隼人は直接的には関係しないものと思われる。また、和歌山市の井辺八幡山古墳[63]から出土した、相撲を取る人物をあらわしたと考えられるいわゆる力士埴輪の存在を重視する見解もなおあるが、力士埴輪は全国で三一例ほど存在し福島県泉崎村の原山1号墳（5世紀末）、茨城県行方市の三昧塚古墳（6世紀初頭）、群馬県高崎市の保渡田Ⅶ遺跡（5世紀後半）などからも出土している[64]。はたしてこれらが隼人に関わるのであろうか。隼人と力士埴輪を直結させることには無理があるといわざるをえないであろう。

次に綴喜郡大住郷の横穴墓についてみてみよう。正倉院文書のいわゆる「隼人計帳」は、山城国綴喜郡大住郷のものであることが判明した[65]。山城国綴喜郡大住郷は現在の京都府南部、京田辺市大住地区に比定される。この地に「大隅隼人」が移配されたことはほぼ確実であろう。上村俊雄は南山城地域の横穴墓について、南九州の地下式横穴墓およぴ横穴墓と比較し、①南九州の地下式横穴墓は竪坑があり床面は水平で羨道と玄室の区分が明瞭である、②南九州の横穴墓は竪坑がなく床面は水平で羨道と玄室の区分が明瞭である、③南山城の横穴墓は竪坑の確認例がなく床面は斜めに傾いており羨道と玄室の区分が不明瞭である、との観点から、南九州の地下式横穴墓／横穴墓と南山城の横穴墓は系譜的につながらないとした[66]。両者は天井の形状も異なるという。ただし上村は、南山城の横穴墓に「隼人」が関わっているかどうかについては態度を保留する。また白石太一郎は地下式横穴墓について、「出現は五世紀前半にさかのぼり、下限は七世紀におよぶと考えられている。…地下式横穴を日向隼人の墓制とする理解が早くからあったが、南九州の住民を隼人として異民族視するのは七世紀後半の天武朝のころからとされており、両者を関連させてとらえることは適当でない。京都南部などにある地表面からやや掘りさげたところに入口のある横穴を地下式横穴とみることがあるが、南九州のものと直接関係するかどうか、不明である」とする[67]。ところで前節での検討において、南九州の地下式横穴墓は「隼人の墓制」といえそうにないことを確認した。地下式横穴墓に関わる人々の一部は「隼人」と呼ばれたのかもしれない。しかし、地下式横穴墓に関わる大多数の人々は隼人ではないのである。そもそも畿内の横穴墓が南九州の地下式横穴墓と関連するか、考古学研究者の間でも見解が分かれているのであり、仮に両者が関連するとしても、畿内に移住した南九州の人々およびその子孫が、天武朝に隼人として設定されたと考えることも十分可能である。したがってこれもまた、天武朝より前に「隼人」が畿内に移住していたとの論拠とはならないのである。(68)むろんこれは、「古代南九州の人々」が天武朝より前の時期に畿内へ移住したという可能性を否定するものではない。北山峰生は、「しかし、異なる二地点における物質文化の類同は、その両地域間に文化交流が存在したことを示すものではあっても、強制移住をともなう実効支配がなされたことは意味しない。律令体制下の記述がどこまで古墳時代の実態を反映するかははなはだ疑問であり、考古資料により古墳時代における畿内隼人の存在を肯定するのは困難である」(69)とする。

さらに大阪府八尾市の久宝寺遺跡から出土した成川式土器についてみてみよう。これは古墳時代中期の集落跡から出土したという。(70)上村は久宝寺遺跡出土成川式土器の壺について、胴部外面の粘土帯と底部付近にタタキ調整が施されているが、このタタキ技法は南九州の成川式土器にはみられないとし、当地で「隼人」が製作したものと推定した。(71)さて久宝寺遺跡は、畿内隼人居住地だとされる河内国萱振保から数キロしか離れていないところに存在する。よって、古墳時代中期に近畿地方と南九州の間に、ヒトやモノの移動や流通の存在を想定することができ、何らかの交流があったことは確実であろう。この時期に南九州から近畿地方へ、移住があった可能性も想定できよう。しかしだからといって、古墳時代から畿内に「隼人」が移住していた、ということにはならないのではなかろうか。仮に南九州の人々を畿内近辺に移住させる政策が五、六世紀からあったとしても、それは「隼人」ではなく、「五、六世紀の南九州の人々」と考えることも可能であろう。隼人とはあくまで、いわゆる「律令国家」の時代の概念なのである。また成川式土器と「隼人」の関係をめぐっても、前節で考察したとおりである。

最後に、永山の分析によりながら、隼人の豪族である大隅直氏の政治的位置づけをみてみよう。八世紀代の諸史料に大隅直氏は「隼人」として登場する。隼人の豪族は阿多君、薩摩君、曽君と君姓が主流であるが、ひとり大隅氏のみが直姓であり、これはヤマト政権との関係が近かったことを想定させる。一般に君姓より直姓の氏族が、王権への従属度が高いとされている。天武朝に大隅直氏は忌寸姓を授与されるが、同時に賜姓された諸豪族はすべて連姓で畿内豪族かと思われるため、ここでの大隅直氏も畿内に移配された氏族であろう。(72)

史料15『日本書紀』天武天皇十四年（六八五）

六月乙亥朔甲午、大倭連・葛城連・凡川内連・山背連・難波連・紀酒人連・倭漢連・河内漢連・秦連・大隅直・書連并十一氏、賜レ姓曰二忌寸一。

畿内に移住した大隅直氏が、いきなり忌寸を賜姓されるとは考えにくく、大隅直氏は天武朝以前から畿内に移住していた可能性が高いものと思われる。(73)さて、「天平十年（七三八）周防国正税帳」に、「大隅国左大舎人无位大隅直坂麻呂」なる人物がみえる。これは公務により都へ往復する途中の大隅隼人だと考えられるが、史料14記事に、「大住直倭」「大住忌寸三行」と二つの大隅氏がみられる。ここから、大隅国に残った大隅氏一族は天平年間以降も直姓のままであることがわかる。したがって、天武十四年の賜姓の段階で大隅氏は大隅在住のものと、畿内に移配されたものとの二系統に分かれていたことが確認できる。大隅氏のみが直姓であることは、ヤマト政権との長い関係を想定させるものであり、君姓である他の隼人系豪族とは区別されていることが分かる。しかし、天武朝に畿内系諸豪族とともに忌寸を賜姓された大隅直氏であっても「隼人」として扱われているということは、隼人という「民族」がそれまでの王権との関係とは別の次元で設定されたことを示していると考えられる。(74)

畿内隼人とは、天武朝に南九州の隼人とともに創出されたものである。後に隼人と呼ばれることになる南九州に出自をもつ人々が、いつから畿内に移住した（させられた）かについては、現時点でははっきりした時期やその理由は分からず、詳細は不明とせざるをえない。(75)なお、九世紀に入り南九州の人々を隼人だとする政策は停止され、以後、南九州の人々を隼人と呼称する例は一つもみえなくなるが、その後も畿内隼人だけは「隼人」として王権儀礼に参加し続ける。(76)

七　隼人論の現在

最後に、本章で論じてきたことをあらためて振り返ってみよう。『記・紀』の隼人関係記事について、歴史的事実としてある程度信用しうるものは天武朝以降の記事からであるとの通説的理解に立ち、さらに九世紀初頭における南九州に対する政策転換以降、南九州の住民を「隼人」と呼称する例は史料上一つもみられなくなることを確認した。ここから、南九州の人々が隼人と呼ばれたのは、天武朝から九世紀初頭にかけてのわずか百二十年間ほどのことにすぎないということが指摘できる。その南九州の範囲であるが、肥後国域や日向国域、南島の人々が隼人とされた例もまた史料上一つも確認されず、薩摩・大隅両国本土域の人々のみが隼人であったと考えられる。ただし、薩摩・大隅両国本土域においても住民が隼人だとはされていなかったであろう地域も想定されている。中国の皇帝制を模倣した天皇制が開始されるにあたり、中国的夷狄観にもとづき隼人は創出される。つまり、天武朝に隼人という身分制度／行政上の制度がスタートし、九世紀初頭にその制度は終了したと理解できる。隼人とは政治的に設定された存在であり、したがって、「古代南九州地域の文化」を「隼人の文化」として理解できるかどうかは、きわめて慎重な考察が必要となろう。天武朝から隼人が「出現」「登場」するということは、天武朝の頃に隼人という「民族」が形成されてきたということではない。後にアイヌ民族が成立するように、隼人民族が実態をともなって成立したということを意味しない。それは天武朝あたりから、華夷思想にもとづいた夷狄概念が南九州に適用されはじめ、南九州の人々を隼人だということにして、朝貢や服属儀礼の演出という日本型中華帝国補完のための政策が、現実にそれなりの有効性をもった政治システムとして機能していたことは、歴史的事実として認めてもかまわないであろう、といった意味である。南九州から近畿地方へ、人々がいつ頃からいかなる理由により移住した（させられた）のかについては、現時点では定かではない。しかし、天武朝に隼人という制度が開始されるにあたり、南九州に出自をもつ近畿地方在住者も隼人として設定されたものと考えられる。

隼人とされた古代南九州の人々は、「夷狄」とされるからには、やはり実態として「中央」の人々とは異なる文化を所持していたという可能性も想定できよう。しかし、そのような差異の存在を認めた上でなお、隼人とは、第一義的にはイデオロギー的要請から創出された概念であったといわざるをえない。はじめに述べたとおり、われわれが抱く隼人についてのイメージは、古代史書に描かれた隼人像に多くを拠っている。これは文献史学も考古学もかわらない。われわれは史書に登場する隼人像に従って、分析を行い研究を行ってきた。しかし、今やそれら史書中に描かれた隼人像について、根本的な疑義が提出されるにいたっている。われわれの隼人観は、根底的なレベルからの変革を迫られている。私が本章で問うてみたかったのは、「解釈」や「解釈の前提」なのである。

これまでの議論を振り返ると、あくまで一般論としてならば、次のように指摘することも許されるのではないか。文献史学は「イデオロギー負荷的存在としての隼人」の本質を明らかにできるかもしれないが、『記・紀』が描く時代の南九州の人々の実態を明らかにするのは難しい。なぜなら根本史料たる『記・紀』記事の信憑性に疑問があるからである。考古学は「古代南九州の人々の実態」を明らかにできるかもしれないが、直接的に「隼人」を論ずることは難しい。なぜなら隼人とはある種のフィクションだからである。[77]『記・紀』に接する際には、そこに記されたことが五・六・七世紀の「歴史の現実」をあらわしているというよりも、むしろ『記・紀』が編纂された八世紀初頭の「政治思想」を表明したものと受け取る姿勢も必要ではないか。今やいいつくされた観もあるが、考古学、文献史学双方の研究分野としての特性をみきわめた上で、それぞれ得意なこと、不得手なことを念頭に置き、少しずつ議論を積み重ねていくほかないであろう。両者の協業が求められるゆえんである。[78]

「隼人」が政治的要請から創出された存在であるとしたら、隼人研究とは、地域社会の実態を掘り起こす作業であると同時に、「隼人」を創り出した主体である天皇にも目を向けねばならない。本書では後者に力点を置き、前者にはあまり触れることができないのだが、前者と後者の研究を蓄積し、両者を突きあわせてこそはじめて、古代南九州社会を取り巻く実情が明らかにされるであろう。隼人研究の現在に求められているのは、このような視点ではあるまいか。そしてこのような試みは、すでにはじまっているのである。[79]

註

（1）永山修一「古墳時代の南九州」（『隼人と古代日本』同成社、二〇〇九年）八頁、橋本達也「九州南部の首長墓系譜と首長墓以外の墓制」（第13回九州前方後円墳研究会鹿児島大会事務局編『九州における首長墓系譜の再検討　第13回九州前方後円墳研究会鹿児島大会発表要旨集』九州前方後円墳研究会、二〇一〇年）二四一頁。

（2）これについては、本書序章第三節を参照されたい。

（3）渡辺茂「古代君主の称号に関する二・三の試論」（北海道教育大学史学会編『史流』八、一九六七年）、東野治之「天皇号の成立年代について」（『正倉院文書と木簡の研究』塙書房、一九七七年）。

（4）例えば、増尾伸一郎「天皇号の成立と東アジア―近年出土の木簡と朝鮮の金石文を手がかりにして」（大山誠一編『聖徳太子の真実』平凡社、二〇〇三年）など。

（5）例えば、大津透『古代の天皇制』（岩波書店、一九九九年）など。

（6）鈴木拓也「律令国家と夷狄」（『岩波講座日本歴史　第5巻　古代5』岩波書店、二〇一五年）、渡邊誠「日本律令国家の儀礼体系の成立と蕃国・夷狄」（九州史学研究会編『九州史学』一七四、二〇一六年）など。

（7）伊藤循『古代天皇制と辺境』（同成社、二〇一六年）など。

（8）永山前掲註（1）書など。

（9）間瀬智広「大宝令の「夷狄」規定と「夷人」規定」（愛知教育大学歴史学会編『歴史研究』六一・六二、二〇一六年）。

（10）大高広和「大宝律令の制定と「蕃」「夷」」（史学会編『史学雑誌』一二二―一二、二〇一三年）。

（11）大高前掲註（10）論文二四頁。

（12）中村友一は律令法について、「法令はその都度改変を加えて整備するもので、ほとんど完全な制度としてスタートする事例などあり得るのだろうか。とりわけ古代において法と実態が連動して一斉に制度が始まることを想定するのは困難ではなかろうか」と指摘する。中村友一「地方豪族の姓と仕奉形態」（加藤謙吉編『日本古代の王権と地方』大和書房、二〇一五年）五〇頁。

（13）中村明蔵「隼人の名義をめぐる諸問題」（『隼人と律令国家』名著出版、一九九三年）。

（14）中村明蔵「天武・持統朝における隼人の朝貢」（同前掲註（13）書）一〇七―一一三頁。

（15）中村明蔵「隼人社会の推移とその性格」（同前掲註（13）書）八―一一頁。

（16）中村前掲註（13）論文六七―六八頁。

（17）中村前掲註（15）論文二一―二四頁、永山修一「隼人の「消滅」」（同前掲註（1）書）。

（18）永山修一「隼人をめぐって―〈夷狄〉支配の構造」（東北芸術工科大学東北文化研究センター編『東北学』四、二〇〇一年）一五二頁。

（19）永山修一「平安時代前半の南九州について」（宮崎県地域史研究会編『宮崎県地域史研究』一七、二〇〇四年）九頁。

（20）この点をめぐって菊池達也は、「朝貢の開始とともに隼人は登場し、朝貢の停止とともに隼人は「消滅」する」という永山修一と卑見を、隼人の貢献は「朝貢」ではなく「上番」だとし批判する。しかし鈴木拓也、伊藤循、熊谷明希が指摘すると

おり、史料では隼人の貢献を「朝貢」と明記する場合もあり、

『続日本紀』養老七年（七二三）　元正天皇

〈五月〉辛巳、大隅・薩摩二国隼人等六百廿四人朝貢。

政府側の認識としては「朝貢」だったのである。したがって菊池説は、永山説および卑見への批判として成立しえない。菊池達也「桓武・平城朝における対隼人政策の諸問題」（大阪歴史学会編『ヒストリア』二五六、二〇一六年）四〇頁注（43）、同「大化前代の隼人と倭王権」（日本歴史学会編『日本歴史』八一九、二〇一六年）、鈴木前掲註（6）論文三三六頁、伊藤循「隼人研究の現状と課題―永山修一氏『隼人と古代日本』とその後―」（同前掲註（7）書）二六四頁注（30）、熊谷明希「大隅・薩摩隼人の朝貢制における諸問題―朝貢停止の意義と「上番」説の検討を中心に―」（東北学院大学大学院文学研究科アジア文化史専攻編『アジア文化史研究』一六、二〇一六年）六―七頁。また、渡邊前掲註（6）論文も参照されたい。

（21）中村明蔵「南島と律令国家の成立」（同前掲註（13）書）、山里純一『古代日本と南島の交流』（吉川弘文館、一九九九年）所収の各論など。

（22）中村明蔵「律令制と隼人支配について―薩摩国の租の賦課をめぐって―」（『隼人の研究』学生社、一九七七年）一八七頁、同「律令制と隼人支配について―薩摩国の租の賦課をめぐって―」（『新訂　隼人の研究』丸山学芸図書、一九九三年）二一二頁、井上辰雄『隼人と大和政権』（学生社、一九七四年）一三九頁。

（23）井上辰雄「薩摩国正税帳をめぐる諸問題―隼人統治を中心として―」（『正税帳の研究』塙書房、一九六七年）一〇七―一〇八頁、井上前掲註（22）書一三八―一三九頁。

（24）中村前掲註（22）二論文。

（25）永山修一「隼人の戦いと国郡制」（同前掲註（1）書）七〇頁以下。

（26）中村明蔵「隼人国と国府の成立について」（同前掲註（22）『隼人の研究』）一二三―一二四頁、同「隼人国と国府の成立について」（同前掲註（22）『新訂　隼人の研究』）一三九―一四〇頁、同「薩摩国の成立について」（『熊襲・隼人の社会史研究』名著出版、一九八六年）二四四―二四五頁、永山修一「古代の日向・大隅・薩摩三国の位相―隼人とその支配をめぐって―」

（『地方史研究協議会第60回大会成果論集　南九州の地域形成と境界性―都城からの歴史像―』雄山閣、二〇一〇年）三二頁。

(27) 鎌田元一によると、成立当初のサツマ国の国名表記は「薩麻国」であったという。「薩麻」からいつ「薩摩」へと表記が変更したかについては定かではないが、それは『続紀』がすべて「薩摩」表記である点からして、その後半二〇巻が撰進された延暦十三年（七九四）八月以前であろうとする。首肯すべき見解であるが、本書では便宜上、「薩摩国」表記で統一する。鎌田元一「律令制国名表記の成立」（『律令公民制の研究』塙書房、二〇〇一年）。

(28) 永山修一「天長元年の多褹嶋停廃をめぐって」（東京大学古代史研究会編『史学論叢』一一、一九八五年）、中村明蔵「古代多褹嶋の成立とその性格」（同前掲註（13）書）、山里純一「古代の多褹嶋」（同前掲註（21）書）。

(29) 中村前掲註（26）「隼人国と国府の成立について」、「薩摩国の成立について」。同「唱更国の実態―薩摩国の前身をめぐる問題―」（『古代隼人社会の構造と展開』岩田書院、一九九八年）、熊谷明希「文武朝における「薩摩隼人」の征討と唱更国の成立」（東北史学会編『歴史』一二一、二〇一三年）。

(30) 永山前掲註（25）論文六一頁以下。

(31) 中村明蔵『隼人の古代史』（平凡社新書、二〇〇一年）一四〇頁。

(32) 卯野木盈二「隼人征伐史」（熊本史学会編『熊本史学』一九・二〇、一九六二年）一七頁、中村明蔵「熊襲と隼人をめぐる諸問題」（同前掲註（22）『隼人の研究』、以下「旧稿」）三〇頁、同「熊襲と隼人をめぐる諸問題」（同前掲註（22）『新訂　隼人の研究』、以下「新稿」）三三―三四頁。

(33) 柴田博子「古代南九州の牧と馬牛」（入間田宣夫・谷口一夫編『牧の考古学』高志書院、二〇〇八年）五五頁。

(34) 中村明蔵「隼人司の成立とその役割」（同前掲註（26）『熊襲・隼人の社会史研究』）、永山修一「隼人の「消滅」」（同前掲註（1）書）。

(35) 「旧稿」三二頁、「新稿」三五頁。

(36) 永山修一「大隅国・国府をめぐる諸問題～気色の杜遺跡を理解するために～」（霧島市埋蔵文化財発掘調査報告書12『気色の杜遺跡（大隅国府跡）』二〇一〇年）。

(37) 「旧稿」三二頁、「新稿」三四—三五頁。
(38) このような視点は、以下の論考に学んだ。今泉隆雄「律令国家とエミシ」(須藤隆ほか編『新版古代の日本第九巻　東北・北海道』角川書店、一九九二年)、武廣亮平「八世紀の『蝦夷』認識とその変遷」(『国立歴史民俗博物館研究報告』八四、二〇〇〇年)、下山覚「考古学からみた隼人の生活—「隼人」問題と展望—」(新川登亀男編『古代王権と交流8　西海と南島の生活・文化』名著出版、一九九五年)、永山前掲註(25)論文。
(39) 石上英一「古代東アジア地域と日本」(『日本の社会史　第一巻』岩波書店、一九八七年)六五頁。
(40) 関口明「『正史』に記されたエミシ」(『歴史読本』三七—一七、一九九二年)、同「古代蝦夷論」(『蝦夷と古代国家』吉川弘文館、一九九二年)。
(41) 橋本達也「九州南部」(広瀬和夫・和田清吾編『講座日本の考古学7　古墳時代(上)』青木書店、二〇一一年)一三九—一四〇頁。
(42) 永山前掲註(1)論文二〇頁。
(43) 永山前掲註(18)論文一五二頁。
(44) 「旧稿」三二頁、「新稿」三五頁。
(45) 永山は隼人という呼称について、「一種の身分呼称」であると指摘した。永山前掲註(19)論文二頁。
(46) 橋本達也は地下式板石積石室墓について、この墓制は石棺墓の系譜上にあり石室墓ではなく、墓壙内に石材を配し上部で閉塞する構造であるとし、「板石積石棺墓」との呼称を提起している。橋本前掲註(41)論文一四二—一四三頁注(4)。
(47) 原口泉ほか『県史46　鹿児島県の歴史』(山川出版社、一九九九年)三四頁、および橋本前掲註(41)論文一三七—一三八頁。
(48) 東憲章「地下式横穴墓の成立と展開」(九州前方後円墳研究会編『第4回　九州前方後円墳研究会資料集—九州の横穴墓と地下式横穴墓—(第Ⅰ分冊)』二〇〇一年)四九八頁。
(49) 橋本前掲註(41)論文一三三—一三四頁。

（50）これについては、次の論考も参照されたい。大西智和「南九州に営まれた二つの地下式墓制―『地下式横穴墓』と『地下式板石積石室墓』」（『別冊太陽一三六　古代九州』平凡社、二〇〇五年）。

（51）「旧稿」三一―三二頁、「新稿」三五―三六頁。

（52）永山修一「文献からみた『隼人』」（宮崎考古学会編『宮崎考古』一六、一九九八年）一〇―一一頁。

（53）中村直子「それっていつ？―成川式土器の時代―」（橋本達也編『成川式土器ってなんだ？―鹿大キャンパスの遺跡で出土する土器―』鹿児島大学総合研究博物館、二〇一五年、http://www.museum.kagoshima-u.ac.jp/publications/pdf_images/narikawashiki.html）二五頁。

（54）中村前掲註（53）論文。

（55）甲斐康大「成川式土器の北のひろがり」（橋本前掲註（53）書）。

（56）中村直子「成川式土器再考」（鹿児島大学法文学部考古学研究室編『鹿大考古』六、一九八七年）五七頁。

（57）下山前掲註（38）論文一七四―一七五頁。

（58）森浩一「近畿地方の隼人―とくに考古学の視点から―」（大林太良編『日本古代文化の探求　隼人』社会思想社、一九七五年）、江谷寛「南山城発見の地下式古墳」（古代学協会編『古代学研究』九〇、一九七九年）、同「畿内隼人の遺跡と伝承」（大阪教育大学歴史学研究室編『歴史研究』一八、一九八〇年）、同「畿内隼人の遺跡と伝承」（舟ヶ崎正孝先生退官記念会編『畿内地域史論集』舟ヶ崎正孝先生退官記念会、一九八一年）、同「畿内に移住した隼人の遺跡」（帝塚山考古学研究所編『帝塚山考古学』四、一九八四年）、「近畿のなかの隼人」（奈良県立橿原考古学研究所附属博物館『（特別展図録　第39冊）隼人』一九九二年）など。なお近年のものとして、伊藤前掲註（20）論文がある。

（59）岩本次郎「隼人の近畿地方移配について」（日本歴史学会編『日本歴史』二三〇、一九六七年）。

（60）『記』中巻、『書紀』巻三・神武天皇即位前紀戊午年秋八月乙未条。

（61）池田源太「阿太と内」（五條市史調査委員会編『五條市史　上巻』五條市史刊行会、一九五八年）。

（62）永山修一「古墳時代の『隼人』」（奈良県立橿原考古学研究所附属博物館前掲註（58）書）。

(63) 伊藤前掲註(20)論文二六二頁注(16)および二六八―二六九頁注(28)。
(64) 基峰修「力士考：考古資料分析による扁平髷の解釈」(金沢大学大学院人間社会環境研究科編『人間社会環境研究』三二、二〇一六年)。
(65) 西田直二郎『洛南大住村史』(田邊町役場大住出張所、一九五一年)。
(66) 上村俊雄「いわゆる南山城の地下式横穴墓について」(九州古文化研究会編『古文化談叢』五八、二〇〇七年)。また、鈴木重治「考古学から見た南山城」(木津の文化財と緑を守る会/緑と教育と文化財を守る会/田辺の文化財を学ぶ会編『南山城の歴史を考える集い　講演記録』第1集、一九八三年)も参照されたい。
(67) 田中琢・佐原真編集代表『日本考古学事典』(三省堂、二〇〇二年)「地下式横穴」の項。
(68) この点については、橋本達也「地下式横穴墓とはなにか」(『南九州とヤマト王権―日向・大隅の古墳』大阪府立近つ飛鳥博物館、二〇一二年)も参照されたい。
(69) 北山峰生「大和の漁具と漁撈民」(埋蔵文化財研究会第五六回埋蔵文化財研究集会実行委員会編『第五六回埋蔵文化財研究集会　古墳時代の海人集団を再検討する―「海の生産用具」から二〇年―発表要旨集』二〇〇七年)。
(70) 大阪府立弥生文化博物館平成19年度秋季特別展図録『日向・薩摩・大隅の原像―南九州の弥生文化―』(大阪府立弥生文化博物館図録37、二〇〇七年)。
(71) 上村前掲註(66)論文。
(72) 井上前掲註(23)論文。
(73) 小林敏男「クマソ・ハヤト問題の再検討」(鹿児島短期大学編『研究紀要』三一、一九八三年)。
(74) 以上の議論は、永山修一「隼人の登場」(同前掲註(1)書)による。
(75) これに関連するものとして、大平聡「歴史研究と南島」(宮城学院女子大学キリスト教文化研究所編『沖縄研究ノート』一、一九九二年)、同「南九州の墓制―「隼人」の社会―」(宮城学院女子大学キリスト教文化研究所編『沖縄研究ノート』三、一九九四年)をあげておく。

(76) 永山前掲註（1）書所収の諸論考を参照されたい。

(77) 下山前掲註（38）論文一七四・一九二頁、橋本前掲註（1）論文二五六頁。

(78) この点については、樋口知志が近年の蝦夷研究の成果を踏まえ、傾聴すべき指摘を行っている。樋口知志「考古学の新地平　考古学と文献史学（1）　蝦夷と城柵」（考古学研究会編『考古学研究』五六―一、二〇〇九年）。

(79) 代表的なものとして、以下の論考をあげておきたい。下山前掲註（38）論文、永山前掲註（1）書、橋本前掲註（41）論文など。

第二章　隼人の名義をめぐって

「隼人とは何か」を考えるにあたり、隼人の名義についての議論が、再び大きなウェイトを占めつつあるようだ。最近発表された隼人についての論考のいくつかでは、隼人の名義について言及がなされている。(1)というのも、「隼人」という名称の使用開始時期の問題、また隼人の名義から隼人という存在の性格を分析する、などといった議論がなされているからである。

私自身、これは隼人について検討する上で非常に重要な問題であると考えており、本書においても若干の卑見を開陳したい。

一　「隼人」名称の使用開始時期をめぐって

古代南九州の人々および南九州に出自をもつ畿内近辺在住者について、いつから隼人と名乗りはじめたか、あるいは隼人と名付けられたかという問題は、当然ながら『記・紀』隼人関係記事の史料批判にまで及ぶ重要な問題である。これについては前章までに確認したとおり、中村明蔵による議論が現在では通説を占めているといえよう。この点に関する中村の見解は、次のようなものである。①『日本書紀』の隼人関係記事で歴史的事実と認められるものは、天武朝以降の記事である。②古代南九州の人々は、古い時代から隼人と呼ばれていたわけではない。③隼人とは、古代南九州の人々の自称ではなく、王権が名付けた他称である。④王権が南九州の人々を隼人と名付けたのは、天武朝である。以上の中村の見解について、私も妥当であると考える。(2)

また近年永山修一は、この見解を補強する考察を行っているので、ここで参照しておこう。

永山は隼人という名称／呼称が開始される時期を検討するなかで、以下のような指摘をなした。まず、エミシやクマソについては、蝦夷、毛人、熊襲、熊曽、球磨曽於など漢字表記に多様性があるが、ハヤトについては『万葉集』に一例「早人」が確認されるほか、あとはすべて「隼人」表記であり、これはその始期の違いに由来するものと考えられるとした。(3) さらに、姓的な例ではなく人名に「隼人」が使用された例を探してみると、現状では八世紀以降の史料に、「小月隼人」「葛野隼人」(以上、平城京出土木簡)、「次田隼人」(以上、正倉院文書)の三名が知られるのみであるが、人名としてエミシが使用された例は、大化前代から三〇名以上が知られており、このことについては、ある種法的な規制を受ける公式な表記法が定められた時期と、ハヤトの呼称の始期は大きくは隔たってはいないと考えられる、とした。(4)

以上のような永山の指摘は、隼人についてのきわめて重要な指摘であると思われる。なぜなら、これらの指摘から、天武朝より前の時期には「隼人」表記はもちろんのこと、「ハヤ(ヒ)ト」という言葉すら存在しなかった可能性さえ示唆されると私は考えるからである。これについて付け加えておこう。先にみた『万葉集』の「早人」の例を重視する見解がある。(5) すなわち、ここから隼人名称についての通説的理解に対して疑義を呈する見解であるが、これははたして妥当であろうか。まず「官人の日常・実用の文字使用の状況を示しているとみてよい」とされる木簡においては、(6) 現在のところ「隼人」表記で統一されている。正倉院文書も同様である。対して『万葉集』は、いわゆる万葉仮名で記された韻文集であり、この場合、他の史料と同一に論じられるかどうか、いささか心許ない。よって現状では、これは例外的事例として扱うほかないだろう。したがって、「法的な規制」であるかどうかはともかくとして、「隼人」という表記自体が政策的に定められたものであり、その表記の開始時期もかなり遅く見積もる永山の見解の蓋然性は、依然として高いとしなければならない。

天武朝に隼人という「制度」が開始されるとともに、「ハヤ（ヒ）ト」という言葉も生まれた可能性も考えられる。今後、人名が記された木簡の出土などで状況が変わることもありうるが、現状ではこのような想定も可能であろう。もしそうであるならば、天武朝より前の時期の南九州の人々、および同時期の南九州に出自をもつ人々を「隼人」と呼ぶことは、やはり不適切だとせざるをえない(7)。

二　隼人の名義をめぐる諸説

隼人の名義をめぐっては、これまでに多くの説が提唱されてきた。ここでは中村の研究史整理をもとに概観してみたい(8)。

中村によると、隼人の名義についての諸説は次のように分類される。

（1）性行説

隼人の名義がその性質・性格・行動・しぐさによるとする説。

○敏捷・猛勇な隼人の性行が、古語でハヤシなどということにもとづくとする説（本居宣長）。

○「凶暴な人」を意味するチハヤビトにもとづくとする説（内田銀蔵）。

（2）地名説

○『新唐書』にみえる「波邪」という地名にもとづくとする説（喜田貞吉）。

（3）方位説

○マリアナ語では南を「ハヤ」といい、南風を意味する「ハエ」と同様に「ハヤ」が南方をさすとする説（松岡静雄など）。

○四神思想で南方を意味する朱雀は、漢籍では「鳥隼」と関係があるとされる場合もあり、隼人の名義がここから採用されたとする説（駒井和愛・中村明蔵）。

○隼人・熊襲・蝦夷の名義は、天・陸・水という宇宙三界を表象するという説（大林太良）。

（4）職掌説

隼人の朝廷における職掌によるものとする説。

○ハヤシビト（囃し人）にもとづくとする説（清原貞雄）。

○隼人の歌舞のテンポが他の歌舞よりも早かったことによるとする説（井上辰雄）。

○隼人の狗吠／吠声から「吠人（はいと）」とされたことによるとする説（高橋富雄・菊池達也）。

性行説と職掌説がたぶんに重なりあうように、諸説はいくぶん重複しながら展開されているのであるが、個々の説の詳細や疑問点については中村の高論にあたられたい。

ここで、地名説について少し確認しておきたい。次の二つの記事をみてみよう。

史料1『唐会要』巻九十九　倭国条

永徽五年（六五四）十二月、遣使献琥珀、瑪瑙、琥珀大如斗、瑪瑙大如五升器。高宗降書慰撫之、仍云「王国与新羅接近、新羅素為高麗、百済所侵、若有危急、王宜遣兵救之。」倭国東海嶼中野人、有耶古、波耶、多尼三国、皆附庸於倭。北限大海、西北接百済、正北抵新羅、南与越州相接。頗有絲緜、出瑪瑙、有黄白二色、其琥珀好者、云海中湧出。

史料2『新唐書』巻二百二十　列伝第一百四十五　東夷　日本

其東海嶼中又有邪古、波邪、多尼三小王、北距新羅、西北百済、西南直越州、有絲絮、怪珍云。

これらの記事にみられる「耶古」「波耶」「多尼」については一般に、耶古＝屋久島、多尼＝種子島、波耶＝隼人と解せられることが多い。ここから、天武朝より前の時期における「隼人」の存在を推定する向きもあるが、[9]『唐会要』『新唐書』ともに後代の編纂史料であることに留意せねばならないし、[10]仮にこれらの記事が永徽五年の史実を伝えるものだとしても、「耶古」「波耶」「多尼」は地名だとして理解できるのであり、[11]これをもって天武朝より前の時期における「隼人」の存在を示す例証となすことはできない。[12]ただしその場合、「ハヤ」という地名や音が先にあり、そこから「ハヤ（ヒ）ト」と呼称された可能性が出てくる。しかしこの場合においても、なぜ「隼」の漢字が用いられたのかは、疑問として残る。

最後に、最近の菊池達也説[13]に触れておこう。菊池は隼人の狗吠に着目し、狗吠の職掌からもともと「吠人（ハイト）」であったのが、「ハヤト」「ハヤヒト」へ転訛し用字も「隼人（あるいは「早人」）」へ変化した、とする。また人制について触れ、隼人も人制の例にあてはまり、南九州の人々は五世紀後半には「吠人」あるいは「隼人」と呼称されていたとする。

しかし、「隼人」「早人」とは、いかなる職掌を示すのであろうか。これは菊池も例示する「酒人」「宍人」といった例と比較し、直接的には職掌を示していないという点で、明らかに異質である。仮に「吠人」から「隼人」「早人」へ

（菊池説によると比較的早い時期に？）変化したとするならば、元来の用字から意味の異なる用字へ変わったことになる。なお「吠人」にいたっては史料的根拠に乏しいといわざるをえず、そもそも、一般に人制が成立したとされる五世紀後半段階における「隼人」の存在を証する積極的論拠も示されていない。(15)

今、手元にある漢和辞典を引いてみると、「吠」は漢音が「ハイ」で呉音が「バイ」である。とすると「吠人（ハイト）」は、「音読みハイ＋訓読み（ヒ）ト」のいわゆる重箱読み／湯桶読みだということになる。このような事例が、五世紀後半に存在するのであろうか。さらに、「ハイト」が「ハヤ（ヒ）ト」へ転訛するということが、音声学的にありうるのであろうか。ようするに菊池説は、国語学的検討に耐えうるか疑問なしとしない。このことについて、専門家のご教示を賜りたい。

また私は第六章で論じるとおり、隼人の狗吠は八世紀に入ってから創始されたものだと考えている。よって、菊池説に従うことはできない。

三　四神思想（鳥隼）説をめぐって

さて、以上のように展開された諸説のなかで現在通説となっているのは、駒井和愛・中村らによる四神思想（鳥隼）説である。(16)

史料3『周礼注疏』巻二七　春官宗伯　司常

司常掌九旗之物名、各有属、以待国事。〈前略〉鳥隼為旟〈後略〉

史料4『周礼注疏』巻二七　春官宗伯　司常　疏

〈前略〉鳥隼、象其勇捷也。〈後略〉

「隼」について『周礼』に「鳥隼為旟」とあり、その鄭玄の注に「鳥隼、象其勇捷也」とある。また、字書である後漢・劉熙『釈名』釈兵にも、

史料5『釈名』釈兵第二十三

〈前略〉鳥隼為旟、旟、誉也、軍吏所建、急疾趨事則有称誉也。〈後略〉

などと同様の記載がみえる。これらによると、「鳥隼」は「勇捷」や「急疾」をあらわすのだという。隼人舞や狗吠など、隼人は王権を守護する呪術的機能を有しているとされるが、隼人の名義は四神思想における南方を守護する存在である「鳥隼」から採用されたとすることが、現在における通説的理解となっている。

しかしこれには、隼人が居住するのは「西海道」であり、また隼人は「西隅《小カ》等賊」(17)とも表現され、西方の存在だとして観念されていたとする反論がある。(18) 隼人が華夷思想という「観念」によって設定された存在である以上、この批判は有効だと判断せざるをえない。なお、隼人が王権を（呪術的に）守護するということがいつはじまったのかも考慮しなければなるまい。これについて私は、八世紀に入ってからだと考えている（第六章）。したがって、隼人の名義が王権を守護する四神思想から採用されたとする通説には、躊躇を覚えざるをえないのである。

けれども、隼人が華夷思想にもとづき設定された人々であるならば、名義の源泉を漢籍や中国思想に求めるという点は継承されるべきであろう。

そこであらためて漢籍を紐解くと、『易経』と『国語』では次のように隼が描かれている。

史料6『易経』繋辞下伝

易曰、公用射㆓隼于高墉之上㆒、獲㆑之。无㆑不㆑利。子曰、隼者、禽也。弓矢者、器也。射㆑之者、人也、君子蔵㆓器

於身一、待レ時而動。何不利之有。動而不レ括、是以出而有レ獲。語二成レ器而動者一也。

まず『易経』繋辞下伝をみてみよう。解卦上六の爻辞に「解卦の極にあり、患害を除きさるときにあたるので、高位にいる公が患害を象徴する隼を射落とすのであり、万事によろしい」とある。孔子がいうには、隼とは敏捷な猛禽である。これは世に害をなす小人である。弓矢はこれを射る道具であり、これを射落とすのは人間である、などとある[19]。ここでは隼が患害をなす小人の象徴とされており、「人」や「君子」に射られるべき存在だとされている。隼がきわめてネガティブなイメージで登場することに注意したい。

史料7『国語』魯語下

仲尼在レ陳、有レ隼集二于陳侯之庭一而死、楛矢貫レ之、石砮其長尺有咫。陳恵公使下人以レ隼如二仲尼之館一、問上レ之。仲尼曰、隼之来也遠矣。此粛慎氏之矢也。昔武王克レ商、通二道于九夷百蛮一、使下各以二其方賄一来貢上、使レ無レ忘二職業一。於レ是粛慎氏貢二楛矢石砮一、其長尺有咫。先王欲レ昭二其令徳之致一レ遠也、以示二後人一、使二永監一焉、故銘二其栝一曰、粛慎氏之貢矢。以分二大姫一、配二虞胡公一、而封二諸陳一。古者分二同姓一以二珍玉一、展レ親也。分二異姓一以二遠方之職貢一、使レ無レ忘レ服也。故分レ陳以二粛慎氏之貢一。君若使三有司求二諸故府一、其可レ得也。使レ求、得二之金櫝一、如レ之。

次に『国語』魯語下をみてみよう。孔子が陳にいた時、隼が陳侯の庭にとまって死んだが、楛木の矢がつき通っていて石の矢じりがついていた。陳の恵公はこの隼について孔子にたずねさせた。孔子がいうには、この隼は遠くからきました。これは粛慎氏の矢です。むかし周の武王が殷に勝ち、道路を九夷百蛮の未開の地までも通じて、おのおの地方の産物をもって朝貢させ、その職務を忘れないようにさせました。そこで粛慎氏は石の矢じりの楛矢を貢献しました。先王はその令徳が遠国をも来朝させたことを顕示しようとし、これを後人に示し、永く手本にさせようとしました、などとのことであった[20]。ここでは隼が、遠方の夷狄の象徴、あるいはきざしとして描かれていることに注意したい。

隼人の名義を考察する上では、漢籍に「隼」が、いわばマイナスイメージで登場することも踏まえておかねばなるまい。

四　「隼」の用字をめぐって

以上、はなはだ粗雑ではあるが、隼人の名義について検討を行った。

まず、「隼人」の呼称は天武朝に王権から設定されたものだと考えられ、それ以前には「隼人」表記はもちろんのこと、「ハヤ（ヒ）ト」という音もなかった可能性をも考慮せねばならない。ただし、『唐会要』『新唐書』にみえる関連記事に信頼性が確認されれば、少なくとも七世紀半ばには南九州に「ハヤ」という地名があり、そこから「ハヤ（ヒ）ト」との呼称が生じた可能性もある。しかしその場合にも「隼」の用字に注意すべきであるし、ましてそこから直ちに天武朝より前の時期における隼人の存在が立証されるわけではないことは、いうまでもない。

現在において隼人の名義について通説となっているのは、四神思想／鳥隼説であるが、しかしこの説には軽視できない難点が指摘されている。ただし、隼人が華夷思想によって設定された存在である以上、名義の源泉を漢籍や中国思想に求める視点は有効であろう。そこで漢籍を確認すると、「隼」にはネガティブなイメージや夷狄に関わる表象性があることが確認できた。

私は第四章および第六章において、天武朝における隼人の性格を検討するが、その結論は通説的理解とは異なり、この時期の隼人には未だ王権守護的性格は確認されず、夷狄的性格のみが見出される、というものである。これは、本章の検討とも一致する。すなわち、天武朝に隼人が設定されるにあたり、漢籍／中国思想にみられる夷狄に関するイメージをもとに、「隼」の用字がなされたと思われる。

註

（1）例えば、永山修一「隼人の登場」（『隼人と古代日本』同成社、二〇〇九年）、拙稿「隼人論の現在」（古代学協会編『古代文化』六六―二、二〇一四年）、河内春人「華夷秩序の形成と方位認識」（『日本古代君主号の研究―倭国王・天子・天皇―』八木書店、二〇一五年）、伊藤循『古代天皇制と辺境』（同成社、二〇一六年）、菊池達也「大化前代の隼人と倭王権」（日本歴史学会編『日本歴史』八一九、二〇一六年）など。

（2）中村明藏「隼人の名義をめぐる諸問題―日本的中華国家の形成と変遷―」（『隼人と律令国家』名著出版、一九九三年）。

（3）『万葉集』巻第十一・寄物陳思・二四九七番「早人《はやひとの》 名負《なにおふ》夜《よ》音《ごゑ》 灼然《いちしろく》 吾名謂《わがなはのりつ》 孋侍《つまとたのませ》」。

（4）永山前掲註（1）論文三六―三七頁。

（5）菊池前掲註（1）論文九―一〇頁。

（6）犬飼隆「古事記と木簡の漢字使用」（『木簡による日本語書記史【2011 改訂版】』笠間書院、二〇一一年）一九四頁。また、本書序章第二節も参照されたい。

（7）以上の点から、少なくとも隼人については、田中聡の主張する「夷人的関係」という概念について従うことはできないと考える。田中聡『日本古代の自他認識』（塙書房、二〇一五年）など。なお田中説については、河内春人による批判がある。河内春人「田中報告、特に『夷人』的関係という概念をめぐって」（日本史研究会編『日本史研究』四七七、二〇〇二年）。

（8）以下、とくに断らない限り、本節の議論は中村前掲註（2）論文による。

（9）伊藤循「隼人研究の現状と課題―永山修一氏『隼人と古代日本』とその後―」（伊藤前掲註（1）書）二四八―二四九頁。

（10）中村前掲註（2）論文四六頁。

(11) 喜田貞吉「山幸彦と海幸彦」（『日向国史・古代史』東洋堂、一九四三年）二〇七―二〇八頁、井上辰雄「隼人と宮廷」（鏡山猛・田村円澄編『古代の日本3　九州』角川書店、一九七〇年）二一四頁、など。

(12) 永山修一氏のご教示による。

(13) 菊池前掲註（1）論文。

(14) 人制についての最近の研究に、篠川賢「ワカタケル大王と地方豪族」（加藤謙吉編『日本古代の王権と地方』大和書房、二〇一五年）などがある。

(15) これについては本書第三章第三節で触れる。

(16) 駒井和愛「日本民族のなりたち」（『日本と世界の歴史第1巻　古代〈日本〉先史―5世紀』学習研究社、一九六九年）、同「熊襲・隼人考」（古代学協会編『古代文化論攷：浜田耕作先生追憶』一九六九年）、中村前掲註（2）論文など。

(17) 『続日本紀』養老四年（七二〇）六月戊戌条。

(18) 河内前掲註（1）論文三六四―三六七頁、伊藤前掲註（9）論文二四四―二四五頁、菊池前掲註（1）論文八―九頁など。

(19) 今井宇三郎ほか『新釈漢文大系第六三巻　易経（下）』（明治書院、二〇〇八年）一六一一―一六一三頁を参照されたい。

(20) 大野峻『新釈漢文大系第六六巻　国語（上）』（明治書院、一九七五年）三〇三―三〇四頁を参照されたい。

第三章　『記・紀』隼人関係記事の再検討

古代のある時期、南九州の人々は隼人と呼ばれていた。『古事記』（以下、『記』）や『日本書紀』（以下、『書紀』）には、隼人と呼ばれた人々が登場する。周知のとおり、この隼人をめぐっては、とくに戦後になってから多くの研究が積み重ねられてきている。なかでも中村明蔵による一連の研究はその代表的なものであり、氏の研究以前以後で隼人についての研究史を区分できるのではないかと考えられるほどの画期となった。このように、現在「隼人研究の第一人者」(1)と目される氏であるが、氏は隼人について次のように述べている。

ハヤトが史上にその具体的な姿をあらわすのは、天武一一年（六八二）七月のことである。…すでに指摘したように、『古事記』『日本書紀』には、この記事以前にハヤトは記述されていた。しかし、それらのハヤト記事は、天武朝にはじまる「隼人」の呼称を遡及させて用いたもので、両史書編纂時の造作とみて、ほぼまちがいないであろう。(2)

確かに『記・紀』においてはそれ以前の時代にも「隼人」は登場する。しかし、ある程度信用できる隼人関係記事は天武朝以降のものであり、それより前の時期の隼人関係記事は何らかの潤色をともなうか、あるいはまったくの造作ではあるまいか。すなわち、『記・紀』における隼人の「初見」は天武朝の『書紀』記事ではあるまいか。結論から述べると、私はこの見解を支持するものである。しかしながら、天武朝より前の時期の隼人関係記事について、史実性を認める議論も一方にある。本章において私は、『記・紀』の史料批判を通じて、この見解を可能な限り擁護することを目指したい。本書のここまでの議論を前提に、天武朝より前の時期の『記・紀』隼人関係記事について検討を加えたい。

そこで、第一章における議論を振り返っておこう。『記・紀』の隼人関係記事について、歴史的事実としてある程度信用しうるものは天武朝以降の記事からであるとの通説的理解に立ち、さらに九世紀初頭における南九州に対する政策転換以降、南九州の住民を「隼人」と呼称する例は、史料上一つもみられなくなることを確認した。ここから、南九州の人々が隼人と呼ばれたのは、天武朝から九世紀初頭にかけての、わずか百二十年間ほどのことにすぎないということが指摘できる。その南九州の範囲であるが、肥後国域や日向国域、南島の人々が隼人とされた例もまた、史料上一つも確認されず、薩摩・大隅両国本土域の人々のみが隼人であったと考えられる。ただし、薩摩・大隅両国本土域においても住民が隼人とはされていなかったであろう地域も想定されている。中国の皇帝制を模倣した天皇制が開始されるにあたり、中国的夷狄観にもとづき隼人は創出される。つまり、天武朝に隼人という身分制度／行政上の制度がスタートし、九世紀初頭にその制度は終了したと理解できる。隼人とは政治的に設定された存在であり、したがって、「古代南九州地域の文化」を「隼人の文化」として理解できるかどうかは、きわめて慎重な考察が必要となろう。南九州から近畿地方へ、人々がいつ頃からいかなる理由により移住した（させられた）のかについては、現時点では定かではない。しかし、天武朝に隼人という制度が開始されるにあたり、南九州に出自をもつ近畿地方在住者も隼人として設定されたものと考えられる。

以上を議論の前提として確認しておきたい。

一　『記・紀』の隼人関係記事

ここで、『記・紀』の隼人関係記事をみておこう。

史料1　『古事記』下巻　履中天皇　（四世紀最末期）

〈前略〉是《ここ》に、其《そ》のいろ弟《ど》、水歯別命《みづはわけのみこと》、参《まゐ》赴《おもぶ》きて、謁《まを》さしめき。爾《しか》くして、天皇《すめらみこと》の詔《のりたま》はしめしく、「吾《あれ》は汝命《ながみこと》若《も》し墨江中王《すみのえのなかつみこ》と同《おな》じ心ならむかと疑《うたが》へり。故《かれ》、相言《あひい》はじ」とのりたまはしめき。答へて白《まを》ししく、「僕《やつかれ》は、穢《きたな》き邪《あ》しき心無《な》し。亦《また》、墨江中王《すみのえのなかつみこ》と同《おな》じくあらず」とまをしき。亦、詔《のりたま》はしめしく、「然《しか》らば、今還《かへ》り下《くだ》りて、墨江中王を殺《ころ》して、上《のぼ》り来《こ》。彼《そ》の時に、吾《あれ》、必ず相言《あひい》はむ」とのりたまはしめき。

故《かれ》、即《すなは》ち難波《なには》に還《かへ》り下《くだ》りて、墨江中王に近く習《つか》へたる**隼人**《はやひと》、名は曽婆加里《そばかり》を欺《あざむ》きて云《い》ひしく、「若《も》し汝《なむち》吾《あ》が言《こと》に従《したが》はば、吾《あれ》は、天皇《すめらみこと》と為《な》り、汝《なむち》を大臣《おほおみ》と作《な》して、天《あめ》の下《した》を治《をさ》めむ。那何《いか》に」といひき。曽婆訶理《そばかり》が答へて白《まを》ししく、「命《みこと》の随《まにま》に」とまをしき。爾《しか》くして、多《あま》たの禄《たまひもの》を其《そ》の**隼人**に給《たま》ひて曰《い》ひしく、「然《しか》らば、汝《なむち》が王《きみ》を殺《ころ》せ」といひき。是《ここ》に、曽婆訶理、窃《ひそ》かに己《おの》が王《きみ》の厠《かはや》に入《い》るを伺《うかか》ひて、矛《ほこ》を以《もち》て刺して殺しき。

故《かれ》、曽婆訶理を率《ゐ》て、倭《やまと》に上《のぼ》り幸《いでま》す時に、大坂《おほさか》の山口《やまぐち》に到りて、以為《おも》ひしく、「曽婆訶理は、吾《あ》が為《ため》に大《おほ》き功《いさを》有れども、既《すで》に己《おの》が君《きみ》を殺しつること、是義《これことわり》ならず。然《しか》れども、其《そ》の功《いさを》を賽《むく》いずは、信無《まことな》しと謂《い》ひつべし。既に其《そ》の信《まこと》を行《おこな》はば、還《かへ》りて其の情《こころ》に惶《おそ》りむ。故《かれ》、其の功《いさを》を報《むく》ゆとも、其の正身《ただみ》を滅《ほろぼ》さむ」とおもひき。是《ここ》を以《もち》て、曽婆訶理に語《かた》りしく、「今日《けふ》は此間《ここ》に留《とどま》りて、先《ま》づ大臣《おほおみ》の位《くらゐ》を給ひて、明日《あす》上《のぼ》り幸《いでま》さむ」とかたりき。其の山口《やまぐち》に留りて、即《すなは》ち仮宮《かりみや》を造《つく》りて、忽《たちま》ちに豊楽《とよのあかり》を為《し》て、乃《すなは》ち其の**隼人**に大臣の位を賜《たま》ひ、百官《もものつかさ》に拝《をろが》ましめき。**隼人**、歓喜《よろこ》びて、志《こころざし》を遂《と》げつと以為《おもひ》き。

爾《しか》くして、其の**隼人**に詔《のりたま》はく、「今日《けふ》大臣《おほおみ》と同《おな》じ盃《さかづき》の酒《さけ》を飲まむ」とのりたまひて、共に飲む時に、面《おもて》を隠《かく》す大鋺《おほまり》に、其の進むる酒を盛《も》りき。是《ここ》に、王子《みこ》、先《ま》づ飲み、**隼人**、後《のち》に飲みき。故《かれ》、其の**隼人**が飲む時に、大鋺、面《おもて》を覆《おほ》ひき。爾くして、席《むしろ》の下《した》に置ける剣《つるぎ》を取り出《いだ》して、其の**隼人**が頸《くび》を斬《き》りて、乃《すなは》ち明くる日に上《のぼ》り幸《いでま》しき。〈後略〉

史料2『日本書紀』巻十二　履中天皇　即位前紀　（四世紀最末期）

〈前略〉時有二近習**隼人**一。曰二刺領巾一。瑞歯別皇子陰喚二刺領巾一、而誂之曰、為レ我殺二皇子一。我必敦報レ汝、乃脱二錦衣・褌一与之。刺領巾恃二其誂言一、独執レ矛、以伺二仲皇子入一レ厠而刺殺、即隷二干瑞齒別皇子一。於レ是木菟宿禰啓二於瑞歯別皇子一曰、刺領巾為レ人殺二己君一。其為レ我雖レ有二大功一、於二己君一無レ慈之甚矣。豈得レ生乎、乃殺二刺領巾一。即日向レ倭也、夜半臻二於石上一而復命。於レ是喚二弟王一以敦寵、仍賜二村合屯倉一。〈後略〉

史料3『日本書紀』巻十五　清寧天皇元年　（四八〇）

冬十月癸巳朔辛丑、葬二大泊瀬天皇于丹比高鷲原陵一。于レ時**隼人**昼夜哀二号陵側一、与レ食不レ喫、七日而死。有司造二墓陵北一、以レ礼葬之。是年也、太歳庚申。

史料4『日本書紀』巻十五　清寧天皇四年　（四八三）

秋八月丁未朔癸丑、天皇親録二囚徒一。

是日、蝦夷・**隼人**並内附。

史料5『日本書紀』巻十九　欽明天皇元年　（五四〇）

三月、蝦夷・**隼人**、並率レ衆帰附。

史料6『日本書紀』巻二十 敏達天皇十四年（五八五）

秋八月乙酉朔己亥、天皇病弥留、崩二于大殿一。是時起二殯宮於広瀬一。馬子宿禰大臣佩レ刀而誄。物部弓削守屋大連听然而咲曰、如下中二猟箭一之雀鳥上焉。次弓削守屋大連手脚揺震而誄。〈揺震戦慄也。〉馬子宿禰大臣咲曰、可レ懸レ鈴矣。由レ是二臣微生二怨恨一。三輪君逆使三**隼人**相二距於殯庭一。穴穂部皇子欲レ取二天下一。発憤称曰、何故事二死王之庭一、弗レ事二生王之所一也。

史料7『日本書紀』巻二六 斉明天皇元年（六五五）

是歳、高麗・百済・新羅、並遣レ使進調。〈百済大使西部達率余宜受、副使東部恩率調信仁、凡一百餘人。〉蝦夷・**隼人**率レ衆内属、詣レ闕朝献。新羅別以二及飡弥武一為レ質、以二十二人一為二才伎者一。弥武遇疾而死。是年也、太歳乙卯。

史料8『日本書紀』巻二九 天武天皇十一年（六八二）

秋七月壬辰朔甲午、**隼人**多来貢二方物一。是日、大隅**隼人**与二阿多**隼人**一、相二撲於朝庭一。大隅**隼人**勝之。〈中略〉戊午、饗二**隼人**等於飛鳥寺之西一、発二種々楽一。仍賜レ禄各有レ差。道俗悉見之。〈後略〉

史料9『日本書紀』巻二九 天武天皇十四年（六八五）

六月乙亥朔甲午、大倭連・葛城連・凡川内連・山背連・難波連・紀酒人連・倭漢連・河内漢連・秦連・大隅直・書連并十一氏、賜レ姓曰二忌寸一。

史料10『日本書紀』巻二九 朱鳥元年（六八六） 天武天皇

九月〈中略〉丙寅、〈中略〉次大隅・阿多**隼人**及倭・河内馬飼部造、各誄之。

史料11『日本書紀』巻三〇 持統天皇元年（六八七）

五月甲子朔乙酉、皇太子率公卿・百寮人等、適殯宮而慟哭焉。於是**隼人**大隅・阿多魁帥、各領己衆、互進誄焉。

（史料12）秋七月〈中略〉辛未、賞賜**隼人**大隅・阿多魁帥等三百三十七人。各有差。

史料13『日本書紀』巻三〇　持統天皇三年（六八九）

三年春正月〈中略〉壬戌、詔出雲国司、上送遭値風浪蕃人。是日、賜越蝦夷沙門道信、仏像一躯、潅頂幡・鍾・鉢各一口、五色綵各五尺、綿五屯、布一十端、鍬一十枚、鞍一具。筑紫大宰粟田真人朝臣等、献**隼人**一百七十四人、并布五十常、牛皮六枚、鹿皮五十枚。

史料14『日本書紀』巻三〇　持統天皇六年（六九二）

閏五月〈中略〉己酉、詔筑紫大宰率河内王等曰、宜遣沙門於大隅与阿多、可伝仏教。〈後略〉

史料15『日本書紀』巻三〇　持統天皇九年（六九五）

五月丁未朔己未、饗**隼人**大隅。

丁卯、観**隼人**相撲於西槻下。

これら以外にも、いわゆる「日向神話」にも隼人は登場するが、今日これを歴史的事実とみなすものはまず存在しないであろう。ただし、「日向神話」に隼人が登場するのは、隼人がかなり古い時代から王権に服属していたからである、とする見解もあるかもしれない。これについては、中村らが、「日向神話」――とくに海宮訪問譚（海幸山幸神話）――を構成する要素として隼人が加わるのは、早くとも隼人「初見」の天武朝以降であると主張するのをみると〔3〕、本章の目的によってある程度決着をつけられよう。なお、私自身も「日向神話」について本書で論じる。よって本章の検討からは除外する。

また、これら以外にもクマソ関係記事があるが、これについてはすでに中村が論じている。(4) 結論のみを記すと、『記・紀』や『風土記』にみえるクマソとは、これらの編纂時における造作で、クマソなる「民族」が実在したことはない。したがって、クマソ関係記事もまた、今回の検討からは除外する。

二　『日本書紀』出典論をめぐる近年の動向

『書紀』の文章表現の典拠について、(5) かつて『書紀』述作者は多数の漢籍を自在に使いこなしていたと考えられていたが、小島憲之(6) により類書の利用が想定されるにいたり、これが鉄案とされている。『書紀』の粉本となった類書については、まず小島による著名な『芸文類聚』説が提起され、その反論として勝村哲也・神野志隆光両氏による『修文殿御覧』説が出され、これが有力視されていたが、近年では池田昌広が『華林遍略』説を唱え、注目に値する。(7)

類書は一般に書承関係があるとされ、以前の類書の項目立てや文章が、次の類書にも受け継がれている場合が多いと考えられている。まず、北宋の『太平御覧』（現存）一〇〇〇巻は、北斉の『修文殿御覧』（散佚）三六〇巻を主要な藍本とし、これを三倍に拡大したものであるようで、『修文殿御覧』の項目立てや文章をほぼそのまま継承していると考えられている。さらに『修文殿御覧』は、梁の『華林遍略』（散佚）七二〇巻を半分に圧縮したものだとされており、それに際して、長文の記事が短文にあらためられたり、削られた文章もあったと考えられている。また、初唐の『芸文類聚』（現存）一〇〇巻の主要な藍本も、『華林遍略』だと考えられている。これを図示すると次のようになるが、長文、短文というのは、佚文や文献考証から推定される、それぞれの類書に収録された文章の長短に関する特徴である。(8)

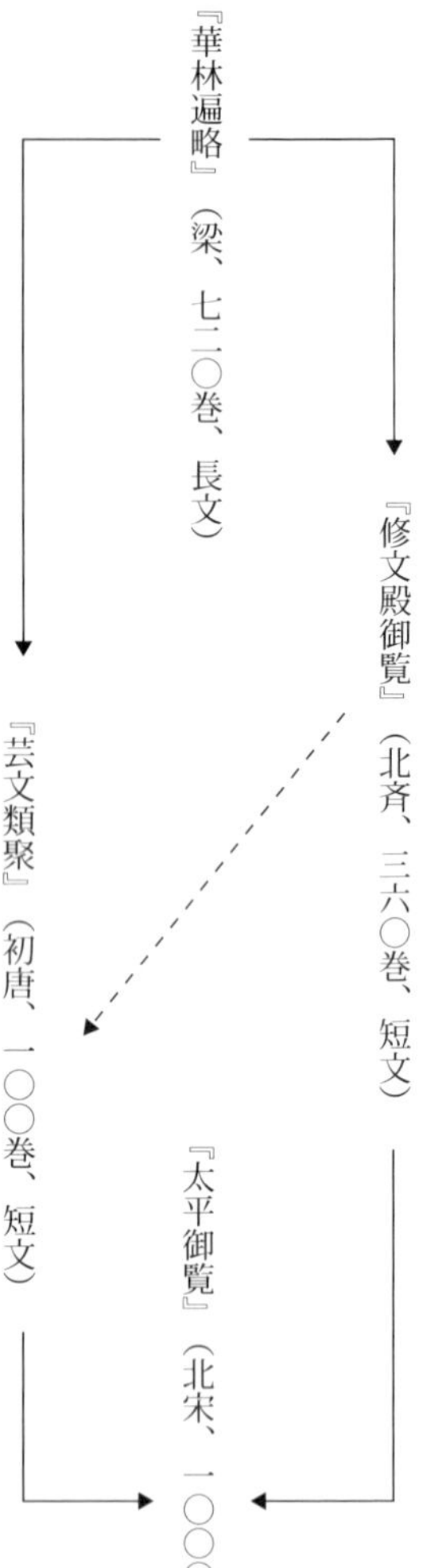

以上要するに、『太平御覧』に収録されている、それぞれ梁代、北斉代までの文章は、もちろん多少の出入りはあろうが、『華林遍略』『修文殿御覧』にも収録されていた可能性が高いのである。繰り返すと、『修文殿御覧』は『華林遍略』を半分にしたものであるから、『華林遍略』では長文だったものが短文にあらためられたり、削られた文章もあったものと考えられる。すなわち、『太平御覧』の文章に比較して『華林遍略』はより長文であった可能性があり、『太平御覧』には存在しなくとも、『華林遍略』には存在した文章もあったかもしれないということになる。(9)

このように『華林遍略』説は大きな注目を集めたが、その後、瀬間正之が『書紀』における『芸文類聚』直接利用をあらためて論じ、『書紀』は複数の類書を利用した可能性を指摘した。(10)

ところで、どのような漢籍が古代——ここでは『書紀』編纂時——において日本列島へ伝来していたかについては、木簡や正倉院文書などで確認される数少ない事例を除いては、現状では『書紀』等の文飾元を探り、当時の利用状況を推測していくほか具体的な手立ては少ない。さて、池田は、これまで『書紀』文飾の粉本の一つと考えられていた范曄『後漢書』(以下、范書)について、その直接的利用に疑問を呈し、これまで同書によるとされていた『書紀』の記事はむしろ『東観漢記』、それも類書所引のそれであるとし、仮に范書を参照しているとしても、直接引用ではなく類書を経由した間接引用であろうとの新説を打ち出した。(11)後漢代を対象とする史書については、范書をはじめ諸家『後漢書』いずれも『東観漢記』を参照して成ったとされており、とりわけ范書は『東観漢記』に大きく依拠しているのだという。『書紀』における范書の利用状況については、もともと小島が范書と『書紀』の類似した文章の処理を、それが『芸文類聚』に収録されていない文章であったため、范書からの直接引用であるとしていた。(12)しかし『書紀』が利用した類書をめぐっては、『華林遍略』の利用も想定されており、『芸文類聚』に収録されていないからといって、范書からの直接引用であるとは限らないということになる。元をたどれば『修文殿御覧』さらに『華林遍略』にたどりつく『太平御覧』には、『東観漢記』、范書の文章も収録されている。先にみたとおり、『華林遍略』から『修文殿御覧』になる際に文章の圧縮・削除があったと考えられるため、『修文殿御覧』を主要な藍本とする『太平御覧』所収の文章と比べ、『華林遍略』所収の文章はより長文であったと考えられ、また、『太平御覧』にはなくても『華林遍略』には存在した文章もあったであろうと考えられる。これをここでの議論にあてはめると、『太平御覧』所収『東観漢記』、范書の文章を考えるに、元の『華林遍略』においてはより長文であった可能性、『太平御覧』にはなくても『華林遍略』にはあった文章の可能性も考慮に入れなければならない、ということになろう。むろん『書紀』と類書の関係については議論があるため、池田の新説についても慎重に検討されるべきであろうが、『書紀』出典論を考える上で非常に重要な論点を含んでいると思われるため、本章においても簡単ながら触れておきたい。

三　『記・紀』隼人関係記事の再検討

さて、前節までの整理をもとに、本章の主題である天武朝より前の『記・紀』隼人関係記事に対して、具体的な検討を加えたいと思う。なお、『記・紀』隼人関係記事について天武朝以降の記事から史実性を認める考えに対して、田中聡はその「初見」とされる天武十一年の『書紀』記事（史料8）をめぐって、もしこの朝貢が「隼人が朝廷に服属したことを示す」目的で強制されたのであれば、その契機となるような征討行動なり使者派遣なりが史料上にあらわれるはずであるが、そのような記事はない、と述べた。(13) しかし、そうではあるまい。なぜなら、『書紀』のテキスト世界においては、すでに「日向神話」――とくに海宮訪問譚――において隼人の服属の由来が語られているからである。隼人は「日向神話」で服属を誓ったはずなのに、『書紀』の叙述において天武朝で再度服属を促されたら、『書紀』のテキスト世界は崩壊してしまう。例えば永山修一は、白村江敗北以降、国内体制を整える上で南九州などの未服属集団に対し政府から朝貢を促す等のアプローチがあったのではないかと想定する。(14) 私も歴史的事実としてはそのとおりだと考える。ただしそれは『書紀』にはあらわれない。〝歴史的事実〟と『書紀』の語る〝古代〟の距離については、慎重にみきわめられなければなるまい。(15)

なお、本節の考察は、立論の都合上、各記事の検討が年代順にはなされていないことをご了承願いたい。

史料4記事の検討　津田左右吉は史料4・5・7記事について、「シナの所謂正史に於いて外夷の来朝を記す場合の筆法と、全く同じであるのみならず、ハヤトをエミシと並べて書いてある点から見ても、事実の記録であるとは考へられぬ」と指摘した。(16) また、坂本太郎も史料4・5記事について、「北の蝦夷と南の隼人とが同時に内附したということ自体が考えられないことであるし、具体的な事実は何一つ記されていないのであるから、これは編者が中国風の夷狄朝貢思想から構想した記事であることは疑いあるまい」と、造作された記事であると指摘した。(17)

さて、この史料4記事については、以下、その前後の記事とともに新編日本古典文学全集本の注釈を参照しながらみてみたい。

史料16『日本書紀』巻第十五　清寧天皇

A〔清寧三年（四八二）〕九月壬子朔癸丑、遣臣・連、巡省風俗。

B冬十月壬午朔乙酉、詔、犬・馬・器翫、不得献上。

C十一月辛亥朔戊辰、宴臣・連於大庭、賜綿・帛。皆任其自取、尽力而出。

D是月、海表諸蕃、並遣使進調。

E四年（四八三）春正月庚戌朔丙辰、宴海表諸蕃使者於朝堂、賜物各有差。

F夏閏五月、大酺五日。

G秋八月丁未朔癸丑、天皇親録囚徒。

H是日、蝦夷・**隼人**並内附。

I九月丙子朔、天皇御射殿、詔百寮及海表使者射。賜物各有差。〈後略〉

a『隋書』巻一　帝紀第一　高祖上

開皇元年（五八一）二月〈中略〉、乙丑、〈中略〉遣八使巡省風俗。〈後略〉

b『隋書』巻一　帝紀第一　高祖上

〔開皇元年〕三月〈中略〉丁亥、詔犬馬器玩口味不得献上。〈後略〉

c　『隋書』巻一　帝紀第一　高祖上

〔開皇二年（五八二）〕十月〈中略〉庚寅、〈中略〉享百僚於観徳殿。賜銭帛、皆任其自取、尽力而出。

d　とくになし

e　『隋書』巻一　帝紀第一　高祖上

〔開皇四年（五八四）〕八月〈中略〉丁未、宴秦王官属、賜物各有差。〈後略〉

f　『後漢書』本紀一　顕宗孝明帝紀第二

〔永平十五年（七二）〕夏四月庚子、〈中略〉令天下大酺五日、〈後略〉

g、h　『隋書』巻一　帝紀第一　高祖上

〔開皇四年〕九月〈中略〉己巳、上親録囚徒。庚午、契丹内附。〈後略〉

i　『隋書』巻一　帝紀第一　高祖上

〔開皇六年（五八六）〕九月辛巳、上素服御射殿、詔百僚射、賜梁士彦三家資物。〈後略〉

新編日本古典文学全集本はH記事についてとくに言及しないが、同記事がg、hに掲げた『隋書』高祖紀・開皇四年九月条によることは明らかである。また同書の頭注は、「清寧紀三年九月・十月・十一月条、四年正月・五月・八月・九月条は『隋書』による潤色記事である。記すべき事績はなく（記も）、記事を作ったとみられる」と指摘するが、清寧三年九月から同四年九月にかけての一年間の記事全体が、主に『隋書』高祖紀を元にした造作であろうと考えられる。H記事は契丹の内附記事を直接的に模倣したものであり、坂本の指摘どおり、「中国風の夷狄朝貢思想から構想した記事であることは疑いあるまい」。契丹はいうまでもなく塞外の夷狄である。

さらに雄略紀・雄略二十三年（四七九）の「雄略遺詔」が『隋書』高祖紀所引、仁寿三年（六〇三）・同四年（六〇四）の「高祖遺詔」関係記事によっていること、(18)『書紀』編纂時にあたる和銅元年（七〇八）二月の「平城遷都詔」は、『隋書』高祖紀所引、開皇二年（五八二）の「新都造営詔」の模倣であることを鑑みると、(19)『隋書』高祖紀が『書紀』の文飾に用いられていることはほぼ確実であろう。仮に参照元が『隋書』ではなく、『隋書』の原資料である某史書であったとしても、本章の結論は変わるまい。(21)雄略遺詔は四七九年に発布された詔勅だとされるが、隋・高祖が遺詔を残して亡くなったのは六〇四年のことである。四七九年に、六〇四年に発布される詔勅を模倣するなどありえない。A～Iの各記事もまた、それら記事が指し示す年代より一〇〇年ほど後の、隋・開皇年間の記事を主に模倣していることから、きわめて疑わしい記事であることが指摘できよう。七〇八年の平城遷都詔は五八二年の新都造営詔を模倣していることが示唆するように、これらは『書紀』編纂時に述作されたものであるとしか理解できない記事である。

大日方克己はI射礼記事について、「もちろんこれを史実とすることはできまい」とした上で、D海表諸蕃の進調記事、E正月丙辰（ここでは七日）の宴記事、H蝦夷と隼人の服属記事に言及し、諸蕃の朝貢、正月七日節の賜宴、射礼は礼的秩序のなかで一連の構造をなしており、律令国家の諸蕃および射礼の観念を反映したもので、清寧に仮託された記事である、と指摘した。(22)清寧三年から四年の記事が中国史書を直接的に模倣しているということは、清寧紀に中国史書的な体裁を、あるいは清寧に中国皇帝的な色彩を加えようとしたものであろう。そのような一連の流れのなかで、隼人が登場するのである。これはあくまで、華夷思想にもとづいた「夷狄」が、「中華の皇帝」たる「日本」国「天皇」に「朝貢」してきた記事と読むべきであって、極言すれば、「六世紀の南九州の人々」が「ヤマト政権」の「大王」に付き従った、ということではないはずである。両者には質的な差異が認められよう。(23)これは天皇制が開始され、輸入された華夷思想を現実の政治に適用しようとする試みがなされ、列島周縁部に夷狄が設定される。そして『書紀』が編纂される。そのような時代にしか書かれえなかった記事である。(24)また、永田一も卑見を受け、この一年間の記事が

『隋書』高祖紀の記述を構造的に取り入れた造作であることは明らかだとし、少なくとも清寧紀以前の蝦夷関係記事が史実を伝える確かな記録をもとに書かれているかは疑わしい、とする。(25) なおDについては、とくに典拠を必要としない定型的表現の記事であり、述作者が前後の調子に合わせて作文したのであろう。

ただし、二点付け加えておきたいことがある。一つはfで范書の利用が指摘されていることであり、もう一つは蝦夷と隼人が同時に登場することについてである。まず一つ目について。

史料17『太平御覧』巻第八百二十　布帛部七　布

范曄後漢書曰〈中略〉

又曰元和二年（章帝・八五）詔令天下大酺五日賜公卿以下銭帛各有差及洛陽民当酺者布戸一疋外三戸共一疋賜博士弟子見在太学者布人三疋

いまだ悉皆調査をなしえたわけではないので調査漏れもあろうが、『太平御覧』にF／fと類似した記事があることが注目される。なお池田は、『書紀』編纂者がその粉本となった類書（池田によると『華林遍略』）の布帛部を利用した可能性を指摘している。(26) 以上の理由により、Fの参照元については、史料17『太平御覧』記事の藍本たる某類書である可能性も指摘しておきたい。しかし、史料4／H記事の史料批判という本章の課題においては、Fの参照元が范書か類書かということは、決定的なことではないであろう。

もう一つについて。津田・坂本両氏は、蝦夷・隼人が並記されているから信憑性に乏しい、と指摘したが、実は次の記事がある。

史料18『続日本紀』巻第五　和銅三年（七一〇）　元明天皇

三年春正月壬子朔、天皇御㆓大極殿㆒受㆑朝。**隼人・蝦夷**等、亦在㆑列。左将軍正五位上大伴宿禰旅人・副将軍従五

位下穂積朝臣老、右将軍正五位下佐伯宿禰石湯・副将軍従五位下小野朝臣馬養等、於㆓皇城門外朱雀路東西㆒分頭、
陳㆓列騎兵㆒、引㆓**隼人・蝦夷**等㆒而進。

もちろん史料4・5・7記事は造作だと考えられるが、この『続紀』記事から分かることは、『記・紀』編纂時においては蝦夷と隼人が並記されるべき存在として考えられていたらしいことである。(27) つまり、蝦夷も隼人も「中国風の夷狄朝貢思想」にもとづいた造作がなされたということであり、付け加えた点を除くと、津田・坂本両氏の指摘は妥当なものだと考えられる。

史料5記事の検討

この記事について小林敏男は、前述の津田の指摘どおりであり、また、史料5・7記事については、その前後に朝鮮諸国の遺使、調進、百済人の帰化などの記事があり、それらに挟まれている。外夷のみならず内夷の帰服が相乗的に王化思想を強調している、と指摘した。(28) また、前述の坂本の指摘もある。永田も、この記事以外に欽明紀に蝦夷関係記事がないことも不自然であり、この記事をそのまま史実とすることは躊躇される、とする。(29)
なお、この記事に類似した文章を探してみると、時代は下るが『冊府元亀』と『旧唐書』に以下の記事があった。

史料19A『日本書紀』巻第十九　欽明天皇元年（五四〇）

三月、蝦夷・**隼人**、並率㆑衆帰附。

B『冊府元亀』巻之一百七十　帝王部　来遠

〈太宗貞観〉二十二年（六四八）、西蕃沙鉢羅葉護率衆帰附。以其俟斤屈裴禄為忠武将軍。

C『冊府元亀』巻之九百七十七　外臣部　降附

〈太宗貞観〉二十二年二月、西蕃沙鉢羅葉護率衆帰附。〈後略〉

D『旧唐書』巻三　本紀第三　太宗下

〔貞観二十二年〕二月〈中略〉癸丑、西番沙鉢羅葉護率衆帰附、以其俟斤屈裴禄為忠武将軍、兼大俟斤。

Aは蝦夷・隼人（の首長）が衆を率いて帰服してきたというものであり、B・C・Dは「西蕃」である沙鉢羅葉護が衆を率いて帰服してきたという記事である。沙鉢羅葉護とは突厥の一部族のリーダーであるようだが、西蕃、すなわち西方の夷狄だとされている。(30)

さて、『冊府元亀』唐代の記事は唐の実録にもとづく部分もあるというが、私は別稿にて、『書紀』編纂時には初唐の実録が伝来しており、『書紀』の文飾には初唐の実録も利用されていたのではないかと論じたが、(31)この記事は「唐太宗実録」によるものと考えている。この記事もまた、『書紀』が主張する年代より一〇〇年ほど後の中国史書中の記事を模倣したものであり疑わしい。仮に私がその可能性を指摘した「唐太宗実録」によるものではなかったとしても、明らかに「中国風の夷狄朝貢思想」にもとづいたものであることは指摘しうる。したがって、この記事もまた史料4記事において検討したことと同様のことがいえるのであり、各氏の指摘どおり造作であろうと思われる。

史料7記事の検討　津田は先にこの記事について、「シナの所謂正史に於いて外夷の来朝を記す場合の筆法と、全く同じである」と指摘したのみならず、「同じ年に来朝したエミシのことが月日を明かにして詳しく書いてあるのに、其の外に別に斯ういふ曖昧な記事が、単に其の年のこととして、見えてゐるのは、益々其の史料としての価値を疑はせる所以である。…だから、これらの記事は且らく論外として置かねばならぬ」と指摘した。(32)また坂本も、「この元年の条（原口注:史料7記事のこと）は、七月にかけて具体的な蝦夷入朝の事実が記されているから、それとの関係からいっても、明らかにこれは重複である。おそらくは、同紀内の重複をも考えず、ごく一方的な理由に引かれて（この場合はその前の高麗百済新羅並遣使進調という記事に引かれたらしい）、編者はこうした夷狄朝貢型の記事を諸所に配置したものと推測されても弁解の途はあるまい」と、すなわち造作であると指摘した。(33)また、前述の小林の指摘も同じ主旨のものである。

さて、この記事についてはすでに出典の指摘がある[34]。

史料20A『日本書紀』巻二六 斉明天皇元年（六五五）

是歳、高麗・百済・新羅、並遣レ使進調。〈百済大使西部達率余宜受、副使東部恩率調信仁、凡一百餘人。〉蝦夷・**隼人**率レ衆内属、詣レ闕朝献。新羅別以二及湌弥武一為レ質、以二十二人一為二才伎者一。弥武遇疾而死。是年也、太歳乙卯。

B『後漢書』本紀一 光武帝紀第一下

〈建武二十五年（四九）〉是歳、烏桓大人率衆内属、詣闕朝貢。

AはB范書の烏桓朝貢記事と比較して、「是歳」という表記まで一致する。いうまでもなく烏桓は夷狄である。また、前述の池田の指摘があるため、他の類似記事も示しておこう。

史料21A『後漢書』列伝八 烏桓鮮卑列伝第八十

〈前略〉〈建武〉二十五年、遼西烏桓大人郝旦等九百二十二人率衆向化、詣闕朝貢、献奴婢牛馬及弓虎豹貂皮。

B『芸文類聚』巻第九十五 獣部下 貂

東観漢記曰。建武二十五年。烏桓献貂豹皮。詣闕朝賀。

C『太平御覧』巻第九百一十二 獣部二十四 貂

東観漢記曰建武二十五年烏桓詣闕朝賀献貂皮

『東観漢記』の記事については他の佚文も調べてみなくてはならないが、池田の指摘どおり范書の直接利用はなく、『書紀』における『東観漢記』および范書の利用は類書経由の間接引用であるとしても、例外的な事例を除いて、原則として史料20B記事と同等か、あるいはそれ以上に史料7／20A記事に近い文章でなければならないはずである。したがって池田説は、卑見にとって立論の妨げとはならないと思われる。よってこの記事もまた、史料4・5記事と同様のことが指摘でき、各氏の指摘するとおり、「中国風の夷狄朝貢思想」にもとづく造作であろうと思われる。

ところで、ここまでみてきたとおり史料4・5・7記事についてはいずれも、「中国風の夷狄朝貢思想」によって蝦夷と隼人が叙述されていた。したがって『書紀』編纂時において、隼人は少なくとも観念上は「夷狄」だとして認識されていたことが確認できる。この点を指摘しておきたい。(35)

史料3記事の検討　泉谷康夫は史料1・2・3・6の各記事について、例えば海宮訪問譚の「是《ここ》を以《も》ちて火酢芹命《ほのすせりのみこと》の苗裔《のち》、諸《もろもろ》の隼人《はやひと》等、今に至《いた》るまで天皇《すめらみこと》の宮墻《みかき》の傍《もと》を離れず、吠《ほ》ゆる狗《いぬ》に代《かは》りて事《つか》へ奉《まつ》れる者《もの》なり」(36)といった記載を裏づけるために造作された物語とも考えられるので信憑性に欠ける記事である、とした。(37)小林は、この話はあまりに伝奇的すぎ、隼人の天皇への忠誠心を強調しすぎている点にも、かえって後代の潤色を感じさせる、とした。(38)確かにこの話はあまりに中国的貞節観が過ぎ、外来の何かに強く影響されたように思われるので、調べてみよう。

史料21A『日本書紀』巻第十五　清寧天皇元年（四八〇）

冬十月癸巳朔辛丑、葬二大泊瀬天皇于丹比高鷲原陵一。于レ時**隼人**昼夜哀二号陵側一、与レ食不レ喫、七日而死。有司造二墓陵北一、以レ礼葬之。是年也、太歳庚申。

B『淮南子』巻十九　脩務訓

〈前略〉呉與レ楚戦。莫囂大心、撫二其御之手一曰、今日距二彊敵一、犯二白刃一蒙二矢石一、戦而身死、卒勝民全、我社稷可二以庶幾一乎。遂入不レ返、決レ腹断レ頭、不レ旋レ踵運レ軌而死。

申包胥曰、吾竭二筋力一以赴二厳敵一、伏尸流血不レ過二一卒之才一。不レ如三約レ身卑レ辞、求二救於諸侯一。於レ是乃贏レ糧跣

走、跋渉谷行。上峭山赴深谿、游川水犯津関、躐蒙籠歴沙石、蹠達膝暴、曽繭重胝、七日七夜至於秦庭。鶴跱而不食、昼吟宵哭、面若死灰顔色黴黒、涕液交集。以見秦王曰、呉為封豨脩蛇、蚕食上国、虐始於楚。寡君失社稷、越在草茅。百姓離散、夫婦男女不遑啓虚、使下臣告急。秦王乃発車千乗歩卒七万、属之子虎、踰塞而東、撃呉濁水之上、果大破之以存楚国。烈蔵廟堂著於憲法。此功之可彊成者也。

〈後略〉

C『春秋左氏伝』定公四年

〈前略〉立依於庭牆而哭、日夜不絶声、勺飲不入口七日。秦哀公為之賦無衣。九頓首而坐。秦師乃出。

D『後漢書』列伝三　張法滕馮度楊列伝第二十八

楊琁字機平、会稽烏傷人也、高祖父茂、本河東人、従光武征伐、為威寇将軍、封烏傷新陽郷侯、建武中、就国、伝封三世、有罪国除、因而家焉、父扶、交阯刺史、有理能名、兄喬、為尚書、容儀偉麗、数上言政事、桓帝愛其才貌、詔妻以公主、喬固辞不聴、遂閉口不食、七日而死。

E『太平御覧』巻第一百五十二　皇親部十八　公主

謝承後漢書曰楊喬為尚書容儀偉麗数上書言政事桓帝愛其才貌詔妻以公主喬固譲不聴遂閉口不食七日而死

F『太平御覧』巻第二百一十二　職官部十　總叙尚書

G『太平御覧』巻第三百七十九　人事部二十　美丈夫上

後漢書曰楊喬為尚書容儀偉麗数上言政事桓帝愛其才貌詔妻以公主喬固辞不聴遂閉口不食七日而死

H『宋書』巻九十一　列伝第五十一　孝義

謝承後漢書曰楊喬為尚書容儀偉麗数上言政事桓帝愛其才貌詔妻以公主喬固辞不聴還閉口不食七日而死

劉瑜、歴陽人也。七歳喪父、事母至孝。年五十二、又喪母、三年不進塩酪、号泣昼夜不絶声。勤身運力、以営葬事。服除後、二十餘年布衣蔬食、言輒流涕。常居墓側、未嘗暫違。太祖元嘉（四二四～四五三）初卒。

I『宋書』巻一百　列伝第六十　自序伝

林子字敬士、田子弟也。少有大度、年数歳、隨王父在京口、王恭見而奇之、曰「此児王子師之流也。」与衆人共見遺宝、咸争趨之、林子直去不顧。年十三、遇家禍、時雖逃竄、而哀号昼夜不絶声。〈後略〉

J『北史』巻五十二　列伝第四十　齊宗室諸王下(39)

楽陵王百年、孝昭第二子也。孝昭初即位、在晋陽、羣臣請建中宮及太子、帝謙未許。都下百僚又請、乃称太后令、立為皇太子。帝臨崩、遺詔伝位於武成、并有手書。其末曰「百年無罪、汝可以楽処置之、勿学前人。」大寧中、封楽陵王。

河清三年五月、白虹圍日再重、又横貫而不達。赤星見、帝以盆水承星影而蓋之、一夜盆自破。欲以百年厭之。会博陵人賈徳胄教百年書、百年嘗作数勑字、徳胄封以奏。帝又発怒、使召百年。百年被召、自知不免、割帯玦、留与妃斛律氏。見帝於玄都苑涼風堂、使百年書勑字、験与徳胄所奏相似。遣左右乱捶撃之、又令人曳百年繞堂且走且打、所過処、血皆遍地。気息将尽、曰「乞命、願与阿叔作奴。」遂斬之、棄諸池、池水盡赤、於後園親看埋之。妃把玦哀号、不肯食、月餘亦死。玦猶在手、拳不可開、時年十四、其父光自擘之、乃開。

後主時、改九院為二十七院、掘得小屍、緋袍金帯、一髻一解、一足有靴。諸内参竊言、百年太子也。或以為太原王紹徳。

詔以襄城王子白澤襲爵楽陵王。齊亡入関、徙蜀死。

K『芸文類聚』巻第九十　鳥部上　鳥

〈前略〉会稽典録曰。夏方。字文正。家遭疫癘。父母伯叔一時死。凡十三喪。方年十四。昼則負土。哀号墓側。扶棺哭泣。比葬。年十七。烏鳥集聚。猛獣乳其側。

L『初学記』巻第十七　人事部上　孝第四　事対

〈師覚授孝子傳曰。趙狗幼有孝性。年五六歳。時得甘美之物。未嘗敢独食。必先以哺父。出輙待還而後食。過時不還則倚門啼以俟父。至数年父没。狗思慕羸悴。不異成人。哭泣哀号。居於塚側。郷族嗟称。名聞流著。漢安帝時。官至侍中。〉

M『太平御覧』巻第四百一十四　人事部　孝下

師覚授孝子伝曰趙狗幼有孝性年五六歳時得甘美之物未常敢独食必先以哺父出輙待還而後食過時不還則倚門啼以候父至数年父没狗思慕羸悴不異成人哭泣哀号居於塚側郷族嗟稱名聞流著漢安帝時官至侍中

N『太平御覧』巻第九百一十四　羽族部　鳥

会稽典録曰夏方字文昌家遭癘父母伯叔一時死九十三喪方年十四昼則負土哀号暮側扶棺哭泣比葬年十七烏鳥集聚猛獣乳其側

Aは史料3記事の再掲である。大泊瀬天皇とは雄略天皇のことであるが、その雄略が亡くなり葬られた時、雄略のそば近くに仕えていた（と思われる）隼人が、その陵墓のそばで昼も夜も泣き叫び、食事を与えても食べようとせず、七日ばかりしてついに亡くなってしまったという。おそらくはこれをみて哀れんだ者たちがいたのであろう。その隼人の墓を雄略陵のそばに作ってやり、礼をもって厚く隼人を葬ったという。Bは『淮南子』にみえる記事である。呉と楚が戦ったとき、楚の臣である申包胥は秦王のもとへ赴き、立ったまま食事も取らず、昼は呻き夜は哭き、秦王へ楚の窮状と呉の横暴を訴えた。ついに秦王は呉を討つ決意をしたという。Cは『左伝』にみえる記事であるが、ほぼ

Bと同じ内容である。Dは范書にみえる記事である。E、F、Gもほぼ同じ内容である。楊琁の兄の喬は、桓帝にその才貌を愛され、公主を妻とすることをすすめられたが固辞し、ついに口を閉ざして食事も取らず、七日ばかりして亡くなってしまったという。Hは『宋書』列伝にみえる記事である。劉瑜は幼くして父を亡くしてのち、孝心をもって母につかえていたが、その母が亡くなると三年の間喪に服し、昼夜号泣する声が絶えなかったという。Iも『宋書』列伝にみえる記事である。林子の家が不幸にみまわれた時、昼夜泣き叫ぶ声が絶えなかったという。Jは『北史』列伝にみえる記事である。『北斉書』列伝にもほぼ同文がある。楽陵王百年がある時殺され、その遺体を池に投げ捨てると、池が血で真っ赤に染まったという。夫人である楽陵王妃は百年の遺品であるアクセサリーを握り締め、泣き叫んで食事も取らず、一月ばかりして亡くなってしまったという。Kは『芸文類聚』所引『会稽典録』にみえる記事である。Nもほぼ同じ内容である。夏方が一四才の時、一家を病が襲い、肉親が次々と亡くなった。夏方は墓のそばで泣き叫び、また棺にすがりついて泣いたという。Lは『初学記』所引、『孝子伝』という名の書物にみえる記事である。Mもほぼ同じ内容である。趙狗は幼い頃から親孝行であったが、成人してからも、亡父を葬った墓の傍で慟哭し続けたという。

他にも例えば『晋書』列伝／忠義／車済[40]に「秋（原口注：人名）歎其忠節。以礼葬之」とみえる。以上確認してきたとおり、史料3記事の「昼夜哀号」「哀㆓号陵側㆒」「与㆑食不㆑喫七日而死」「以㆑礼葬之」といった表現は、中国的な貞節観、孝行観、忠義観を表現する時の常套句であると思われ、おそらくはそれを模倣したものであろう。この史料3記事のキーワードは、すべて漢籍にみられるものである。この記事は「中国風の夷狄朝貢思想」によるものではないが、やはり中国的な価値観念の元で述作されたものであろう。先に触れたとおり、雄略遺詔は『隋書』高祖紀にもとづく事実上の造作記事であろうと思われるが、この記事はその雄略が亡くなった時の話である。

ところで、天武朝より前の時期の隼人関係記事をめぐって、一部の記事に『記・紀』編纂時である八世紀の隼人の性格とは異なる姿が描かれていることをもって、その史実性を認めようとの議論がある。伊藤循は史料1・2記事に登場する隼人について、これを史実とすることはできないが「近習」としての隼人は「天皇」との直接的人格的な関係を意味し、儀礼において天皇を呪的に守護する八世紀の隼人にはみられない性格だとし、史料3・6記事に登場する隼人について、喪葬儀礼に臨場していることから、やはり八世紀の隼人とは異なる近習隼人の存在が示唆されるとする（傍点は伊藤）[41]。また菊池達也もこれらの隼人像について、ある特定の「天皇」「皇子」に対して直接近侍し、個別人格的な従属関係が描かれており、これは『記・紀』編纂段階の隼人像を反映させたものではないとする[42]。

だが、以下のようには考えられないだろうか。第一章第五節で確認したように近年の考古学では、「古墳時代後期に至り、…大隅・薩摩地域は古墳時代社会の交流圏から疎外されはじめたとみられ」「列島の中で異質化が進行」した状況であったと考えられている[43]。しかし、これを伺わせるような記述は、『記・紀』にはみられない。それは、天武朝より前の時期の隼人関係記事が、先に泉谷が指摘したとおり、「吾当三事レ汝為二奴僕一」「是以火酢芹命苗裔、諸隼人等、至レ今不レ離二天皇宮墻之傍一、代二吠狗一而奉レ事者也」（神代紀第十段一書第二）といった、海宮訪問譚での隼人の天皇への服属の誓いを証明するために創作されたものとも理解できるからである。というのも、『書紀』編纂時の隼人は「律令国家」のなかに組み込まれつつあったわけだが、記事を創作する際に、組織の「歯車」として機能する複雑で官僚主義的な姿などわざわざ描くだろうか。隼人が天皇に忠誠を誓い奉仕する様子を、象徴的に示せればそれで目的ははたされるのである。その場合、天皇に近習する隼人の姿を創り出すのは、〝おはなし〟として分かりやすく納得できることである。いうなれば、「政府が期待する『隼人像』を示」す必要があったからにすぎないのではなかろうか[44]。

例をあげてみよう。前述の訓詁がおおむね正しければ、この史料3記事は次のように理解される。「中国的な貞節観／忠義観を示し死んだ隼人を、中国式の礼制により葬った」。では、人々が隼人を中国式礼制で葬ったのはなぜか。それは雄略と隼人の「人格的な関係」を、いうなれば「隼人」が「天皇」に忠誠を尽くしたということを、考慮してのことであろう。さて、『書紀』編纂時である天武朝から養老年間において、隼人が天皇と人格的な関係を結び、さらに隼人を中国式の礼制で葬るということがあったのだろうか。むろん、そのような話は聞いたことがない。また、ワカタケルの時代の歴史的事実として、中国式の礼制で葬るということがあるのだろうか。もちろん、誰もそうは考えないだろう。したがって、このことは史実ではない。そうであるならば、この記事に描かれた隼人像は、八世紀の隼人の状況とも合わないし、かつ、虚構であるということになる。繰り返すが、この記事は「昼夜哀号」「哀㆓号陵側㆒」「与㆑食不㆑喫七日而死」「以㆑礼葬之」と中国思想によって描かれているのであり、記事全体の文脈を無視した上でそこから無批判に「個別人格的な従属関係」などといったものを取り出すことは、どのようにして正当化されうるのだろうか。

以上の検討により、『書紀』編纂時の、つまり八世紀の隼人の性格とは異なる姿だと考えられる記事について――本当に異なる姿であるのかも検討せねばならないが――、そのことのみによってだけでは史実性を認めることの論拠とはならないということが確認できたと思う(45)。伊藤自身が述べるように、史料1・2記事に登場する隼人は「天皇」との間に「人格的な関係」を有していても、史実とは認めがたいのである。

奥田尚はこの記事について次のように説明する。雄略は星川皇子の反乱を心配しながら亡くなるが（雄略遺詔参照）、次の清寧即位前紀において星川皇子の反乱が記され、大伴室屋らは雄略遺詔を奉じて星川一派を誅滅する。この一連の出来事に清寧は関与していないことから、雄略に関する物語を清寧紀に移したものと思われるとし、また『書紀』には、雄略に隼人との物語を付そうとする意図があったと指摘した(46)。なおこの記事は、「中国風の夷狄朝貢思想」

にもとづく造作であった史料4記事同様、清寧紀の記事である。岸俊男は、雄略紀は在位二十三年間すべてに記事があり一年の空白もないが、これは他の天皇紀にはあまりみられないことと指摘したが[47]、そのなかには漢籍／中国思想による水増し、すなわち漢籍にもとづき雄略紀を文飾することで、中国の皇帝像を模倣しようとしたことも含まれていよう[48]。「画期としての雄略朝」といわれるように、雄略は現実に偉大な大王であったのだろう。しかし『書紀』編纂時にあたる奈良時代はじめの人々が、それを誇張したこともまた事実であろう。ここでは雄略を、夷狄をも心服させる、中国的徳治主義にのっとった偉大な帝王に仕立て上げている。そのような意味において、この記事は作為の存在を想定させる記事である。したがって、この記事は少なくとも『書紀』編纂時に手が加えられていると考えられ、ストレートに信用しうるものではない。

この記事が、古代南九州の人々が王権に服属していたという何らかの伝承や原資料を反映したものであったとしても[49]、それがそのままこの記事の史実性を担保するものではないことは、これまで確認してきたとおりである。私もまた先にみたとおり、五世紀後半の王権と南九州の間に何らかの交渉があったということを否定するものではない。しかし、この記事のあらわすところの「思想」は、やはり『書紀』編纂時のそれであるとすべきであろう。少なくともその文章表現において、「素朴な伝承」とは次元が異なるとみるべきであろう。そうであるならば、ここにみえる「隼人」とは後世の付会であるとすべきであり、天武朝より前に隼人が「存在」した証拠とはならないものと思われる。この記事についても造作の可能性をも考慮すべきであり、少なくとも『書紀』編纂時における潤色は確実視される。

史料6記事の検討　この記事については、先の泉谷の指摘がある。なお、この記事と同じ内容の記事がある。

史料22A『日本書紀』巻二十　敏達天皇十四年（五八五）

秋八月乙酉朔己亥、天皇病弥留、崩二于大殿一。是時起二殯宮於広瀬一。馬子宿禰大臣佩レ刀而誄。物部弓削守屋大連听然而咲曰、如下中二猟箭一之雀鳥上焉。次弓削守屋大連手脚揺震而誄。〈揺震戦慄也。〉馬子宿禰大臣咲曰、可レ懸レ鈴矣。由レ是二臣微生二怨恨一。三輪君逆使三**隼人**相二距於殯庭一。穴穂部皇子欲レ取二天下一。発憤称曰、何故事二死王之庭一、弗レ事二生王之所一也。

B『日本書紀』巻二一　用明天皇元年（五八六）

夏五月、穴穂部皇子欲レ奸二炊屋姫皇后一、而自強入二於殯宮一。寵臣三輪君逆乃喚二**兵衛**一重二璅宮門一、拒而勿レ入。穴穂部皇子問曰、何人在レ此。**兵衛**答曰、三輪君逆在焉。七呼レ開レ門、遂不二聴入一。於レ是穴穂部皇子謂三大臣与二大連一曰、逆頻無レ礼矣。於二殯庭一誄曰、不レ荒二朝庭一、浄如二鏡面一、臣治平奉仕。即是無レ礼。方今天皇子弟多在、両大臣侍。誰得三恣レ情、専言二奉仕一。又余観二殯内一、拒不二聴入一。自呼レ開レ門、七廻不レ応。願欲レ斬之。両大臣曰、随レ命。於レ是穴穂部皇子陰謀下王二天下一之事上、而口詐在三於殺二逆君一。遂与二物部守屋大連一、率レ兵囲二繞磐余池辺一。逆君知之、隠二於三諸之岳一。是日夜半、潜自レ山出隠二於後宮一。〈謂二炊屋姫皇后之別業一。是名二海石榴市宮一也。〉逆之同姓白堤与二横山一、言二逆君在処一。〈後略〉

穴穂部皇子が敏達の殯宮に強引に押し入ろうとした時、それを防いだのは、Aでは隼人であり、Bでは兵衛となっている。小林はこれについて、Bに兵衛とみえるが、兵衛は令制用語であることを問題視した[50]。この指摘のようにそもそも兵衛が令制用語であるならば、この時点で少なくとも『書紀』編纂時に手が加えられた記事であることは確定しよう。永山はこの記事について、六世紀末頃、南九州から畿内へ行き「兵衛」の任務を帯びたものが存在した可能性もあり、さらにそれが『書紀』編纂時に隼人と書き換えられた可能性があると指摘した[51]。阿部眞司はこの史料6記事の三輪君逆について、「天皇への忠誠は死んでもなお絶たれることはないという儒教的教えの実践者として逆は造形されている」とする[52]。「隼人」はそのような逆に率いられていることに注意しておきたい。もし阿部の見解が正しければ、ここでの隼人も「忠臣」として位置づけられていることとなろう。いってみれば、「政府が期待する『隼人像』」ということであろう。

この史料6記事は、物部守屋と中臣勝海による廃仏の提言、それを受けての敏達による廃仏の詔、仏像などを焼き投げ捨てる、守屋と敏達の瘡罹患、国中での瘡流行、「仏像を焼いた罪か」との噂の流行、敏達の死、と続く流れのなかでの、敏達の葬儀の場面である。この記事は一連の崇仏廃仏論争の最中に、「瘡」という業病で亡くなった敏達の葬儀を舞台とする。さて、仏教伝来、いわゆる崇仏廃仏論争、そして〝聖徳太子〟の活躍と、これら一連の『書紀』仏教関係記事に対しては、その編纂時において、『金光明最勝王経』『集神州三宝感通録』『法苑珠林』といった中国の仏書や中国仏教の思想（とくにその末法思想）にもとづく文飾の疑いがもたれている。これに対して、これら仏教関係記事は『書紀』編纂時に手が加えられてはいるが、ある程度は事実として認めてもよいのではないか、との見解もある。いずれにせよ、これら仏教関係記事に多かれ少なかれ手が加えられていることは誰もが認めるということをここでは確認しておきたい。(53)(54)(55)(56)

先にみたとおり、これより後の時代の史料7記事は、「中国風の夷狄朝貢思想」による造作であった。また、これまでに検討したことと同様に、『書紀』編纂時の「思想」を反映させてこの記事も述作されたと考えることも可能であろう。ここまでを振り返ると、この史料6記事については、全体として『書紀』編纂時に手が加えられた可能性が高いのではあるまいか。そうであるならば、ここでの「隼人」も、少なくとも潤色であるとみなすべきであろう。もしも史料7記事が造作であることを認めた上でこの史料6記事の史実性を認めるとするならば、次の隼人関係記事が一〇〇年後の天武朝まで欠けることを説明せねばならず、それは非常に困難であるといえよう。史料批判はひとまず措くとしても、欽明紀、敏達紀、崇峻紀、舒明紀、皇極紀、孝徳紀、斉明紀、天智紀と蝦夷が登場することとは対照的である。蝦夷に対しては政府側の勢力拡大の様子が描かれるのに対し、隼人については描かれていない。隼人はすでに臣従しているという前提のもとで各記事に登場する。先に触れたように、田中は隼人／南九州に対する「征討行動なり使者派遣なり」を想定し、永山も未服属集団に対し朝貢を促す等のアプローチがあったのではないかと想定した。〝歴史的事実〟としては、私も同様の想定をしている。しかし、それは『記・紀』では触れられていない。それは、『記・紀』の語る世界では、「日向神話」において隼人が服属したからではないのか。天武朝より前の時期の隼人関係記事は、歴史的事実とは別な次元で述作されたと考えられる。(57) この記事もまたそのような流れのなかに位置づけられた上で理解されるべきであり、その点において史料3記事において検討したことと同様な点が指摘されうると思われる。

この記事が仮に南九州に出自をもつ人々が王権に近習していたという伝承・記録にもとづくものであったとしても、「隼人」は認められないであろう。この記事についても、造作の可能性をも考慮に入れるべきだと考える。(58)

史料1・2記事の検討

この記事については先の泉谷の指摘があり、また小林は、『記』では「既《すで》に己《おの》が君《きみ》を殺しつること、是《これ》**義**《ことわり》ならず。然《しか》れども、其《そ》の功《いさを》を賽《むく》いずは、**信**《まこと》無《な》しと謂《い》ひつべし」、『書紀』では「己が君に**慈**《うつくしび》無きこと甚《はなはだ》し」と、「義」「信」「慈」など儒教的価値観を強調しており、ソバカリ、サシヒレを人倫道義を弁えない辺境の夷人として儒教的価値観で断罪している。そうであるならば辺境の隼人にむすびつける操作があったものと考えられる。ただし、『記』で「若《も》し汝吾《なむちあ》が言《こと》に従《したが》はば、吾《あれ》は、天皇《すめらみこと》と為《な》り、汝《なむち》を大臣《おほおみ》と作《な》して、天《あめ》の下《した》を治《をさ》めむ。那何《いか》に」とソバカリを誘っているのは、案外古層を伝えているのかもしれない。五世紀の稲荷山古墳鉄剣銘にワカタケル大王が斯鬼宮にあった時、ヲワケ臣が「天下を左治した」とあるからである、と指摘した。(59) 永山も小林説を受けて、六世紀初頭の江田船山古墳の鉄刀銘などから王権と九州のつながりは確認でき、この事件がいつ起こったかは別としても、南九州出身者が王権に近侍したという伝承があった可能性もある。ただ、結局は隼人＝不義＝野蛮という儒教的図式で説明されている。この点を除けば、ここに登場する「隼人」の姿は他地方出身者と大差ないと考えられる、と指摘した。(60)

新編日本古典文学全集本は史料1記事の「還惶㆓其情㆒」について「還《かへ》りて其の情《こころ》に惶《おそ》りむ」と訓じ「翻って今度は私（原口注：ミヅハワケのこと）がソバカリの粗暴な性情を恐れることになろう」と解する。これについて瀬間は、この箇所についての研究史を整理し、この場合の「還」は用法から「また」と訓むべきであるとする。さらに「其情」について「主君殺しを実行したソバカリの不義を支持してしまうミヅハワケ自身の心が恐ろしい」と理解すべきだとする。(61)

さて、谷川士清『日本書紀通証』はこの記事について、『新唐書』の類似の記事を指摘する。(62)また、調べてみると『旧唐書』にも同じ内容の記事があった。

史料23A『(新)唐書』巻八十五　列伝第十　竇建徳

〔武徳二年（六一九）〕未幾、連突厥侵相州、刺史呂珉死之。進攻衛州、執河北大使淮安王神通、同安長公主、黎陽守将李世勣、釈之。復使世勣守黎陽、館王、公主、饋以客礼。滑州刺史王軌為奴所殺、奴以首奔建徳、建徳曰「奴殺主、大逆。納之不可不賞、賞逆則廃教、将焉用為」命斬奴而返軌首、滑人徳之、遂降、齊、濟二州亦降。兗賊徐円朗聞風送款。

B『旧唐書』巻五十四　列伝第四　竇建徳

〔武徳二年〕九月、南侵相州、河北大使淮安王神通不能拒、退奔黎陽。相州陥、殺刺史呂珉。又進攻衛州、陥黎陽、左武衛大将軍李世勣、皇妹同安長公主及神通並為所虜。滑州刺史王軌為奴所殺、攜其首以奔建徳、曰「奴殺主為大逆、我何可納之。」命立斬奴、而返軌首於滑州。吏人感之、即日而降。齊、濟二州及兗州賊帥徐円朗皆聞風而下。

　建徳釈李世勣、使其領兵以鎮黎州。

A、Bの内容はともに、次のようなものである。隋末の混乱のなかで台頭した群雄の一人である竇建徳が敵対者を攻めた時、ある地方長官が「奴」に殺された。その奴は長官の首をもって建徳のもとに奔るが、建徳は「主人を殺すとは、大逆である」として、この奴を斬った。その地方の人々は大いに感じ入り、建徳に降ったのだという。

さて、直接の典拠は分からないが、いずれにせよ史料1・2記事が、中国的価値観のもとで述作されたことは疑いないであろう。永山が指摘するとおり、他地方出身の近習者と大差ない姿であるところに、あえて中国的味付けを加えていることが、この史料1・2記事を読解する時のポイントとなろうか。つまり史料6記事と同様の主旨となっており、そこでの指摘はこの記事にもあてはまるであろう。なお奥田はこの史料1・2記事について、両記事のストーリーは大筋では一致するが、ソバカリ、サシヒレと『記・紀』で隼人の名前に相違がみられ、隼人が殺される場所も『記』では山口、『書紀』では難波と異なる。さらに隼人を殺害した人物名も異なるとし、これはこのストーリーと隼人の結合が弱いことを示し、登場するのが「隼人」ではなく通常の近侍者でも成立する、隼人はあくまで付加されたものであろうと指摘した。これは先の永山の指摘にも通じるものであろう。奥田によると、これは、どのような事情があろうとも、皇族を殺すような隼人は殺される、という隼人への教示を含んだ物語なのだという[63]。この記事もまた、これまで考察してきたように、『書紀』編纂時の「思想」を反映させたものとみるほかあるまい。

ここまで天武朝より前の隼人関係記事を追ってみたところ、ストレートに信用できそうなものは一つもなかった。この史料1・2記事は、これらのなかでもっとも古い時代の出来事だとされている。いうまでもなく私は、五、六世紀に王権と南九州の人々が何らかの関わりをもっていたのではないか、ということ自体を否定するものではない。しかし、この記事もまた、結局は中国的価値観に「隼人」が翻弄されているのである。この記事に登場する「隼人」は、

『記・紀』編纂時の造作であろう。これまでの検討を振り返ると、隼人、あるいは南九州に出自をもつものがこの事件に関わっていること自体についても、造作の可能性をも考慮にいれるべきであろう。

四　『記・紀』の述作と隼人

本章では天武朝より前の時期の『記・紀』隼人関係記事について検討を行った。そのうちいくつかの記事は、中国史書に典拠をもつ造作だと考えられる。また、その他の記事についても、中国思想による少なくとも潤色が認められ、さらには造作の可能性をも考慮されねばならず、直接的に史実として認定しうるものではないという結論をえた。その史実性については、かなりの注釈と留保を要するものと思われる。これらの記事は、『記・紀』編纂時における「思想」にもとづいて理解しなければならないであろう。

繰り返すが私は、天武朝より前の時期において王権と南九州の人々が何らかの関係性を有していたということを否定するものではない。むしろ積極的に肯定すべきなのかもしれない[64]。しかしそのことと、『記・紀』の述作は次元が異なることを想定しなければならないのである。

では、これらの記事の述作時期はいつなのであろうか。これについては本章でも触れ、また、次章以降でも「日向神話」についてと共に論じることになるが、それは少なくとも八世紀に入ってからであるとしなければならないであろう。

以上が本章の結論である。

註

（1）いま、中村明蔵の隼人に関わる著作をあげてみると、『若い世代と語る日本の歴史別巻1　熊襲と隼人―南九州の古代社会』（評論社、一九七三年）、『隼人の研究』（学生社、一九七七年）、『隼人の楯』（学生社、一九七八年）、『熊襲・隼人の社会史研究』（名著出版、一九八六年）、『南九州古代ロマン―ハヤトの原像』（丸山学芸図書、一九九一年）、『隼人と律令国家』（名著出版、一九九三年）、『新訂　隼人の研究』（丸山学芸図書、一九九三年）、『クマソの虚構と実像―つくり出された反逆者像―』（丸山学芸図書、一九九五年）、『かごしま文庫29　ハヤト・南島共和国』（春苑堂出版、一九九六年）、『古代隼人社会の構造と展開』（岩田書院、一九九八年）、『神になった隼人―日向神話の誕生と再生』（南日本新聞社、二〇〇〇年）、『隼人の古代史』（平凡社新書、二〇〇一年）、『隼人の実像―鹿児島人のルーツを探る』（南方新社、二〇一四年）、『隼人異聞史話　縁の下の古代』（国分進行堂、二〇一五年）、『薩隅今昔史談　隼人が語る歴史の真相』（国分進行堂、二〇一六年）などがある。

（2）中村前掲註（1）『隼人の古代史』九〇―九一頁。

（3）中村明蔵「日向神話と海神文化圏の成立」（同前掲註（1）『熊襲・隼人の社会史研究』）一二〇頁以下、同「日向神話の成立をめぐる諸問題」（隼人文化研究会編『隼人族の生活と文化』雄山閣、一九九三年）、永山修一「日向国の成立」（宮崎県編『宮崎県史　通史編　古代2』一九九八年）九五―九六および一〇五―一〇八頁、原口泉ほか『県史46　鹿児島県の歴史』（山川出版社、一九九九年）三九―四〇頁、泉谷康夫「海宮遊幸神話の成立について」（『記紀神話伝承の研究』吉川弘文館、二〇〇三年）、熊田亮介「古代国家と蝦夷・隼人」（『古代国家と東北』吉川弘文館、二〇〇三年）一二頁など。

（4）中村明蔵「クマソの史実性について（上）（中）（下）」（『鹿児島女子短期大学紀要』二八・二九・三〇、一九九三・九四・九五年）、中村前掲註（1）『クマソの虚構と実像―つくり出された反逆者像―』など。また、松倉文比古「景行紀の構成―熊襲・九州親征記事を中心として―」（龍谷大学龍谷紀要編集委員会編『龍谷紀要』二八―二、二〇〇七年）も参照されたい。

（5）『記・紀』の出典調査の近年の動向については、瀬間正之が整理を行っている。瀬間「序に代えて　記紀に利用された典籍―出典論の研究史と展望―」（『記紀の表記と文字表現』おうふう、二〇一五年）。

（6）小島憲之『上代日本文学と中国文学　上』（塙書房、一九六二年）。

（7）その詳細については以下の諸論考を参照されたい。小島前掲註（6）書、勝村哲也「修文殿御覧天部の復元」（山田慶兒編『中国の科学と科学者』京都大学人文科学研究所、一九七八年）、神野志隆光「冒頭部と『三五暦紀』」（『古代天皇神話論』若草書房、一九九九年）、瀬間正之「アメツチノハジメ」（『国文学―解釈と教材の研究―』五一―一、二〇〇六年）、東野治之「古代人が読んだ漢籍」「修文殿御覧」「芸文類聚」（池田温編『日本古代史を学ぶための漢文入門』吉川弘文館、二〇〇六年）、池田昌広「『日本書紀』と六朝の類書」（日本中国学会編『日本中国学会報』五九、二〇〇七年）、同「『日本書紀』の潤色に利用された類書」（日本歴史学会編『日本歴史』七二三、二〇〇八年）、瀬間正之「日本書紀開闢神話生成論の背景」（同前掲註（5）書）など。なお神野志隆光は、『書紀』全体ではなく神代紀に限定した議論を行っている。

（8）以上の点については、以下の諸論考を参照されたい。森鹿三「亮阿闍梨兼意の「香要抄」について」（塚本博士頌寿記念会編『仏教史学論集：塚本博士頌寿記念』一九六一年）、森鹿三「修文殿御覧について」（京都大学人文科学研究所編『東方学報』三六、一九六四年）、勝村哲也「修文殿御覧巻第三百一香部の復元―森鹿三氏「修文殿御覧について」を手掛りとして」（日本仏教学会西部事務所編『日本仏教学会年報』三八、一九七三年）、平秀道「仏教経典所引の讖緯書について」（『龍谷大学仏教文化研究所紀要』一三、一九七四年）、勝村哲也「『修文殿御覧』新考」（仏教大学歴史研究所編『鷹陵史学』三・四、一九七七年）、同前掲註（7）論文、同「芸文類聚の条文構成と六朝目録との関連性について」（京都大学人文科学研究所編『東方学報』六二、一九九〇年）、池田前掲註（7）「『日本書紀』と六朝の類書」、同「『日本書紀』の潤色に利用された類書」など。

（9）なお『記・紀』が利用した類書については、「日向神話」の箇所も含め『経律異相』『法苑珠林』など仏教類書の利用も想定されていることを付記しておく。瀬間正之「漢訳仏典と古事記」（『国文学―解釈と教材の研究―』三六―八、一九九一年）、同「出生の神話―垂仁記・火中出産譚の存在と漢訳仏典―」（古橋信孝ほか編『古代文学講座4　人生と恋』勉誠社、一九九四年）、同『記紀の文字表現と漢訳仏典』（おうふう、一九九四年）、同前掲註（7）論文、同前掲註（5）書、北條勝貴「祟・病・仏神―『日本書紀』崇仏論争と『法苑珠林』―」（あたらしい古代史の会編『王権と信仰の古代史』吉川弘文館、二〇〇五年）、同「『日本書紀』と祟咎―「仏神の心に祟れり」に至る言説史」（大山誠一編『日本書紀の謎と聖徳太子』平凡社、二〇一一年）、吉田一彦『古代仏教をよみなおす』（吉川弘文館、二〇〇六年）、同「僧旻と彗星・天狗―『日本書紀』と経典・仏書」（『東アジアの古代文化』一三六、二〇〇八年夏号）、同『仏教伝来の研究』（吉川弘文館、二〇一二年）など。また、本書第五章も参照されたい。

(10) 瀬間正之「日本書紀の類書利用―雄略紀五年「葛城山の猟」を中心に―」（同前掲註（5）書）。

(11) 池田昌広「范曄『後漢書』の伝来と『日本書紀』」（日本漢文学研究編集委員会編『日本漢文学研究』三、二〇〇八年）。

(12) 小島前掲註（6）書。

(13) 田中聡「隼人・熊襲観念の形成と受容」（『日本古代の自他認識』塙書房、二〇一五年）六七頁。

(14) 永山修一「隼人の登場」（『隼人と古代日本』同成社、二〇〇九年）三六頁。

(15) この点については、本書序章を参照されたい。

(16) 津田左右吉「クマソ征討の物語」（『日本古典の研究　上』岩波書店、一九七二年改版）一七一頁。なお津田は、「東国及びエミシに関する物語」（同前掲書二二一頁以下）でもこれらの記事に簡単に触れている。

(17) 坂本太郎「日本書紀と蝦夷」（『古事記と日本書紀　坂本太郎著作集第二巻』吉川弘文館、一九八八年）二八二頁。

(18) 例えば、新編日本古典文学全集本の頭注を参照されたい。雄略紀二十三年（四七九）秋七月辛丑朔条および同八月丙子条と『隋書』巻二／帝紀第二／高祖下／仁寿三年（六〇三）秋七月丁卯条、同四年（六〇四）春正月丙辰条および同秋七月甲辰条。

(19) 名古屋市図書館（鶴舞中央図書館）蔵・河村秀根／益根『続紀集解』稿本（平成二一年三月八日調査）、および、新日本古典文学大系本『続日本紀』の注釈を参照されたい。『続日本紀』巻四／和銅元年（七〇八）二月戊寅条と『隋書』巻一／帝紀第一／高祖上／開皇二年（五八二）六月丙申条。

(20) 隋関係の諸史料については、池田昌広「『日本書紀』は「正史」か」（鷹陵史学会編『鷹陵史学』三三、二〇〇七年）、榎本淳一「『隋書』倭国伝について」（大山編前掲註（9）書）を参照されたい。

(21) 以上の点については、拙稿「『日本書紀』の文章表現における典拠の一例―「唐実録」の利用について―」（大山編前掲註

（9）書）も参照されたい。
(22)大日方克己「射礼・賭弓・弓場始―歩射の年中行事」（『古代国家と年中行事』講談社学術文庫、二〇〇八年）三〇頁。
(23)このことについては、本書序章および第一章を参照されたい。
(24)これらの点については本書序章を参照されたい。
(25)永田一「倭王権と蝦夷の服属―倭王権の支配観念の変化に注目して―」（加藤謙吉編『日本古代の王権と地方』大和書房、二〇一五年）二七七頁。
(26)池田前掲註（7）「『日本書紀』の潤色に利用された類書」。
(27)永山修一「隼人の戦いと国郡制」（同前掲註（14）書）九一―九二頁。
(28)小林敏男「クマソ・ハヤト問題の再検討」（鹿児島短期大学編『研究紀要』三一、一九八三年）二七頁。
(29)永田前掲註（25）論文二八一頁。
(30)吉田一彦によると、『書紀』で「西蕃」の語句は神功紀と欽明紀にしかなく、また神功紀と欽明紀は密接な関連性をもつという。そのこととこの記事が何らかの関連性を有するか、検討する必要があるかもしれない。吉田一彦「『日本書紀』仏法伝来記事と末法思想」（同前掲註（9）『仏教伝来の研究』）七三頁。
(31)拙稿前掲註（21）論文。またあわせて、高松寿夫「元明朝の文筆―『続日本紀』掲載「元明譲位詔」を中心に」（東京大学国語国文学会編『国語と国文学』八七―一一、二〇一〇年）、同「元明朝文筆の初唐文献受容」（針原孝之編『古代文学の創造と継承』新典社、二〇一一年）、同「「元明譲位詔」注解―元明朝文筆の解明への手がかりとして―」（『万葉集研究』三二、二〇一一年）、同「『懐風藻』序文にみる唐太宗期文筆も受容」（万葉学会編『万葉』二一八、二〇一四年）も参照されたい。
(32)津田前掲註（16）「クマソ征討の物語」一七一―一七二頁。
(33)坂本前掲註（17）論文二八二―二八三頁。
(34)例えば、新編日本古典文学全集本の頭注を参照されたい。
(35)これについては本書第四章で論じる。

(36)『日本書紀』巻第二/神代下/第十段/一書第二。
(37)泉谷前掲註(3)論文七九頁。
(38)小林前掲註(28)論文二五頁。
(39)『北斉書』巻十二/列伝第四/孝昭六王/楽陵王百年にもほぼ同文がある。
(40)『晋書』巻八十九/列伝第五十九/忠義/車済。
(41)伊藤循「隼人研究の現状と課題—永山修一氏『隼人と古代日本』とその後—」(『古代天皇制と辺境』同成社、二〇一六年)二四六頁以下。
(42)菊池達也「大化前代の隼人と倭王権」(日本歴学会編『日本歴史』八一九、二〇一六年)。
(43)橋本達也「九州南部」(広瀬和夫・和田清吾編『講座日本の考古学7 古墳時代(上)』青木書店、二〇一一年)一三九—一四〇頁、永山修一「古墳時代の南九州」(同前掲註(14)書)二〇頁。
(44)永山前掲註(14)論文三四—三五頁。
(45)なお、菊池達也はこの記事について「…少なくとも大泊瀬天皇と隼人の関係の深さを読み取ることができよう」とするが、その論拠についてはとくに言及されていない。菊池前掲註(42)論文四頁。
(46)奥田尚『記紀の王者像』(松籟社、一九九二年)一七一頁。
(47)岸俊男「古代の画期 雄略朝からの展望」(同編『日本の古代 第6巻 王権をめぐる戦い』中央公論社、一九八六年)、同「画期としての雄略朝 稲荷山鉄剣銘付考」(『日本古代文物の研究』塙書房、一九八八年)。
(48)雄略紀における漢籍/中国思想にもとづく文飾については、例えば、新編日本古典文学全集本の頭注、瀬間前掲註(10)論文を参照されたい。
(49)小林前掲註(28)論文二四—二七頁、永山前掲註(14)論文三三—三五頁。
(50)小林前掲註(28)論文二七頁。
(51)永山前掲註(14)論文三五頁。

(52) 阿部眞司「古代三輪君の一考察」(『高知医科大学一般教育紀要』九、一九九三年) 一五頁。
(53) 津田左右吉「武烈紀から敏達紀までの書紀の記載」(『日本古典の研究　下』岩波書店、一九七二年改版) 八六頁以下、井上薫『日本古代の政治と宗教』(吉川弘文館、一九六一年)、川尻秋生「仏教はいつ伝来したか」(白石太一郎・吉村武彦編『争点日本の歴史　第2巻古代編Ⅰ』新人物往来社、一九九〇年)、吉田前掲註 (9) 書など。
(54) 北條前掲註 (9)「祟・病・仏神―『日本書紀』崇仏論争と『法苑珠林』―」、同前掲註 (9)「『日本書紀』と崇咎―「仏神の心に祟れり」に至る言説史」、吉田前掲註 (9)『古代仏教をよみなおす』、同前掲註 (9)『仏教伝来の研究』、有働智奘「蘇我氏と物部氏の対立―仏教受容と神祇信仰―」(洋泉社編集部編『古代史研究の最前線　日本書紀』洋泉社、二〇一六年) など。
(55) 大山誠一『長屋王家木簡と金石文』(吉川弘文館、一九九八年)、同『〈聖徳太子〉の誕生』(吉川弘文館、一九九九年)、同編『聖徳太子の真実』(平凡社、二〇〇三年)、同『聖徳太子と日本人―天皇制とともに生まれた〈聖徳太子〉像』(角川ソフィア文庫、二〇〇五年) など。
(56) 熊谷公男『日本の歴史03　大王から天皇へ』(講談社、二〇〇〇年)、吉村武彦『聖徳太子』(岩波新書、二〇〇二年)、曾根正人『聖徳太子と飛鳥仏教』(吉川弘文館、二〇〇七年)、大津透『天皇の歴史01　神話から歴史へ』(講談社、二〇一〇年)、石井公成『聖徳太子：実像と伝説の間』(春秋社、二〇一六年) など。
(57) 永山は大隅氏の位置づけについて検討し、「隼人」は王権とそれ以前の南九州の関係とは別の次元で設定された、とする。永山前掲註 (14) 論文。また、本書第一章第六節を参照されたい。
(58) 田中聡は『書紀』隼人関係記事のうち史実性を認められるのはこの記事以降だとするが、その論拠についてはとくに言及されていない。田中聡「夷人論―律令国家形成期の自他認識―」(『日本古代の自他認識』塙書房、二〇一五年) 四四頁、同「日本古代『夷狄』通史―蝦夷と隼人・南島の社会―」(前掲同書) 二一七頁。なお田中の議論に対しては、史料批判の重要性を訴える批判がある。河内春人「田中報告、特に『夷人』的関係という概念をめぐって」(日本史研究会編『日本史研究』四七七、二〇〇二年)。

(59) 小林前掲註(28)論文二六頁。
(60) 永山前掲註(14)論文三三—三四頁。
(61) 瀬間正之「古事記の漢語助辞—「還」の副詞用法を中心に—」(同前掲註(5)書)一七四—一七六頁。
(62) 谷川士清(小島憲之解題)『日本書紀通證 二』(臨川書店、一九七八年)一一八〇—一一八一頁。
(63) 奥田前掲註(46)書六四および六九—七〇頁。
(64) この点については、本書第一章第五節および同第六節を参照されたい。

第四章　大宝令前後における隼人の位置づけをめぐって

七世紀終わりから八世紀はじめにかけ、古代国家がその一応の完成へ向けて動きつつある時、列島の君主は天皇を名乗り、列島周縁部には「化外の夷狄」とされた人々が設定されることになる。(1) その際、南九州の隼人も夷狄として位置づけられていたと考えることが、これまでの通説的理解であった。(2) しかし、伊藤循によりこの通説は大きな批判にさらされることになる。(3)

本章に関わる範囲でこれまでに提起された伊藤説の概略（註（3）参照）を述べると、次のようになる。大宝令の注釈書である『古記』は隼人を夷狄だとしていない。蝦夷と隼人は行政上の扱いが異なり、蝦夷と対応する夷狄は南島人である。隼人は化外人として扱われておらず、隼人の異俗を示す記事はない。『日本書紀』（以下、『書紀』）『続日本紀』（以下、『続紀』）などが蝦夷と隼人を並記するが、必ずしも蝦夷と隼人を同列に扱うわけではなく、隼人はあくまで「賊」として認識されている。(4) 国郡制に組み込まれた隼人は夷狄とはいえず、また日向神話において天皇家と隼人が同祖とされていることも不審である。天武朝より前の時期の『書紀』隼人関係記事には隼人が単独で服属や朝貢を行う記事が見あたらず、これは蝦夷と異なる点である。十世紀の『延喜式』の隼人関係諸規定は八世紀段階までさかのぼると考えてよく、その『延喜式』隼人関係諸規定を検討すると、華夷思想による概念は確認されない。(5) したがって、隼人は夷狄ではない。

ところで、かつて通説であった隼人＝夷狄説は、隼人を通時的（隼人登場から隼人消滅まで）に夷狄だとみなしていたように思われる。伊藤の隼人≠夷狄説も、隼人を通時的に夷狄ではないとみなしているようである。また伊藤説の特徴として、法概念の重視があげられる。伊藤は『令集解』所載の各明法家説を分析し、そこから隼人は夷狄ではないという結論を導き、それにもとづいて『書紀』や『続紀』の記事をも読み解くという方法を採っている。伊藤説においては七世紀終わり以来、基本的に隼人の位置づけに変遷がないことが前提となっている。

しかし、このような方法に問題はないのであろうか。伊藤が用いるのは主に『古記』であるが、すでに武廣亮平と永山修一は『古記』の成立が天平年間であることに注意を促し、隼人の位置づけについては時間軸に沿った検討が不可欠であることを指摘している。なお蝦夷研究の側からも、政府の蝦夷認識／蝦夷政策には時期的変遷があったという指摘がなされている。また日本古代史研究という分野においては、律令法の規定と政策の実態がどの程度重なりあうのか、すなわち「法にもとづいた統治」がどの程度実施されていたのか、繊細な問題となっていることは周知のとおりである。つまり、隼人に関する法の規定と実際の対隼人政策とがどの程度一致しうるのか、具体的な検証作業が必要となるであろう。

以上のように伊藤の問題提起は、隼人という存在の根本を問うものであり、重く大きい。伊藤による議論はその後の隼人研究や夷狄研究に大きな影響を及ぼし、その研究史的意義は高く評価されねばならない。しかし、すでに反論も試みられているように、いささか再検討の余地があるように思われる。そこで、七世紀終わりから八世紀はじめにかけての古代国家の画期において、隼人はどのような位置づけをなされていたのかをあらためて考察することが、本章の目的である。以下、隼人が史上に登場する天武朝から『書紀』編纂時にかけての時期を中心として考察していきたい。

一　多禰嶋人の位置づけをめぐって

夷狄とされた人々に対しても政策的変遷がありえたかを考えるにあたり、多禰嶋人の位置づけを考察することで事例研究としたい。

史料1A『日本書紀』巻二十六　斉明天皇三年（六五七）七月辛丑条

作二須弥山像於飛鳥寺西一、且設二盂蘭瓫会一、暮饗二覩貨邏人一。〈或本云、堕羅人。〉

B『日本書紀』巻二十六　斉明天皇五年（六五九）三月甲午条

甘檮丘東之川上、造二須弥山一、而饗二陸奥与レ越蝦夷一。〈割注省略〉

C『日本書紀』巻二十六　斉明天皇六年（六六〇）五月是月条

〈前略〉又阿倍引田臣〈闕レ名。〉献二夷五十余一。又於二石上池辺一作二須弥山一。高如二廟塔一。以饗二粛慎四十七人一。〈後略〉

D『日本書紀』巻二十九　天武天皇六年（六七七）二月是月条

饗二多禰嶋人等於飛鳥寺西槻下一。

E『日本書紀』巻二十九　天武天皇十年（六八一）九月庚戌条

饗二多禰嶋人等于飛鳥寺西河辺一、奏二種種楽一。

F『日本書紀』巻二十九　天武天皇十一年（六八二）七月戊午条

饗二隼人等於飛鳥寺之西一、発二種々楽一。仍賜レ禄各有レ差。道俗悉見之。〈後略〉

G『日本書紀』巻三十　持統二年（六八八）十二月丙申条

饗二蝦夷男女二百一十三人於飛鳥寺西槻下一。仍授二冠位一、賜レ物各有レ差。

H『日本書紀』巻三十　持統九年（六九五）五月丁卯条

観二隼人相撲於西槻下一。

これら記事をみると斉明朝の記事（A～C）には須弥山が登場するが、天武朝以降の記事（D～H）は飛鳥寺の西という場所ではあるが須弥山は登場しない。[14] 須弥山は一般に仏教的世界観をあらわすとされるが、[15] それが登場しなくなるということは、斉明朝から天武朝の間に何らかの思想的転換、あるいは政策転換があったことを示唆する。[16] 斉明朝前後までと天武朝以降の対「辺境」あるいは「夷狄」政策は、何らかの点において変化した可能性があるものと思われる。むろん両朝の間に位置する天智朝について無視することはできないが、ここに天武朝の途中からはじまるという天皇号の成立の影響を考えることも、あながち的外れとはいえまい。

さて、上記天武朝の記事で多禰嶋人（D～E）は、誰もが化外の夷狄だと認める蝦夷（G）、および隼人（F）と同じ扱いを受けている。また、浄御原令制下の多禰嶋は「蛮」だとされ、[17]

史料2『日本書紀』巻三十　持統九年（六九五）三月庚午条

遣二務広弐文忌寸博勢・進広参下訳語諸田等於多禰一、求二蛮所居一。

天武朝から浄御原令制下にかけては、天平年間に成立した『古記』においても夷狄として扱われる阿麻弥人と並記される。

史料3A『日本書紀』巻二十九　天武天皇十一年（六八二）七月丙辰条

多禰人・掖玖人・阿麻弥人賜レ禄。各有レ差。

B『続日本紀』巻一　文武三年（六九九）七月辛未条

多褹・夜久・菴美・度感等人、従二朝宰一而来貢二方物一。授レ位賜レ物各有レ差。其度感嶋通二中国一、於レ是始矣。

C『令集解』巻十三　賦役令10辺遠国条所引『古記』

古記云。夷人雑類謂二毛人。肥人。阿麻弥人等類一。問。夷人雑類一歟。二歟。答。本一末二。仮令。隼人。毛人。本土謂二之夷人一也。此等雑二居華夏一謂二之雑類一也。一云。一種無レ別。

なお史料3B記事に登場する南島人は、華夷思想にもとづく「中国」とは対の存在、すなわち化外の「夷狄」「蛮夷」として認識されているものと思われる。[18]

さらに多禰嶋人は、「切レ髪草裳」と化外の異俗であることが強調される。[19]

史料4『日本書紀』巻二十九　天武天皇十年（六八一）八月丙戌条

遣二多禰嶋一使人等、貢二多禰国図一。其国去レ京五千余里、居二筑紫南海中一。切レ髪草裳、粳稲常豊、一殖両収。土毛支子・莞子及種々海物等多。〈後略〉

したがって以上より、天武朝から浄御原令制下にかけての多禰嶋人は、行政上の扱いという実際の政策においても、史料の文章表現から伺われるイデオロギー的な認識においても、化外の夷狄として扱われていた可能性が高い。なお、天武朝における華夷思想／夷狄概念の有無については、のちほど検討したい。

その多禰嶋はやがて令制国に準じる嶋制に組み込まれるが、嶋制多禰嶋は大宝二年前後から和銅七年前後にかけて成立する。[20]

史料5A『続日本紀』巻二　大宝二年（七〇二）八月丙申条　文武天皇

薩摩・多褹、隔レ化逆レ命。於レ是発レ兵征討、遂校レ戸置レ吏焉。〈後略〉

B『続日本紀』巻四　和銅二年（七〇九）六月癸丑条　元明天皇

〈前略〉勅、自㆓大宰率㆒已下至㆓于品官㆒、事力半減。唯薩摩・多褹両国司及国師僧等、不㆑在㆓減例㆒。

C『続日本紀』巻六　和銅七年（七一四）四月辛巳条　元明天皇

給㆓多褹嶋印一面㆒。

先にみたように、文武三年に多褹嶋人は掖玖人、阿麻弥人と並記され朝貢する（史料3B）が、霊亀元年には蝦夷、阿麻弥人、掖玖人は登場しても多褹嶋人は登場しなくなる。

史料6『続日本紀』巻六　霊亀元年（七一五）正月甲申朔条　元明天皇

天皇御㆓大極殿㆒受㆑朝。皇太子始加㆓礼服㆒拝朝。陸奥・出羽蝦夷并南嶋奄美・夜久・度感・信覚・球美等、来朝各貢㆓方物㆒。其儀、朱雀門左右、陣㆓-列鼓吹・騎兵㆒。元会之日、用㆓鉦鼓㆒、自㆑是始矣。〈後略〉

このように遅くとも和銅七年前後には、多褹嶋人は政策的に蝦夷や他の南島人とは別の扱いを受けるようになっている。つまり蝦夷や他の南島人とは異なり、多褹嶋人は実際の政策において化外の夷狄として扱われなくなった可能性が高い。ただし、大宝令段階で多褹嶋人の位置づけが変化した可能性もあるが、詳細は不明である。なおイデオロギー的認識についても、この時期の史料が不足しているため同じく詳細は不明とするほかない。しかし多褹嶋人の位置づけの検討から、夷狄政策にも時期的変遷がありうることが判明し、それはまた、身分上の変遷をともなう場合もあろうことをも推測させる。(21)

二　隼人関係記事の文飾をめぐって

ここでは『書紀』および『続紀』隼人関係記事の文飾をめぐって、その諸問題について検討を行いたい。

史料7A『日本書紀』巻十五　清寧天皇四年（四八三）

　秋八月丁未朔癸丑、天皇親録㆓囚徒㆒。是日、蝦夷・隼人並内附。

　B『隋書』巻一　帝紀第一　高祖上

〔開皇四年（五八四）〕九月〈中略〉己巳、上親録㆓囚徒㆒。庚午、契丹内附。〈後略〉

この記事は『隋書』高祖紀の契丹服属記事の模倣である(22)。『隋書』高祖紀は『書紀』編纂時にあたる和銅元年（七〇八）二月の「平城遷都詔」の潤色にも用いられており、この記事の述作時期は八世紀はじめである可能性がある。

史料8A『日本書紀』巻第十九　欽明天皇元年（五四〇）

　三月、蝦夷・隼人、並率㆑衆帰附。

　B『冊府元亀』巻之一百七十　帝王部　来遠

〔太宗貞観〕二十二年（六四八）、西蕃沙鉢羅葉護率㆑衆帰附。〈後略〉

　C『冊府元亀』巻之九百七十七　外臣部　降附

〔太宗貞観〕二十二年二月、西蕃沙鉢羅葉護率㆑衆帰附。〈後略〉

　D『旧唐書』巻三　本紀第三　太宗下

〔太宗貞観二十二年〕二月〈中略〉癸丑、西番沙鉢羅葉護率㆑衆帰附。〈後略〉

この記事は初唐実録の突厥服属記事の模倣である。初唐の実録は『書紀』編纂時にあたる霊亀元年九月の「元明譲位詔」の潤色にも用いられており[23]、この記事の述作時期はやはり八世紀はじめである可能性がある。

史料9A『日本書紀』巻二十六　斉明天皇元年（六五五）

是歳、高麗・百済・新羅、並遣レ使進調。〈百済大使西部達率余宜受、副使東部恩率調信仁、凡一百余人。〉蝦夷・隼人率レ衆内属、詣レ闕朝献。新羅別以二及飡弥武一為レ質、以二十二人一為二才伎者一。弥武遇疾而死。是年也、太歳乙卯。

B『後漢書』本紀一　光武帝紀第一下

〔建武二十五年（四九）〕是歳、烏桓大人率レ衆内属、詣レ闕朝貢。

X『後漢書』列伝八　烏桓鮮卑列伝第八十

〈前略〉〔建武〕二十五年、遼西烏桓大人郝旦等九百二十二人率衆向化、詣闕朝貢、献奴婢牛馬及弓虎豹貂皮。

この記事は『後漢書』[24]の烏桓服属記事の模倣である。『後漢書』は『書紀』編纂時にあたる養老元年（七一七、『続紀』十一月癸丑条）の「養老改元詔」において利用が指摘されており[25]、この記事の述作時期はこれまた八世紀はじめである可能性がある[26]。なおXはA・Bに類似した記事であるが、「蕃夷」が「酋長」に率いられて入貢することを「向化」と王化思想によって表現していることに注意したい。

これら記事はそれぞれ『書紀』編纂時に述作されたことを示唆する出典論的証拠に支えられており、その述作時期について私は八世紀はじめである可能性が高いものと考える。

ところで、『書紀』述作者の推定をめぐって主に文学研究者を中心に、ボキャブラリー、注の形式、仮名の字種などの検討から『書紀』三〇巻をグルーピングし分類する、いわゆる『書紀』区分論（表1参照）の試みがなされてきた。

それらの分類はおおよそにおいて一致することが多かったというが、小島憲之の出典調査による分類は必ずしもこれらと一致しなかったという。これについて小島は、漢籍や仏書により『書紀』の文飾がなされたのは、『書紀』編纂の最終段階である可能性を示唆した[27]。近年では森博達もこれを支持し[28]、通説的位置を占めているといえよう。実際に『書紀』においては、仏教伝来記事が七〇三年成立の『金光明最勝王経』により文飾されていること[29]、大化改新詔が大宝令文により文飾されていることなど[30]、少なくとも最終的な文飾が加えられたのが八世紀代に入ってからであることが確実視される事例が確認されている。先にみた隼人関係記事も、これらと同様に扱ってよいであろう。

さて、前述の隼人関係諸記事はいずれも、中国史書の夷狄関係記事の直接的模倣であり、蝦夷と隼人が並記されている。すなわち、八世紀はじめの政府の認識としては、少なくともイデオロギー政策の次元では、隼人は蝦夷と並び記されるべきものであり、中国の夷狄概念にて形容されるべき存在だったということになろう。

次に隼人の献じた「方物」について考えてみよう。

史料10『日本書紀』巻二十九　天武天皇十一年（六八二）七月甲午条

隼人多来貢二方物一。是日、大隅隼人与二阿多隼人一、相二撲於朝庭一。大隅隼人勝之。

天武朝に隼人は方物を貢じている。中国史書を検ずると、例えば『漢書』五行志第七下之上で百蛮が、『三国志』呉主伝第二赤烏六年十二月条で扶南が、『晋書』武帝紀泰始二年十一月己卯条で倭人が、『晋書』成帝紀咸康二年二月庚申条で高句驪が、『宋書』文帝紀元嘉五年是歳条で天竺国が、『梁書』武帝紀天監二年秋七月条で扶南・亀茲・中天竺国が、『陳書』高祖紀永定三年五月景寅条で扶南が、『隋書』高祖紀開皇元年三月壬午条で白狼国が、『旧唐書』高宗紀上元二年二月条で新羅が、それぞれ方物を貢じている。このように「方物」や「朝貢」は、蕃夷が中華に貢上するという華夷思想に関わる用語だという[31]。

藤井信男（使用語句）	永田吉太郎（仮名の字種）	太田善麿（注のあり方）	菊沢季生（仮名の字種）	西宮一民（総合的分類）	小島憲之（出典論）	天　皇	巻
⇑					⇑	神代　上	1
⇓					⇓	神代　下	2
⇕	巻3系	⇑			⇑	神武	3
⇑						綏靖・安寧・懿徳・孝昭・孝安・孝霊・孝元・開化	4
	巻3系					崇神	5
						垂仁	6
	巻3系			Ⅰ		景行・成務	7
						仲哀	8
	巻3系					神功皇后	9
						応神	10
						仁徳	11
						履中・反正	12
⇓	巻3系	⇓	⇓		⇓	允恭・安康	13
⇑	巻14系	⇑	⇑		⇑	雄略	14
						清寧・顕宗・仁賢	15
⇓						武烈	16
⇑				Ⅱ		継体	17
						安閑・宣化	18
⇓						欽明	19
⇑						敏達	20
⇓		⇓			⇓	用明・崇峻	21
⇑	巻3系	⇑		Ⅰ	⇑	推古	22
⇓		⇓				舒明	23
⇑	巻14系	⇑				皇極	24
				Ⅱ		孝徳	25
						斉明	26
⇓		⇓			⇓	天智	27
⇑		⇑		Ⅰ	⇑	天武　上	28
⇓					⇓	天武　下	29
⇕		⇓		Ⅱ	⇕	持統	30

美都男編『日本書紀の読み方』（講談社新書、2004年）、斉藤国治編『小川清彦論文集

表 1　『日本書紀』区分論

巻	天　皇	森博達（音韻論）	小川清彦（使用された暦）	岡田正之（使用語句）	和田英松（使用語句）	鴻巣隼雄（使用語句）
1	神代　上				⇑	
2	神代　下				⇓	
3	神武					
4	綏靖・安寧・懿徳・孝昭・孝安・孝霊・孝元・開化				⇑	
5	崇神		**儀鳳暦** ※神武紀～安康２年まで ※履中元年～安康２年までは元嘉／儀鳳両暦と一致			
6	垂仁	β				A
7	景行・成務					
8	仲哀					
9	神功皇后				⇓	
10	応神					
11	仁徳					
12	履中・反正					
13	允恭・安康			⇓		
14	雄略			⇑	⇑	
15	清寧・顕宗・仁賢				⇓	
16	武烈				⇑	
17	継体	α				B
18	安閑・宣化					
19	欽明				⇓	
20	敏達				⇑	
21	用明・崇峻		**元嘉暦** ※安康３年～持統５年まで			
22	推古	β				
23	舒明					
24	皇極					
25	孝徳	α				A′
26	斉明					
27	天智					
28	天武　上	β				
29	天武　下				⇓	
30	持統				⇕	

※森博達『日本書紀の謎を解く――述作者は誰か』（中公新書、1999 年）、遠山古天文・暦日の研究』（皓星社、1997 年）を元に作成。

伊藤はこの方物について、『書紀』や『続紀』で方物を貢じているのは朝鮮諸国、渤海、蝦夷、南島であり化外の朝貢物に関する用語だが、ここから『書紀』に隼人を化外の夷狄だとする認識があったとはいえない。八世紀において隼人の貢献物は「調」でありこれと不整合であるから、ここでの方物は、単に『書紀』成立段階の天下観を示すにすぎないと指摘する[32]。

しかしこの記述が『書紀』編纂時における潤色だとすれば[33]、そこから八世紀はじめの政府には、隼人を方物という化外の夷狄に関わる用語で形容するという認識が存在したということになる。これは先に検討した史料7、8、9記事の事例とも矛盾せず、むしろそれらと整合的に理解できる。逆にこの記事の方物が原資料の表記を反映したものであるならば、隼人は政策上、天武朝には化外の夷狄という概念で捉えられていたことになる。当然、華夷思想にもとづく夷狄観が天武朝に存在した証拠となろう。また隼人の「調」の初見は『続紀』天平元年（七二九）六月庚辰条であり、『書紀』編纂時までとは異なる政策／認識である可能性にも留意しておきたい。いずれにせよ、ここでも八世紀はじめまでのある時期において、少なくともイデオロギー政策の次元において、隼人が化外の夷狄として認識されていたという事実は動かしがたいのである。

次に隼人を「賊」視することについて検討しよう。

史料11『続日本紀』巻八　養老四年（七二〇）六月戊戌条　元正天皇

詔曰、蛮夷為レ害、自レ古有之。漢命二五将一、驕胡臣服、周労二再駕一、荒俗来王。今西隅等小賊《カ》、怙レ乱逆レ化、屢害二良民一。因遣二持節将軍正四位下中納言兼中務卿大伴宿禰旅人一、誅二-罰其罪一、尽二彼巣居一。治レ兵率レ衆、剪二-掃兇徒一、酋帥面縛、請二命下吏一。寇党叩頭、争靡二敦風一。然将軍暴二-露原野一、久延二旬月一。時属二盛熱一。豈無二艱苦一。使二々慰問一。宜レ念二忠勤一。

この記事は養老の隼人「反乱」に関する詔勅であるが、この詔勅の文章表現からは、隼人に対する政府側の次のような認識がえられる。まず、隼人は「蛮夷」「驕胡」の故事を引いて説明されるべき存在だという認識である。なお『史記索隠』三王系家第三十に戎狄酋帥、『晋書』苻堅伝に巴獠酋帥、『魏書』皮豹子伝に吐谷渾の酋帥、『隋書』梁睿伝に獠の酋帥、『旧唐書』太宗紀武徳九年八月癸未条に突厥の酋帥などとあり、岩波新日本古典文学大系本の注のとおり「酋帥」は蕃夷の首領に対しても用いられる語句である。さらに隼人は「巣」に住んでいるのだという認識である。もちろんこれは観念的言説にすぎないが、隼人の「異俗」を強調した表現だといえよう。景行紀四十年秋七月条では蝦夷を「住樔」する人々だと表現し「未レ染二王化一」の存在だとするが、この記事ではほかにも「東夷」「蝦夷」「衣毛」「飲血」「肉食」「穴居」といった表現がなされている。この景行紀四十年秋七月条は『礼記』礼運第九にみえる、いまだ〝文明化〟されず〝未開〟で〝野蛮〟だった太古の人々の描写を踏まえたものである(34)。伊藤は蝦夷について、「椎結文身」(景行紀二十七年春二月条)「衣毛」「飲血」「肉食」「穴居」(前掲同四十年秋七月条)と異俗が記されることに触れ、蝦夷が化外の存在だとされていたと強調するが(35)、ようするにここでも隼人は蝦夷と同列に扱われており、蝦夷同様、隼人も〝未開〟で〝野蛮〟なため〝文明化〟という王化に浴すべき存在、「未レ染二王化一」の存在、すなわち化外の存在だとして認識されているのである。また隼人は「逆化」と王化に逆らう存在であり、王化という「敦風」になびくべき存在でもある。このように『書紀』が成立した年に、隼人を異俗の化外人として捉えるというイデオロギー政策が存在したことは、無視できない。同様の例として史料5A記事の「薩摩・多褹、隔レ化逆レ命」、『続紀』和銅三年(七一〇)正月庚辰条の「日向」隼人曽君細麻呂が人々を「聖化」に導いたという表現などがあげられよう。

さて、蝦夷や隼人を賊視した表現を調べてみると、景行紀十二年十二月丁酉条で熊襲を、『続紀』和銅五年(七一二)九月己丑条で蝦狄を、和銅六年(七一三)七月丙寅条で隼人を、養老五年(七二一)六月乙酉条で蝦夷と隼人を、養老六年（七二二）閏四月乙丑条で蝦夷と隼人を、養老七年（七二三）四月壬寅条で隼人を、それぞれ「賊」と表現している。これらは基本的に政府と交戦した際にみられる表現であり、蝦夷も隼人も「反乱」すれば賊視されるのである。したがって、これは隼人が夷狄ではないこと、蝦夷と隼人が異なる扱いを受けていることを示さない。関口明と武廣はこれに関連して、『続紀』では前半に蝦夷を「夷」「狄」といった語句であらわすが、後半になるにつれ「賊」という語句で表現することが多くなる（三十八年戦争など）。蝦夷に対する認識は八世紀前半までの「夷狄」＝非百姓集団という認識から、現実に存在する列島内の異質な敵対勢力という認識に変化していき、蝦夷関係の史料に「賊」や「敵」という表現が多くなるのはそのような認識の変化のあらわれだと指摘する。[36]この指摘のように夷狄に対する政策や認識は、時期によって異なることを確認しておきたい。

三　七一〇年代における対隼人政策をめぐって

日本古代の夷狄をめぐる研究において、風俗歌舞奏上の有無が争点となっている。大平聡は伊藤説を踏まえ、隼人と蝦夷・南島人の違いとして風俗歌舞奏上の有無をあげた。大平によると隼人は風俗歌舞を奏上するが、これは蝦夷と南島人には確認されず、ここから隼人は夷狄ではなかったと指摘する。[37]この問題について私は第六章で取り上げるので、ここではその結論のみ示したい。

大平の指摘に対して永山は、以下のように反論した。[38]『書紀』『続紀』にみえる隼人、南島人と蝦夷が並記される記事をみていくと、隼人は和銅三年までは蝦夷と並記されるが、霊亀元年以降は南島人が隼人にかわって蝦夷と並記されるようになる。[39]もちろん天武朝より前の時期の記事を歴史的事実とみることはできないが、『書紀』編纂段階で隼人は蝦夷と並記されるべき存在として認識されていた。また隼人の風俗歌舞奏上初見記事は養老元年[40]である。ようするに隼人が蝦夷や南島人と明らかに区別されて扱われるようになるのは、和銅三年から養老元年の間であり、大宝令制定時点で隼人が夷狄ではなかったとは言い切れない、と指摘した[41]。永山の指摘を本章の主題に引き寄せて理解するならば、もともと化外の夷狄であった隼人は、和銅三年から養老元年あたりを境にして化外の夷狄ではなくなった、ということになろう。

隼人と蝦夷・南島人との差異については、風俗歌舞奏上の有無とともに、とくに呪力による王権守護的性格の有無についても指摘される[42]。これらの点について私は、永山の指摘を踏まえ、隼人の風俗歌舞奏上と呪術的機能を中心とした王権守護的性格がスタートしたのは、隼人と蝦夷・南島人との扱いが異なりはじめる和銅三年から養老元年の間であろうと考えている[43]。隼人の位置づけをめぐっては、やはり、その時期的変遷を考慮せねばならないであろう。

なおここで、「日向神話」において隼人と天皇が同祖とされることについてもみておこう。

史料12A『芸文類聚』巻十一　帝王部一　帝夏禹

帝王世紀曰。伯禹夏后氏。姒姓也。〈中略〉長二於西羌一。西羌夷人也。〈後略〉

B『初学記』巻九　帝王部　總叙帝王

伯禹帝夏后氏。帝王世紀曰。禹。姒姓也。〈中略〉長二於西羌一。西夷人也。〈後略〉

C『太平御覧』巻八十二　皇王部七　夏帝禹

帝王世紀曰、伯禹夏后氏、姒姓也。〈中略〉長二於西羌一。夷人。〈後略〉

『帝王世紀』によると、禹は「西羌」に長じた「夷人」だという[44]。晋・皇甫謐『帝王世紀』は、とくに『書紀』編纂に際して参考にされた可能性が高い史書として、最近注目されている。したがって、隼人が化外の夷狄であること、隼人が天皇と同祖であること、天皇家が「蕃夷の地」に出自をもつことは、禹という「偉大なる聖帝」の類例が中国にあるため、異とするには及ぶまい(45)。さらに『晋書』にも類似した表現がある。

史料13A『晋書』巻一百一　載記第一　劉元海

元海曰〈前略〉夫帝王豈有常哉、大禹出於西戎、文王生於東夷、顧惟徳所授耳。〈後略〉

B『晋書』巻一百八　載記第八　慕容廆

〈前略〉奈何以華夷之異、有懐介然。且大禹出于西羌、文王生于東夷、但問志略何如耳、豈以殊俗不可降心乎。〈後略〉

史料13Aは、前趙の創始者である匈奴出身の劉元海（劉淵）の言葉であり、「帝王となるのに（漢族だけという）常であることがあろうか、漢族が聖人と崇め伝説の夏王朝の創始者である禹は西戎の出身、同じく聖人とされる周王朝の創始者である文王も東夷の出身ではないか。帝王になるにはただ授けられた徳によるのみである」として、「夷狄」である自身の皇帝即位を正当化しているのだという(46)。史料13Bは、前燕の創始者である鮮卑出身の慕容廆に対して漢人の高瞻が出仕を拒んだ時の慕容廆の言葉である。こちらも史料13Aの場合と同様に理解できよう(47)。詳細については中国史家に教えを乞わねばならないが、晋代には禹や文王が蛮夷に出自をもつという観念が、少なくとも一部にはあったようである。

「日向神話」に関連し、ここでもう一点確認しておきたい。前述のとおり伊藤は、天武朝より前の時期の『書紀』隼人関係記事には隼人が単独で服属や朝貢を行う記事がみあたらずに不審だとするが、例えば史料1記事や史料10記事のように隼人単独の服属や朝貢を記す記事は『書紀』にも存在するのであり、それをあえて天武朝より前の時期に限定せねばならない理由は不明である。また、隼人はそもそも海宮訪問譚（海幸山幸神話）において服属を誓ったのであり――むろん単独である――、以下の『書紀』の叙述はそれにもとづくものと考えられよう。(48) したがって、この点に関する伊藤の疑念は成立しえないと考える。

四 天皇制と夷狄概念

第二節で「朝貢」について簡単に触れたが、ここであらためて考察してみよう。

史料14『続日本紀』巻九 養老七年（七二三）五月辛巳条 元正天皇

大隅・薩摩二国隼人等六百廿四人朝貢。

朝貢は先にみたとおり華夷思想に関する用語であるが、『書紀』や『書紀』編纂時に重なる『続紀』記事をみてみると、熊襲、朝鮮諸国、蝦夷、遣隋使関連記事に用いられており、やはり蕃夷に関わる用語だとすることができる。また養老四年の詔勅（史料11）では、隼人を化外の存在だとしており、夷狄として認識していた可能性が高い。そうであるならば、養老元年には隼人の風俗歌舞奏上が史料上確認される（前節参照）が、その後も隼人は化外・夷狄視されていることになる。つまり、実際の政策において隼人は蝦夷や南島人とは異なる扱いを受けるようになり実質的には化外の夷狄だとして扱われなくなったと思われるが、イデオロギー的認識／政策において隼人は、『書紀』が成立した養老年間においても依然として化外の夷狄だとみなされ続けるのである。同様に次の記事も参考となろう。「酋帥」の語句に注意したい。

史料15『続日本紀』巻九 養老七年（七二三）五月甲申条 元正天皇

賜㆓饗於隼人㆒。各奏㆓其風俗歌舞㆒。酋帥卅四人、叙ㇾ位賜ㇾ禄、人有ㇾ差。

夷狄だとされる蝦夷や南島人と隼人の扱いが異なるようになっても、しばらくは隼人を夷狄視する状況は続くので、夷狄概念の総体的な認識はいまだ揺れ動いていたと評価することができよう。

持統元年（六八七、『書紀』五月乙酉条）に天武の殯で隼人の「魁帥」が誄を述べる。『後漢書』祭遵伝に烏桓の魁帥、『三国志』呉書・黄蓋伝に武陵蛮夷の魁帥、『隋書』鉄勒伝に鉄勒の魁帥、『太平御覧』巻五九八に引く『晋中興書』に谿蛮の魁帥などとあるが、『書紀』で「魁帥」の語句が用いられているのは、兄猾と弟猾（神武即位前紀戊午年八月乙未条）、神夏磯媛（景行紀十二年九月戊辰条）、熊襲の首領（景行紀二十七年十二月条、景行紀二十八年二月乙丑朔条）、蝦夷の綾糟（敏達紀十年潤二月条）、隼人の首領（持統紀元年七月辛未条）である。(49) 以上のうち弟猾は東征軍を「牛酒」で饗し、神夏磯媛は景行に「帰徳」したいと申し出るなど、記事内容に中国的色彩が感じられる。したがって中村明蔵の指摘どおり、「魁帥」は化外の蕃夷の首領に対して用いられる語句だという可能性に留意しておきたい。(50) なお持統元年は、いまだ浄御原令が施行されていない時期であることに注意したい。

ここまでみてきたとおり、天武・持統朝の隼人が化外・夷狄であったことを否定する要素はない。例えば伊藤が指摘するとおり、天武十年（史料４）の多禰嶋人は化外の異俗を強調されており、天武紀五年九月戊寅条と持統紀二年十一月戊午条に「諸蕃」の語句がみえるため、萌芽的にせよこの時期にも華夷思想／夷狄概念の存在は認められよう。さらに隼人の相撲は天武・持統朝の二度だけ史料上にあらわれ（史料1H、史料10）、これ以外に一切確認できないものである。したがって隼人の相撲儀礼はこの時期に特徴的な服属の形態だと考えられ、また蝦夷やこの時期には夷狄であったと考えられる多禰嶋人には、相撲儀礼が確認されない。この点、この時期の対隼人政策の特色であるといえるが、しかしそれでもなお、天武・持統朝の隼人が化外の夷狄ではなかったということにはならないことを確認しておきたい。

私は夷狄概念を理解する上で、天皇制の問題は軽視できないと考える。列島の君主が天武朝に天皇号を名乗りはじめたことの意義は大きい。「中華を統べる王者たる皇帝」＝天皇は「未開人」「野蛮人」を教化せねばならないという徳治主義と、夷狄・蛮夷概念／王化思想はセットになっていると思われ、天皇号成立とともに夷狄概念の成立を考えることが可能である。そもそも東アジアにおける皇帝／天皇という概念は、礼的秩序／華夷思想抜きには理解しがたいであろう。よって天武朝においても、少なくとも理念としては礼的秩序／華夷思想／夷狄概念が存在したことは認めてよいと考える。ただし、これらがより明確化された、あるいは法制化されたのは、より後の段階であるかもしれない。したがって天武朝は、いまだこれら概念の揺籃期というべきかもしれない。また夷狄政策の実務レベルにおいては、夷狄概念成立以前の儀礼のあり方などを踏襲、あるいは混在していた可能性もある。蝦夷は持統二年（六八八、十一月己未条）に「調賦」を負って誄を述べる。夷狄の代表格たる蝦夷でさえ「方物」ではなく「調」なのであるから、この時期の夷狄概念は流動的であったと評価されよう。(51)

五　大宝令前後における隼人の位置づけをめぐって

ここまで本章で検討してきたことをまとめてみよう。多禰嶋人の例から、夷狄政策にも時期的変遷があることが確認された。これはまた、身分的変遷をもともなうことを想定させた。実際の政策上、隼人が蝦夷・南島人と明らかに区別されて扱われるようになり化外の夷狄ではなくなるのは、和銅三年から養老元年の間にかけてであることを確認した。さらに『続紀』記事の文章表現の検討から、隼人は養老年間頃までは蛮夷／夷狄に関する用語で形容されることを確認した。これに関連し、隼人関係記事の文章表現の検討から、『書紀』に描かれた隼人、あるいは『書紀』編纂時において隼人は、少なくともイデオロギー的な認識においては夷狄視される場合があることを確認した。以上の検討より、実際の政策における隼人の位置づけと、史料の文章表現などから伺われる隼人のイデオロギー的位置づけは、必ずしも一致しないことが判明した。

ここで、大宝令において隼人が化外・夷狄だと規定されたと仮定してみよう。その場合、史料の文章表現などイデオロギー的認識において隼人は、養老年間頃までは化外・夷狄として扱われるが、実際の政策においては和銅年間以降蝦夷や南島人とは異なる扱いとなっていき、化外・夷狄ではなくなった可能性が高い。逆に大宝令において隼人が化外・夷狄ではないと規定されたと仮定してみよう。すると、実際の政策において隼人は蝦夷や南島人とは異なる扱いとなっていき、化外・夷狄として扱われなくなった可能性が高い。しかし史料の文章表現などイデオロギー的認識においては、養老年間頃までは化外・夷狄として扱われ続ける。大宝令で隼人の位置づけが化外・夷狄あるいは化内・非夷狄と明確化されていたとしても、いずれにせよ、少なくともその運用面には齟齬が認められるのである。これについては、大宝令で隼人を化外・夷狄／化内・非夷狄と規定しても運用の実態は異なっていたのか、あるいは大宝年間から養老年間にかけて対隼人政策が変化していくなかで法の整備が追い付かない状況にあったのか、(52)現状では明らかにしえず今後の研究の進展を俟ちたいが、ようするに、法の規定、実際の政策、イデオロギー的認識がズレており、三者は必ずしも重なりあわないことが認められるのである。

最後に本章の主張をまとめてみたい。天武朝に隼人は化外の夷狄として設定されたものと考える。この時期の隼人にあるのは化外としての夷狄的性格のみであり、風俗歌舞奏上および呪術的機能を含む王権守護的な性格は付与されてはいなかったのではなかろうか。夷狄である隼人は、八世紀に入ると政策転換によって内国化／非夷狄化の方向性が目指され、和銅〜養老年間を境に、実質的に化外の夷狄ではなくなったものと考えられる。しかしイデオロギー政策においては、隼人は養老年間頃までは化外の夷狄として扱われ続ける。これが隼人を化外の夷狄として扱う場合もある『書紀』の認識の根拠となる。『書紀』や『続紀』は政府が編纂した「正史」であり、そこにみえるのは国家の公式見解である。また、詔勅も国家の公式見解である。隼人はある時期、確かに化外の夷狄だったのである。そしてその後、おそらくは隼人の化内化／非夷狄化政策の一環として、和銅〜養老年間に風俗歌舞奏上や王権守護的性格がスタートするのではないか。したがって夷狄的性格と王権守護的性格という隼人の二面性が両立するのは、和銅〜養老年間のみであり、それとて夷狄的性格はイデオロギー面に限られる。これが『記・紀』の隼人観ではあるまいか。つまり、「神話」を含め天武朝より前の時期の『記・紀』隼人関係記事には、夷狄的性格と王権守護的性格という両面がある。これらで隼人像がそのように描かれているのは、端的にいえばこれらの記事が最終的にまとめられたのが、和銅〜養老年間の時期だったからではあるまいか[53]。

また、大宝令で隼人の位置づけが明確化されていたとしても、それがただちに貫徹されたわけではなかった。実際の政策、イデオロギー的認識、そして法の概念は重なりあいながらも微妙に異なり、いくぶんズレを有する可能性がある。これらの点を踏まえ、七世紀終わりから八世紀はじめにかけての夷狄政策の「実質」を探るべきであろう[54]。したがって、隼人の位置づけをめぐって、法の概念を根本とし、それをもとに他の隼人関係史料をも解釈するという伊藤の方法論は、本質的な困難を抱え込んでいるといわざるをえないのである。はじめにみたように、伊藤の立論は天平年間に

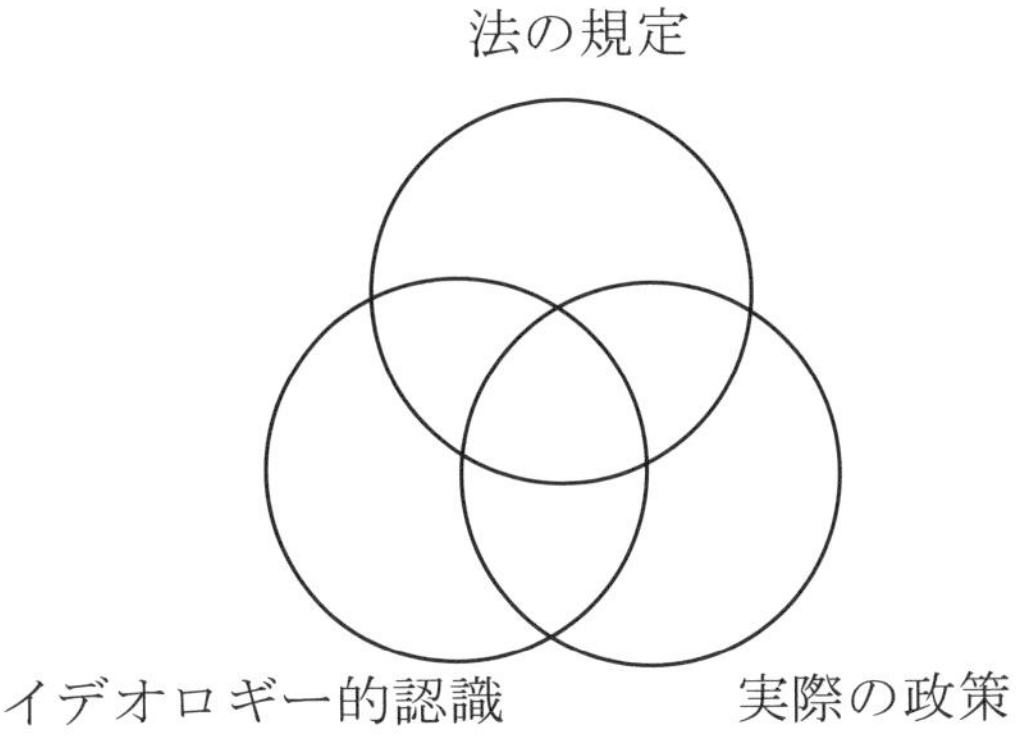

図4　8世紀はじめの隼人の位置付け

成立した『古記』の理解によっている。[55]伊藤はその『古記』の認識から導かれた隼人観を、七世紀終わりから八世紀はじめの隼人関連史料の読解にあてはめようとする。しかし『古記』の認識は、あくまで天平年間の一明法家の隼人認識を反映したものだとまずは考えるべきではなかろうか。[57]

隼人の位置づけや夷狄概念については、例えば天武朝、浄御原令制下、大宝令制下、養老年間以降といったように、時期的変遷を跡づけていかねばならないであろう。これを今後の課題として確認した上で、ひとまず擱筆したい。[58]

註

（1）天皇号の成立とその意義をめぐる卑見については本書序章を、また夷狄概念をめぐる卑見については本書第一章第一節を参照されたい。

（2）例えば、石母田正「天皇と「諸蛮」」（『石母田正著作集第四巻　古代国家論』岩波書店、一九八九年）、井上辰雄『隼人と大和政権』（学生社、一九七四年）、石上英一「古代東アジア地域と日本」（『日本の社会史　第一巻』岩波書店、一九八七年）、中村明蔵『新訂　隼人の研究』（丸山学芸図書、一九九三年）、同『隼人と律令国家』（名著出版、一九九三年）などを参照されたい。

（3）伊藤循「蝦夷と隼人はどこが違うか」（吉村武彦ほか編『争点日本の歴史　第3巻古代編Ⅱ』新人物往来社、一九九一年）、同「古代王権と異民族」（歴史学研究会編『歴史学研究』六六五、一九九四年）、同「延喜式における隼人の天皇守護と「隼人＝夷狄論」批判」（東京都立大学人文学部／首都大学東京都市教養学部人文・社会系編『人文学報』四六〇、二〇一二年）、同「隼人の天皇守護と夷狄論批判」（『古代天皇制と辺境』同成社、二〇一六年）など。

（4）国郡制が南九州全域を覆うのは、大隅国が成立した和銅六年（七一三）である。永山修一「隼人の戦いと国郡制」（『隼人と古代日本』同成社、二〇〇九年）八九頁。

（5）この点について永山修一は、『延喜式』の隼人関係諸規定が八世紀代までさかのぼりえない可能性を指摘した。また河原梓水は、九世紀代の蝦夷には華夷思想の体現という役割は求められておらず、九世紀の国家は八世紀とは異なり華夷思想的秩序を維持しようとはしていないと指摘した。永山「隼人の「消滅」」（同前掲註（4）書）一五七頁以下、河原梓水「九世紀における蝦夷の宮廷儀式参加とその意義」（『立命館文学』六二四、二〇一二年）。

（6）武廣亮平「八世紀の「蝦夷」認識とその変遷」（『国立歴史民俗博物館研究報告』八四、二〇〇〇年）九五―九六頁。

（7）永山前掲註（4）論文八九―九四頁。

（8）関口明「古代蝦夷論」（『蝦夷と古代国家』吉川弘文館、一九九二年）、同「八世紀における蝦夷呼称の変化の問題―天平の陸奥国産金をとおして―」（天野哲也・小野裕子編『古代蝦夷からアイヌへ』吉川弘文館、二〇〇七年）、熊谷公男「養老四年の蝦夷の反乱と多賀城の創建」（前掲註（6）『国立歴史民俗博物館研究報告』八四）、武廣前掲註（6）論文など。

（9）中村友一は律令法について、「法令はその都度改変を加えて整備するもので、ほとんど完全な制度としてスタートする事例などあり得るのだろうか。とりわけ古代において法と実態が連動して一斉に制度が始まることを想定するのは困難ではなかろうか」と指摘する。中村友一「地方豪族の姓と仕奉形態」（加藤謙吉編『日本古代の王権と地方』大和書房、二〇一五年）五〇頁。

（10）この点についても、すでに永山が問題提起を行っている。永山前掲註（4）論文四七頁。また、本書序章第三節も参照されたい。

（11）本章を成すにあたっては、次の論考に示唆をえた。河内春人「華夷秩序の構造と方位認識」（『日本古代君主号の研究―倭国王・天子・天皇―』八木書店、二〇一五年）。また本章と同様のテーマを論じるものとして、菊池達也「隼人の「朝貢」」（広島史学研究会編『史学研究』二七六、二〇一二年）がある。

（12）現在の隼人研究においては、天武紀の記事からが信頼するに足る隼人関係記事だと考えられている。本書第一章および第三章を参照されたい。

（13）卑見も伊藤の批判対象となっている。伊藤前掲註（3）「延喜式における隼人の天皇守護と「隼人＝夷狄論」批判」、同前掲註（3）「隼人の天皇守護と夷狄論批判」を参照されたい。

(14) 吉村武彦『古代天皇の誕生』（角川選書、一九九八年）一七三頁以下、辰巳和弘『聖樹と古代大和の王宮』（中央公論新社、二〇〇九年）二六一頁以下。

(15) ただし和田萃は、須弥山が崑崙山と混同された可能性に注意を促している。和田萃「飛鳥のチマタ」（『日本古代の儀礼と祭祀・信仰　中』塙書房、一九九五年）三二九頁以下。

(16) 熊谷公男「蝦夷と王宮と王権と―蝦夷の服属儀礼からみた倭王権の性格―」（奈良古代史談話会編『奈良古代史論集』三、一九九七年）、北條勝貴「日本的中華国家の創出と確約的宣誓儀礼の展開―天平期律令国家を再検討する視点として―」（仏教史学会編『仏教史学研究』四二―一、一九九九年）九頁以下、永田一「倭王権と蝦夷の服属―倭王権の支配観念の変化に注目して―」（加藤前掲註（9）編書）。また、今泉隆雄「飛鳥の須弥山と齋槻」（『古代宮都の研究』吉川弘文館、一九九三年）も参照されたい。

(17) 鈴木靖民「南島人と日本古代国家―奄美・沖縄社会のグスク時代前夜―」（『日本古代の周縁史―エミシ・コシとアマミ・ハヤト』岩波書店、二〇一四年）一七九頁、伊藤循「古代天皇制と南島」（同前掲註（3）書）一〇三頁。

(18) 拙稿「『日本書紀』の典拠主義からみた「隼人」の実像」（洋泉社編集部編『古代史研究の最前線　日本書紀』洋泉社、二〇一六年）。

(19) 伊藤前掲註（3）「隼人の天皇守護と夷狄論批判」二七五頁。

(20) 中村明蔵「古代多褹嶋の成立とその性格」（同前掲註（2）書『隼人と律令国家』）、山里純一「古代の多褹嶋」（『古代日本と南島の交流』吉川弘文館、一九九九年）、永山修一「天長元年の多褹嶋停廃をめぐって」（東京大学古代史研究会編『史学論叢』一一、一九八五年）。

(21) 伊藤は「当初は化外の南島の一地域であった「多褹国」」との表現で、多褹嶋人の位置づけに時期的変遷があることを認めている。伊藤前掲註（3）「隼人の天皇守護と夷狄論批判」二七五頁。

(22) 『書紀』においては他にも『隋書』高祖紀が用いられている箇所がある。岩波新日本古典文学大系本『続日本紀』の注釈、拙稿「『日本書紀』の文章表現における典拠の一例―「唐実録」の利用について―」（大山誠一編『日本書紀の謎と聖徳太子』平凡社、二〇一一年）など。また、本書第三章も参照されたい。
(23) 『書紀』においては他にも「唐実録」が用いられている箇所がある。拙稿前掲註(22)論文、本書第三章を参照されたい。またあわせて、高松寿夫「元明朝の文筆―『続日本紀』掲載「元明譲位詔」を中心に」（東京大学国語国文学会編『国語と国文学』八七―一一、二〇一〇年）、同「元明朝文筆の初唐文献受容」（針原孝之編『古代文学の創造と継承』新典社、二〇一一年）、同「「元明譲位詔」注解―元明朝文筆の解明への手がかりとして―」（『万葉集研究』三二、二〇一一年）、同「『懐風藻』序文にみる唐太宗期文筆も受容」（万葉学会編『万葉』二一八、二〇一四年）も参照されたい。
(24) 『後漢書』を直接利用したのではなく、類書経由の間接利用であった可能性がある。池田昌広「范曄『後漢書』の伝来と『日本書紀』」（日本漢文学研究編集委員会編『日本漢文学研究』三、二〇〇八年）を参照されたい。
(25) 岩波新日本古典文学大系本『続日本紀』の注釈、本書第三章などを参照されたい。
(26) この記事については、本書第三章第三節を参照されたい。
(27) 小島憲之「日本書紀の文章」（『上代日本文学と中国文学　上』塙書房、一九六二年）とくに四五二頁。また四七六―四七九頁も参照されたい。
(28) 森博達『日本書紀の謎を解く―述作者は誰か』（中公新書、一九九九年）、同『日本書紀成立の真実―書き換えの主導者は誰か』（中央公論新社、二〇一一年）。
(29) 例えば、津田左右吉「武烈紀から敏達紀までの書紀の記載」（『日本古典の研究　下』岩波書店、一九七二年改版）八六頁以下、井上薫『日本古代の政治と宗教』（吉川弘文館、一九六一年）、川尻秋生「仏教はいつ伝来したか」（白石太一郎・吉村武彦編『争点日本の歴史　第2巻古代編Ⅰ』新人物往来社、一九九〇年）、吉田一彦『仏教伝来の研究』（吉川弘文館、二〇一二年）など。
(30) このことについては周知のとおり膨大な研究史があるため、ここでは次を掲げるにとどめたい。井上光貞「大化改新の詔の研究」（『井上光貞著作集　第一巻』岩波書店、一九八五年）。

（31）武廣亮平「渡島エミシの朝貢とその展開」（天野・小野編前掲註（8）書）三頁。
（32）伊藤前掲註（3）「隼人の天皇守護と夷狄論批判」二七五―二七六頁。
（33）念のため付言すれば、仮にこの記事が『書紀』編纂時における潤色だったとしても、隼人が土地の産物をもって朝貢したという歴史的事実を否定するには及ばないと考える。この点、私は天武朝より前の隼人関係記事と天武朝以降の隼人関係記事を明確に区別する。本書第三章を参照されたい。
（34）関口明「『正史』に記されたエミシ」（『歴史読本』三七―一七、一九九二年）、また本書序章第二節を参照されたい。
（35）伊藤前掲註（3）「隼人の天皇守護と夷狄論批判」二七二―二七三頁。
（36）関口前掲註（8）・二論文、武廣前掲註（6）「八世紀の「蝦夷」認識とその変遷」を参照されたい。
（37）大平聡「古代国家と南島」（宮城学院女子大学キリスト教文化研究所編『沖縄研究ノート』六、一九九七年）。
（38）清寧紀四年八月癸丑条（史料7A）、欽明紀元年三月条（史料8A）、斉明紀元年是歳条（史料9A）、『続紀』和銅三年正月壬午朔条、和銅三年正月丁卯条。
（39）『続紀』霊亀元年正月甲申朔条（史料6）、霊亀元年正月戊戌条。
（40）『続紀』養老元年四月甲午条。
（41）永山前掲註（4）論文八九―九四頁。
（42）伊藤前掲註（3）「蝦夷と隼人はどこが違うか」七一―七二頁など。
（43）本書第六章を参照されたい。
（44）勝村哲也「修文殿御覧天部の復元」（山田慶兒編『中国の科学と科学者』京都大学人文科学研究所、一九七八年）、角林文雄「『日本書紀』・『古事記』冒頭部分と中国史書」（『京都産業大学日本文化研究所紀要』六、二〇〇〇年）、戸川芳郎『漢代の学術と文化』（研文出版、二〇〇二年）、毛利正守「日本書紀冒頭部の意義及び位置づけ―書紀における引用と利用を通して―」（東京大学国語国文学会編『国語と国文学』八二―一〇、二〇〇五年）、瀬間正之「アメツチノハジメ」（『国文学―解釈と教材の研究―』五一―一、二〇〇六年）、同「『古事記』序文生成論典拠再考―上代日本の作文の一例として」（『アジア遊学』一六二、二〇一三年)、同『記紀の表記と文字表現』(おうふう、二〇一五年)、池田昌広「『日本書紀』書名論序説」(『仏教大学大学院紀要』三五、二〇〇七年)、同「『日本書紀』は「正史」か」(鷹陵史学会編『鷹陵史学』三三、二〇〇七年)、尾崎勤「中大兄皇子と周公旦:斉明朝の「粛慎」入朝が意図すること」(日本漢文学研究編集委員会編『日本漢文学研究』二、二〇〇七年)、森前掲註(28)『日本書紀成立の真実―書き換えの主導者は誰か』、本書第五章など。なお『書紀』述作者が『帝王世紀』を直接参照したのか、それとも類書などを経由した間接利用であったのかについては、今後検討する必要があろう。

(45) 拙稿「文章表現からみた隼人」(大隅国建国一三〇〇年記念事業実行委員会・霧島市・霧島市教育委員会編『大隅国建国一三〇〇年記念シンポジウム資料集　大隅国建国がもたらしたもの』二〇一三年)七二頁。

(46) 大久保秀造「東晋元帝の勧進の新研究」(『大正大学大学院研究論集』三五、二〇一一年)六頁、川本芳昭「五胡における中華意識の形成と『部』の制の伝播」(古代学協会編『古代文化』五〇、一九九八年)五頁。

(47) 前掲註(46)に同じ。

(48) このことについては、本書第三章第三節を参照されたい。

(49) 『続紀』に「魁帥」の用例はない。

(50) 中村明蔵「天武・持統朝における隼人の朝貢」(同前掲註(2)『隼人と律令国家』)一三四頁。

(51) 大高広和は夷狄に関する法概念を検討し、律令によって「蕃」と「夷」の区別、「諸蕃」と「夷狄」の観念は成文化されなかったと指摘する。なお隼人については「化外」の存在であったとする。大高広和「大宝律令の制定と「蕃」「夷」」(『史学雑誌』一二二―一二、二〇一三年)。大高の議論に関する卑見については、本書第一章第一節を参照されたい。

(52) この点については、平成二十四年七月十五日、同二十五年十月二十日に鹿児島市の鹿児島県歴史資料センター黎明館にて開催された隼人文化研究会例会における拙報告「七世紀における隼人の位置付けについての予察」「大宝令前後の隼人」での議論において示唆をえた。

(53) 天武朝より前の時期の『記・紀』隼人関係記事の史料批判については、本書第三章を参照されたい。

(54) 本章では実際の政策、イデオロギー的認識、法の規定が必ずしも一致しないという現象について、事実認識として示すことしかできなかったが、今後はそのプロセスの解明が求められるであろう。その際、時間軸に沿った分析とともに、同時期の対蝦夷政策との比較検討が重要になるものと予想される。例えば武廣は以下のように指摘する。養老年間頃までは蝦夷社会の内国化・百姓化がある程度計画されていたが、これに対する蝦夷の抵抗は、結果的にそのような支配の実現化が非常に困難であることを政府側に認識させた。養老、神亀における蝦夷の「反乱」は、蝦夷百姓化政策の限界を示し新たな支配の方式を模索させることになったのだという。武廣前掲註（6）論文九九頁。

(55) ただし賦役令辺遠国条所引『古記』（史料3C）は、隼人を夷狄ではないと断定できていない。平成二十四年六月十日に鹿児島市の鹿児島県歴史資料センター黎明館にて開催された隼人文化研究会における永山修一の報告「「隼人＝夷狄論」批判について―伊藤循氏の高論に接して―」による。『古記』はかつて隼人が夷狄であった事実をひきずっているのではないか。

(56) 伊藤自身、『古記』の見解を「明法家の説にすぎない」と指摘している。伊藤前掲註（3）「隼人の天皇守護と夷狄論批判」二七一頁。

(57) 大高は辺境政策の時代的変遷に関する論考のなかで、「古記の注釈であっても、大宝律令編纂時の意図を量る上では慎重に取り扱わなければならない」と指摘する。大高広和「律令継受の時代性―辺境防衛体制からみた―」（大津透編『律令制研究入門』名著刊行会、二〇一一年）一六七頁。

(58) 隼人の名義をめぐって諸説あるが、これについては本書第二章を参照されたい。

第五章　「日向神話」と出典論

『古事記』（以下、『記』）や『日本書紀』（以下、『書紀』）をみると、皇孫《すめみま》であるホノニニギが「日向の高千穂」に降臨し、アタという地域で在地の女神と結婚し子を生み、そのうち兄は隼人と呼ばれた古代南九州の人々の祖先であるとされ、弟は天皇家の祖先であるとされている。その後の海宮訪問譚（海幸山幸神話）などもアタの地を舞台にしていると考えられ、隼人の祖先である兄の海幸彦が、天皇家の祖先である弟の山幸彦に屈し服属する話となっている。このように、天孫降臨から神武東征への旅立ちにかけてのいわゆる「日向神話」は、南九州という地域や隼人と呼ばれた人々と大きな関わりをもっている。

周知のとおり、「日向神話」をめぐっては膨大な量の研究蓄積があり、研究者のバックグラウンドとなる分野も多岐にわたっており、先行研究のすべてに論及するなど到底不可能である。よって本章においては、限られた範囲の先行研究にのみ言及していくことになるが、この点をまずはご了承いただきたい。

具体的には、日本史学や日本文学における「日向神話」研究で主流となっている、これらの王権神話を基本的に古代天皇制の正統性／正当性を「証明」するために創作されたもの、とみなすパラダイムに左袒し、これの発展を試みたもののつもりである。ところで、とくに『書紀』については古くから漢籍や仏典などにその文飾の参照元を求める、いわゆる出典研究が盛んであるが、「日向神話」について論じるにあたり、これまであまり出典論にもとづいた考察はなかったように思われる。しかし、「日向神話」や神代紀についても出典の指摘はなされつつあり、今後はこのような側面から「日向神話」を論じていく視点も必要となろう。このように出典論との関わりから「日向神話」を考察していくことが、本章の目的である。本章ではまた、『記・紀』の出典研究と隼人研究を結びつけることも目的とする。

一　「日向神話」の概要

はじめに「日向神話」の概要を本章と関わる範囲で把握しておきたい。なお、ここでいう「日向神話」とは、南九州が舞台となった天孫降臨、コノハナサクヤヒメの火中出産、海幸彦と山幸彦の物語である海宮訪問、神武東征への旅立ちまでのこととしたい。ただし、これらは有名なことでもあり、また煩雑にもなるので、ストーリーの内容については必要な場合にのみ触れることにする。また、表2・3も参照されたい。さて、「日向神話」は主に『記』上巻と『書紀』神代下第九段、同第十段で語られる。天孫降臨の地、ホノニニギの降臨地については『記・紀』いずれの所伝も「日向の高千穂」であるとする。『書紀』神代下第九段本書（以下、本書）、『書紀』神代下第九段一書第四、一書第六の所伝のみ「襲《そ》」という地名が含まれる。降臨したホノニニギは「膂宍《そしし》の空国《むなくに》」（本書、一書第四）「膂宍の胸副国《むなそふくに》」（一書第二）を「覓国《くにまぎ》行《と》去《ほ》り」（本書、一書第二・第四）、「吾田《あた》の長屋の笠沙のミサキ」（本書、一書第四・第六）にいたる。一書第六と『記』においては、はっきりと覓国という語句が出てくるわけではない。しかし、「日向」に降臨したホノニニギは同地を「巡覧」（一書第六）し、また、『記』に、

史料1『古事記』上巻

〈前略〉是《ここ》に、詔《のりたま》はく、「此地《ここ》は、韓国《からくに》に向ひ、笠沙《かささ》の御前《みさき》を真来《まき》通《とほ》りて、朝日の直刺《たださ》す国、夕日《ゆふひ》の日《ひ》照《で》る国ぞ。

表2　天孫降臨・火中出産譚（第九段）表

		記	紀本書	第一	第二	第三	第四	第五	第六	第七	第八
ホノニニギ	降臨地	竺紫日向之高千穂之久士布流多気	日向**襲**之高千穂峰	筑紫日向高千穂触之峰	日向槵日高千穂之峰		日向**襲**之高千穂槵日二上峰		日向**襲**之高千穂添山峰		
	国覓	言祝ぎ	○		○		○		巡覧		
	通った場所		ソシシの空国		ソシシの胸副国		ソシシの空国				
	到った場所		**吾田**の長屋の笠狭の碕				**吾田**の長屋の笠狭の御碕		**吾田**の笠狭の御碕に到り、長屋の竹島に登る。		
	国譲り		○		○		○		○		
コノハナサクヤヒメ	会った場所	笠沙の御前			海浜						
	名前	カム**アタ**ツヒメ	**カシ**ツヒメ		カム**アタカシ**ツヒメ	カム**アタカシ**ツヒメ		**アタカシ**ツヒメ	コノハナサクヤヒメ		
	別名	コノハナノサクヤビメ	①カム**アタ**ツヒメ②コノハナノサクヤヒメ		コノハナノサクヤヒメ				トヨ**アタ**ツヒメ		
ホノニニギとコノハナサクヤヒメの子	長男	ホデリ（**隼人の阿多君**が祖）	ホノスソリ（**隼人**等が始祖）		ホノスセリ	ホノアカリ		4子を産む（ホノアカリ、ホノススミ、ホノヲリ、ヒコホホデミの順）	ホノスセリ	※アマノキセが**アタ**ツヒメを娶り、ホノアカリ、ホノヨリ、ヒコホホデミを産む。	※オシホミミの子にホノアカリ。これは尾張連等が遠祖。その弟がホノニニギでコノハナノサクヤヒメを娶り、ホノスセリ、ヒコホホデミを産む。
	次男	ホスセリ	ヒコホホデミ		ホノアカリ	ホノススミ（またはホノスセリ）			ホノヲリ（またの名をヒコホホデミ）		
	三男	ホヲリ（またの名はアマツヒタカヒコホホデミ）	ホノアカリ（尾張連等が始祖）		ヒコホホデミまたはホノヲリ	ホノヲリヒコホホデミ			※第六では降臨以前にアマノオシホネの子としてホノニニギとその兄のアマノホノアカリが生まれ、さらにその子のアマノカグヤマが尾張連等が遠祖。		

表 3　海宮訪問譚（第十段）表

第四	第三	第二	第一	紀本書	記	
ホノヲリ（弟）	ホノスセリ	兄（海幸山幸の言明なし）	ホノスセリ	ホノスソリ	ホデリ	海幸彦
ホノスセリ（兄）	ヒコホホデミ	ヒコホホデミ（海幸山幸の言明なし）	ヒコホホデミ	ヒコホホデミ	ホヲリ	山幸彦
弟の徳を知り罪に伏す（伏辜） 俳優 具体的な踊りの所作の描写	弟に帰伏 手を挙げ溺れ苦しむ	伏罪 （奴僕・）俳人・狗人 弟の神徳を知り、伏事 ホノスセリの苗裔、**諸の隼人**等が天皇の宮に狗として奉仕		伏罪 俳優の民 **吾田君**小橋等が本祖	「荒き心」を持っていたが「稽首」 守護人 種々の態	服属譚
※海幸・山幸の役割が通常と逆。					**※隼人の阿多君**が祖	備考

故《かれ》、此地《ここ》は、甚吉《いとよ》き地《ところ》」と、詔《のりたま》ひて、底津石根《そこついはね》に宮柱《みやばしら》ふとしり、高天原《たかあまのはら》に氷椽《ひぎ》たかしりて坐《いま》しき。

〈後略〉

とあるとおり、この地を言祝ぐのである。なお、ここで「韓国」に言及があるのは、王権による地上支配が将来朝鮮半島にまで及ぶことを予告しているのだとされる[2]。こうしてみると、一書第六と『記』の所伝も覓国と同様の効果をもつと考えてよいだろう。

覓国を行いながら「吾田の長屋の笠沙のミサキ」にいたったホノニニギは、同地で――ここでは在地の神とされる――コトカツクニカツナガサから国を譲られる（本書、一書第二・第四・第六）。その後、ホノニニギは同地で山の神の娘であるコノハナサクヤヒメと出会い結ばれる。なお、『記』と一書第二では、降臨したホノニニギがどこへたどりついたのか明確には示されないが、それぞれ「笠沙の御前」（『記』）「海浜」（一書第二）でコノハナサクヤヒメと出会ったことになっている。コノハナサクヤヒメの異名／別名については、『記』では「カムアタツヒメ」、本書では「カシツヒメ」「カムアタツヒメ」、一書第二では「カムアタカシツヒメ」、一書第三では「カムアタカシツヒメ」、一書第五では「アタカシツヒメ」、一書第六では「トヨアタツヒメ」となっている。

ここで、一部の所伝においてはコノハナサクヤヒメの姉としてイハナガヒメが登場し、スメミマの寿命の由来が語られる。その所伝とは『記』と一書第二であるが、一書第六ではイハナガヒメの名前のみ登場し、寿命由来譚についてはまったく触れられない。

ホノニニギとコノハナサクヤヒメは一夜の契りを交わすが、一夜で妊娠したコノハナサクヤヒメの不貞をホノニニギは疑う。そこでコノハナサクヤヒメは火中で出産することをもって、身の潔白と生まれてくる子供たちがスメミマの系譜に連なることのウケヒとする。こうして三子（異伝もある）が火中で誕生する。『記』では長男のホデリを「此《こ》は、隼人の阿多君《あたのきみ》が祖《おや》ぞ」、本書では長男のホノスソリを「隼人等が始祖」とする。最後に、ホノニニギが亡くなり、「筑紫の日向の可愛《え》」の山陵に葬られる。ホノニニギの死が語られるのは、本書のみで他の所伝にはない要素である。

続く海宮訪問譚（海幸山幸神話）においては、弟である山幸彦のヒコホホデミが海神の宮を訪れ、海神の娘トヨタマヒメと結ばれる。『記』では先の火中出産譚において兄のホデリを「隼人の阿多君が祖ぞ」とし、海幸彦であるホデリが屈服する場面において「僕《やつかれ》は、今より以後《のち》、汝命《ながみこと》の昼夜《ひるよる》の守護人《まもりびと》と為《し》て仕《つか》へ奉《まつ》らむ」と描写する。『書紀』においては、それぞれ「吾田君小橋等が本祖」（第十段本書）、「諸の隼人等」（同一書第二）の祖である海幸彦が、「今より以後《のち》、吾汝《われいまし》の俳優《わざをき》の民《たみ》たらむ」（同本書）、「吾已《われすで》に過《あやま》てり。今より以往《ゆくさき》、吾《あ》が子孫《うみのこ》の八十連属《やそつつき》、恒《つね》に汝《いまし》の俳人《わざひと》と為《な》らむ。一《ある》に云《い》はく、狗人《いぬひと》といふ。請《ねが》はくは哀《あはれ》びたまへ」（同一書第二）との描写とともに屈服する。なお、一書第三・第四には直接隼人に関わる言及はない。

ここで「日向神話」の舞台について考えてみたい。まず、ホノニニギが降臨したのは「日向の高千穂」であり、『書

紀』の一部の所伝では「襲」の地名を含む。ソとは、以下の記事にあるように、

史料2『続日本紀』和銅三年（七一〇）元明天皇

三年春正月庚辰、日向隼人曽君細麻呂、教二喩荒俗一、馴二服聖化一。詔授二従五位下一。

史料3『続日本紀』和銅六年（七一三）元明天皇

夏四月乙未、〈中略〉割二日向国肝坏・贈於・大隅・始纙四郡一、始置二大隅国一。〈後略〉

隼人の豪族曽君の本拠地である大隅国贈於郡のことであろう。ソ地方・贈於郡は、鹿児島湾岸から霧島山系の鹿児島県側の山麓一帯である霧島市付近だとされる。また、古代の始纙郡・贈於郡と、現代の始良郡・曽於郡は位置が異なるので注意が必要である。(3)

ホノニニギがたどりついたのは、『記』では「笠沙の御前」であり、『書紀』各所伝では「吾田の長屋の笠沙のミサキ」である。古代のアタ地方・阿多郡は、薩摩半島西部の万之瀬川下流域を中心とした南さつま市付近だとされる。同市阿多地区に所在する小中原遺跡の平安時代相当層からは、「阿多」と記された刻書土器が出土し、この地が古代から阿多と呼ばれていたことが確実となった。(4)

ホノニニギが「笠沙のミサキ」で出会った在地系の女神コノハナサクヤヒメの別名に、「アタ」「カシ」と南九州の地名あるいは氏族名がみられる。アタについては前述のとおりである。カシについては、

史料4『続日本紀』天平元年（七二九）聖武天皇

秋七月辛亥、大隅隼人始孋郡少領外従七位下勳七等加志君和多利、外従七位上佐須岐君夜麻等久々売並授二外従五位下一。自餘叙レ位賜レ禄亦各有レ差。

史料5『続日本紀』神護景雲三年（七六九）称徳天皇

十一月庚寅、天皇臨レ軒。大隅・薩摩隼人奏二俗伎一。外従五位下薩摩公鷹白・加志公嶋麻呂並授二外従五位上一。正六位上甑隼人麻比古、外正六位上薩摩公久奈都・曽公足麿・大住直倭、上正六位上大住忌寸三行並外従五位下。自餘隼人等賜レ物有レ差。〈後略〉

とあるように、大隅国内の地名または隼人系豪族の氏族名だと判断できる。(5)

ホノニニギとコノハナサクヤヒメの間に生まれた長男（海幸彦）は、『記』では前述のとおり「隼人の阿多の君が祖」とされ、本書では「隼人等が始祖」とされる。海宮訪問譚において、天皇家の祖である弟（山幸彦）のヒコホホデミに屈し服属を誓う兄（海幸彦）は、「吾田君小橋等」（『書紀』神代下第十段本書）、「諸の隼人等」（同一書第二）の祖先だとされている。『記』では、前段落で兄のホデリを「隼人の阿多の君が祖」としている。

ホノニニギが亡くなった後に葬られたのは、「筑紫の日向の可愛」の山陵（本書）であり、その子ヒコホホデミは亡くなった後、「日向《ひむか》の高屋山上陵《たかやのやまのへのみささぎ》」に葬られる（『書紀』神代下第十段本書）。さらにその子のウガヤフキアヘズは亡くなった後、「日向《ひむか》の吾平山上陵《あひらのやまのへのみささぎ》」に葬られる（『書紀』神代下第十段本書）。これらの陵墓は、『書紀』の他の所伝には登場しない。『記』においては、ヒコホホデミの陵墓のみ登場し、それは「高千穂の山の西」にあるとされる。

ホノニニギが葬られた「日向の可愛」については、次の記事に、

史料6『続日本紀』文武天皇四年（七〇〇）

六月庚辰、薩末比売・久売・波豆、衣評督衣君県、助督衣君弖自美、又肝衝難波、従二肥人等一、持レ兵剽二-劫覓国使刑部真木等一。於レ是勅二竺志惣領一、准レ犯決罰。

「衣評《えのこほり》」とある。衣評が置かれたのは、『倭名類聚抄』（以下、『和名抄』）にみえる後の薩摩国頴娃《えい》郡だとする説が一般的である。しかしこれには、上代日本語において、「衣」はア行のエであり「頴」はヤ行のヱであって、衣評を頴娃

郡だとすることに否定的な見解もある。(6) よって「日向の可愛」については不明としておく。次に、ヒコホホデミが葬られた「日向の高屋」については、『和名抄』に大隅国肝属郡鷹屋郷、薩摩国阿多郡鷹屋郷がみえ、『書紀』神代下第九段一書第三にアタカシツ姫が出産した場所を「竹屋《たかや》」と名付けたとの地名起源譚があり、『薩摩国風土記』佚文にも「薩摩国閼駝《あた》ノ郡ノ竹屋《たかや》村」とみえる。ウガヤフキアヘズが葬られた「日向の吾平」については、史料3にみえるとおり大隅国に姶襹郡があり、さらに『和名抄』には、大隅国大隅郡姶臈郷、薩摩国日置郡合良郷がみえる。

ウガヤフキアヘズの子、カムヤマトイハレヒコが「日向」にいた頃の夫人は、『記』(中巻)では「阿多の小椅君が妹」である「アヒラヒメ」であり、『書紀』では「日向国吾田邑」の「アヒラツヒメ」(神武即位前紀)である。アタ・アヒラについては、先に述べたとおりである。

また、「吾田(阿多)君小橋(小椅)」なる人物は、前述の二箇所でしか確認できず詳細は不明というほかないが、「隼人の阿多の君」の系譜に連なる人物であることはいえよう。(7)

以上を総合すると、「日向神話」の舞台は南九州であり、とくに「隼人」と呼ばれた古代南九州の人々に関わった「神話」であると判断できる。(8) ホノニニギが葬られた「日向の可愛」の山陵、および、ヒコホホデミが葬られた「高千穂の山の西」の陵についても、他の地名群同様に、おそらくは隼人の居住地が想定されているのであろう。もちろん、「天孫降臨の地」も「日向三代の陵墓」も、いずれも架空の存在であることは明白であり、現実の地名に強いてあてはめる必要もないのだが、「日向神話」の舞台はいずれの地も、『記・紀』編纂者が想定しているのが隼人と呼ばれた人々の居住域だということが重要である。

二　「日向神話」と南九州、隼人

本書においてはこれまで隼人について論じてきたが、本章における議論もその成果を前提に進めていきたい。さて、本章のここまでの議論を振り返ってみると、「日向神話」は南九州、それも隼人だとされた人々の居住域と密接に関わっていることをみてきた。その隼人だとされた人々の居住域についてであるが、それは薩摩・大隅両国域、すなわち、ほぼ現在の鹿児島県本土域に限られる。付言すると、島嶼地域である薩摩国甑島郡も「隼人」の居住域に含まれるし、薩摩国出水郡のように、両国域内においても住民が隼人だとはされていなかったであろう地域も想定されている。もともと日向国は後の薩摩・大隅両国域を含む広大な範囲であったと考えられるが[9]、しかし、ほぼ現在の宮崎県域という意味での日向国域の住民が隼人だとされたとは考えられず、しかも大隅国が広域の日向国から分立するのは七一三年（史料3）のことであり、これは『記』成立（七一二年）後のことである[10]。

そうであるならば、そもそも「日向神話」のなかで指し示される「日向」とは、いったいどこのことなのであろうかとの疑問が持ち上がってくる。これは、『記・紀』にみえる「日向神話」の内容が整えられた時期に、「隼人」の居住域がいまだ広域日向国に含まれていたということを示唆するものではあるが[11]、「日向神話」には宮崎県域の豪族の祖先は登場しないのである。「日向神話」で語られる主要な地域とは、現在の宮崎県域という意味での日向国というよりもむしろ、隼人だとされた人々の居住域であった薩摩・大隅両国域、すなわち現在の鹿児島県本土域が『記・紀』編纂者により想定されていたものと理解したい[12]。

津田左右吉の指摘以来、『記・紀』の王権神話を皇統による地上統治の由来を物語るために創作された政治的「神話」

と理解することは、[13]動かしがたい定説になっているが、隼人もまた政治的に創出された存在であった。[14]「日向神話」は隼人だとされた人々の居住域を舞台とし、その「日向」をホノニニギは覓国してまわり、在地の神から国を譲られるのである。天孫降臨の地が「日向」であること自体、『記・紀』編纂時に不穏な情勢に包まれ、複数回の軍事衝突さえ経験した対隼人政策抜きには理解しがたいであろう。[15]米谷匡史のいうとおり、『記・紀』の王権神話は、あくまで「中華の皇帝」たる「天皇」が統治する帝国「日本」の由来を基礎づけるために創作された政治的「神話」であり、天皇号や日本国号の成立以前にどの程度までその原型を求められるかはなはだ心許ないであろうし、その意味において、いわゆる基層文化との距離は慎重にみきわめられなければならないであろう。[16]やはり、「日向」の「伝承や信仰とは全く関係がなく、神話の構成上の舞台として地名を借りただけにすぎない」[17]と理解せねばならないであろう。

天上世界の皇祖神の血を受けて地上に降臨したホノニニギは、山の神の娘と結婚する。その子ヒコホホデミは、海の神の娘、トヨタマヒメと結婚する。地上に降りたったスメミマの系譜は、山と海の呪力をも身につけ、それがウガヤフキアヘズを経てカムヤマトイハレヒコへといたるのである。こうして初代天皇即位の準備は整ったのである。「日向神話」編纂の第一の目的は、万世一系の皇統による地上支配の正統性／正当性を証明するイデオロギーの構築にあったと考えられる。その第二の目的は、『記・紀』編纂時に王権支配に取り込まれつつあった「日向」地域と隼人だとされた人々の支配を正当化するイデオロギーの構築にあったと思われる。[18]

ここで、隼人の服属の由来が説かれる海宮訪問譚をみてみよう。まずは海幸彦と山幸彦が生まれる場面から確認したい。不貞を疑われたコノハナサクヤヒメが、ウケヒとして火中で出産したことは先に述べたとおりである。ところで、この話は仏書による影響が指摘されている。瀬間正之によると、仏書には、シャカが出家し城を出て六年を経てから妻のヤショダラがラーフラを生んだことについて、シャカの実子であるかどうかを疑われ火によるウケヒによってシャカの実子であることが証明される話があるという。疑われたヤショダラがラーフラとともに火中に入り、潔白が証明されたのだという。この話はいろいろな仏書に載っているというが、瀬間がとくに注目するのは仏教類書『法苑珠林』である。これはすでに河村秀根・益根『書紀集解』が指摘[19]していたものであるが、瀬間がより詳細に論じ直している。ストーリーをみると『法苑珠林』のみが出産する前に胎児とともにヤショダラが火中に身を投じる話になっており、他はすべてラーフラが生まれた後に子とともに身を投じる話だという。また、『書紀』の火中出産譚でウケヒをあらわすのは「誓」字であるが、『法苑珠林』の話でもウケヒを「誓」字であらわしているという。

史料7A『日本書紀』巻二　神代下　第九段　本書

〈前略〉故鹿葦津姫忿恨、乃作㆓無戸室㆒、入㆓居其内㆒而誓之曰、妾所㆑娠、若非㆓天孫之胤㆒、必当㆓焦滅㆒。如実天孫之胤、火不㆑能㆑害。即放㆑火焼㆑室。〈後略〉

B『日本書紀』巻二　神代下　第九段　一書第二

〈前略〉木花開耶姫甚以慙恨、乃作㆓無戸室㆒而誓之曰、吾所㆑娠、是若他神之子者、必不幸矣。是実天孫之子者、必当㆓全生㆒、則入㆓其室中㆒、以㆑火焚㆑室。〈後略〉

C『日本書紀』巻二　神代下　第九段　一書第五

〈前略〉是以吾田鹿葦津姫益恨、作㆓無戸室㆒、入㆓居其内㆒、誓之曰、妾所㆑娠、若非㆓天神之胤㆒者必亡。是若天神之胤者無㆑所㆑害。則放㆑火焚㆑室。〈後略〉

D『法苑珠林』巻第十　疑謗部第四

如智度論云。菩薩有二夫人。一名劬毘耶。是玉女不孕。二名耶輸陀羅。菩薩出家。夜有人言。太子出家何得有娠。汚辱我門釈種欲以火坑焚焼母子。耶輸自恨無事立大誓言。我若邪行其腹内児。願母子隨火消化。耶輸發此願已即投火坑。於是火滅母子俱存。火変蓮池母処華座。知実不虚。後生児似菩薩身。父王大喜。作百味歓喜丸奉仏。仏変五百比丘。皆如仏身。羅睺持丸与仏鉢中。方験不虚。

波線部は、瀬間があげた類似的要素である。瀬間は、『書紀』各所伝はほぼ構文を同じくし一つのフォーマットに異なる字句をあてはめていったかのごとき様を呈しているとする。ただし、これは『書紀』の編纂過程に関わってくることになるので慎重であらねばならないとしながらも、二つの見通しをたてた。一つは先に述べたとおりフォーマットの段階で仏書の影響を受けていたのではないかということ。もう一つは『書紀』編纂時に仏書を座右に置き、各所伝の潤色に用いたのではないかということである。以上が瀬間による研究の概略である。(20)

さて、コノハナサクヤヒメの火中出産譚において政治的に重要であるのは、生まれてくる子らがスメミマの系譜に連なることを証明することであろう。つまり、ウケヒによる血統の証明がこの説話の核心にくるのである。『法苑珠林』では他の仏書に比べ唯一、出産以前に胎児とともにヤショダラが火中に身を投じている。また、そのウケヒは「誓」字であらわされ、生まれてきた子は「菩薩の身に似たり」と高貴な血筋であることが証明されている。ストーリーとポイントとなる用字がおおむね一致しており、コノハナサクヤヒメの火中出産譚が少なくとも仏書に影響を受け、とくに『法苑珠林』によって文飾されていることは認められよう。

次に海宮訪問譚であるが、『記』におけるこの話はいろいろと仏書に似た説話があるというが、こちらも瀬間によると、とくに仏教類書『経律異相』巻三二「善友好求珠喪眼還明二」との一致が多いという。『記』の話と『経律異相』のそれを比較すると、A兄弟の争い→B案内の老人の登場→Cその教えどおりに宮に到着→D海神の宮の描写→E婢の取次ぎ→F王女との結婚→G歓待される→H宝珠を受ける→I還国して王となる→J兄弟を守護として仕えさせる、というストーリー展開がほぼ一致するという。

兄の善友は聡明で布施を好み父母からも愛されたが、弟の悪友は父母に疎んじられ、常に兄に危害を加えようとしていた。二人とも龍宮に赴き宝珠を得たが、悪友は兄が眠るすきに兄の眼を刺し、宝珠をもって逃亡する。『記・紀』の話とは兄と弟の役割が逆転している（A）。「海師」が善友に龍宮への道順を教える（B）。善友が海師の教えどおり進むと、教えどおりに龍宮があらわれる（C）。その宮の荘厳な描写がある（D）。取次ぎ役の女性が登場する。この女性を「善友好求珠喪眼還明二」『記』ともに「婢」と表記する。この「婢」字は、『記』においてここでしか用いられていない文字である（E）。『記』と異なり、龍宮の王女ではなく失明後立ち寄った国の王女と結婚する。ただし、王女が相手の身分を知らぬうちに一目ぼれするなどの類似点がある（F）。ある国の王女と結婚し眼も癒え帰国した善友太子は、悪事が露見し幽閉中の悪友を出獄させ、宝珠を取り戻し、それを用いて一切衆生に恵みの雨を降らす。その後善友は国王となり、悪友に自分を守護すれば食を与えようという。『記』では「守護人」であるが、この「護」字は『記』においてここでしか用いられていない文字である（I・J）。

他にも、瀬間は都合三九種類用字の類似点をあげる。「婢」「護」以外にも、「纔」「路」「鱗」「香」「罥」「悵」「救」の各字は「善友好求珠喪眼還明二」に用いられ、かつ、『記』においてはここでしか用いられていない文字であるという（ただし「香」字は音仮字としては例がある）。また、『書紀』神代下第十段本書の海宮訪問譚は、同じく各一書の所伝のそれを適宜に取捨編成すれば成立するとの太田善麿の指摘があるが、『記』のストーリーも同様に、『書紀』各一書の所伝をあわせたものだという[21]。ただし、『記』とは異なり、『書紀』の場合は表記の面からみて、『経律異相』巻三二「善友好求珠喪眼還明二」を直接潤色に用いたとは思われず、仮にこれに依拠したとしても記憶によったものであり、むしろ『文選』や『遊仙窟』の影響が考えられるという。しかし、ストーリーの大筋は一致し、トヨタマヒメが出産に際して「化為龍」ことや海神の「珠」などは仏書の知識なくして得られるものではない、とした[22]。

この話も先の火中出産譚と同様に、少なくとも仏書が潤色に用いられていることは明らかである。『記』の述作者が『経律異相』を座右に置いて、この話を文飾したことは疑いあるまい。また、この『記』の話においても政治的に重要であることは、兄弟の一方が海宮で海神の呪力を手に入れ、兄弟のもう一方を従わせるということであろう。とくに「守護」の用字が一致することは注目されよう。また、『記』においてはホヲリが海神の娘であるトヨタマヒメと結婚し、「善友好求珠喪眼還明二」においては善友が龍宮の王女ではなく失明後立ち寄った国の王女と結婚するという相違点があるが、これはスメミマの系譜に山の神（コノハナサクヤヒメ）と海の神の呪力を取り込むために改変された、とは考えられまいか。なお、『記』と『書紀』の所伝の関係についてであるが、『書紀』の同じ話は直接「善友好求珠喪眼還明二」を参照したとは思われないものの、『書紀』より『記』の方が先に成立しているのであり、『書紀』が『記』にまったく関わらないと考えることは困難ではなかろうか。瀬間が指摘するように、ストーリーの大筋は一致するのである。

ところで一般に『記・紀』の海宮訪問譚は、守衛や狗吠や隼人舞などと隼人の天皇への服属の起源を説いたものと理解されている。私もまたこれに従うのであるが、それではその隼人舞とはどのようなものであったのだろうか。これについては残念ながら詳細は不明とするほかないが、養老令に次の規定がある。

史料8『令』巻第二　職員令第二

隼人司

正一人。〈掌。検校隼人。及名帳。**教習歌舞**。造作竹笠事。〉佑一人。令史一人。使部十人。直丁一人。隼人。

王権儀礼に参加し隼人舞を奏上する隼人たちに、隼人司の責任で「歌舞を教習」するのだという。隼人舞の由来を説くとされる海宮訪問譚には文飾の疑いがあり、はたしてこれらがどれほど「在地の伝統」によるものであるのか、いささか心許ないといわざるをえない。海宮訪問譚も隼人舞も南九州の伝承を受け継ぐものというよりは、むしろ、ある時期に特定の意図をもって創作されたものと考えた方がよいのではなかろうか。仮に在地の伝統的なものを受け継いでいる部分があったとしても、かなりの改変が加えられていると考えるべきではあるまいか。例えば、いかにも異質な人々が王権に服属しているようにみせかけるべく、異質な服装にて、異質な振り付けで踊る、というのが隼人舞だったのではなかろうか。少なくとも「強制されたことによる歪曲」は否定できないであろう。(23)

私は「日向神話」や隼人舞は、『記・紀』編纂時の政治（思想）史のなかに位置づけた上で理解されるべきものだと考えている。(24)また「日向神話」は、『記・紀』の「神話」の一角にその位置を占めている。よって「神話」全体の流れのなかに「日向神話」を置き、考察してみる必要があるだろう。そこで次に、神代紀における出典の指摘を振り返ってみようと思う。

三　神代紀と出典論

『書紀』冒頭部、いわゆる天地開闢について語る文章のほぼすべてが、『淮南子』や『三五暦紀』といった漢籍によって作文されていることはよく知られている。『書紀』は渾沌から陰と陽が分かれて天地になるという、天地そのものの成り立ちから話をはじめる。その後、天地の間で陰と陽がまざってイザナキ・イザナミが誕生する。この陰陽二神によって万物は生み出され、世界は生成される。さらに、その陰陽二神が日神、月神を産み、全世界の秩序化がなされる。このようにして『書紀』の作品的統一がなされると神野志隆光は指摘する。「『日本書紀』が自己の立場――作品的統一をはたしうる立場を獲得しようとした」のが、この冒頭部なのだという。(25)

『記』本文、『書紀』の一書第一、第二、第三、第四、第六はすでに天地が存在する状況から話がはじまる。しかし、『記』序文、『書紀』本書、『書紀』一書第五は天地成立以前から、つまり天や地がどのようにして生成されたのかということから話がはじまる。これについて瀬間は次のように指摘する。「このことは、文字以前の神話は天地成立以前については口を閉ざしていたのではないかという不審を抱かざるを得ない。言い換えれば、生成論は成文化の要求とともに、はじめて構想されたものなのではないかという想定が成り立つことになる」[26]。神野志と瀬間に従えば、『書紀』がその冒頭に生成論をおいたことは、きわめて意図的になされたということになるだろう。

『書紀』が『淮南子』『三五暦紀』を直接参照しているのか、あるいは類書などを経由した間接引用（いわゆる孫引き）であるのかについては、ここではひとまず措くとしよう[27]。だが、この作文が何を意味するのかについては、これまで顧みられることが少なかった憾みがある。『書紀』はその冒頭からして漢籍の強い影響下にあることは、もっと注目されてもよいのではなかろうか。

史料9A『日本書紀』巻第一　神代　上

古、天地未剖、陰陽不分、渾沌如鶏子、溟涬而含牙。及其、清陽者、薄靡而為天、重濁者、淹滞而為地、精妙之合摶易、重濁之凝竭難。故天先成而地後定。然後神聖生其中焉。〈後略〉

B『淮南子』巻七　精神訓

古未有天地之時、惟像無形、窈窈冥冥、芒芠漠閔、澒蒙鴻洞、莫知其門。有二神混生、経天営地。孔乎莫知其所終極、滔乎莫知其所止息。於是乃別為陰陽、離為八極、剛柔相成、万物乃形。〈後略〉

C『淮南子』巻二　俶真訓

〈前略〉天地未剖、陰陽未判、四時未分、万物未生、汪然平静、寂然清澄、莫見其形。若光燿之間於無有、退而自

失也、曰、予能有無、而未能無無也、及其為無無、至妙何従及此哉。〈後略〉

D『淮南子』巻三　天文訓

天墜未形、馮馮翼翼、洞洞濁濁、故曰太始。太始生虚霩、虚霩生宇宙、宇宙生気。気有涯垠、清陽者、薄靡而為天、重濁者、凝滞而為地。清妙之合専易、重濁之凝竭難、故天先成而地後定。天地之襲清、為陰陽、陰陽之専清、為四時、四時之散清、為万物。積陽之熱気生火、火気之清者為日、積陰之寒気為水、水気之清者為月、日月之淫気、清者為星辰。天受日月星辰、地受水潦塵埃。〈後略〉

E『太平御覧』巻第一　天部一　元気

淮南子曰道始生虚霩虚霩生宇宙宇宙生元気有涯垠清陽者薄〈音博〉靡〈音摩〉而為天

又曰古未有天地之時唯象無形幽幽冥冥茫茫昧昧幕幕閔閔鴻蒙澒洞莫知其門有二神混沌生〈高誘注曰二神経天営地之神〉経地営天孔〈深也〉乎莫知其終滔乎莫知其所止息於是乃別為陰陽離為八極剛柔相成万物乃形

F『法苑珠林』巻第四　日月篇第三　地動部第十三

皇甫士安帝王世紀曰。元気始萌謂之太初。

三五暦紀曰。未有天地之時。混沌如雞子。溟涬始可、濛鴻滋分。歳起摂提元気啓肇。

帝系譜曰。天地初起溟涬濛鴻。即生天皇。治万八千歳以木徳王。

G『芸文類聚』巻第一　天部上　天

徐整三五暦紀曰。天地混沌如雞子。盤古生其中。万八千歳。天地開闢。陽清為天。陰濁為地。盤古在其中。一日九変。神於天。聖於地。天日高一丈。地日厚一丈。盤古日長一丈。如此万八千歳。天数極高。地数極深。盤古極長。後乃有三皇。数起於一。立於三。成於五。盛於七。処於九。故天去地九万里。

H『太平御覧』巻第一　天部一　元気

三五暦紀曰未有天地之時混沌状如雞子溟涬始牙濛鴻滋萌歳在摂提元気肇始又曰清軽者上為天濁重者下為地冲和気者為人故天地含精万物化生

I『太平御覧』巻第二　天部二　天部下

徐整三五暦紀曰天地渾沌如雞子盤古生其中万八千歳天地開闢陽清為天陰濁為地盤古在其中一日九変神於天聖於地天日高一丈地日厚一丈盤古日長一丈如此万八千歳天数極高地数極深盤古極長後乃有三皇数起於一立於三成於五盛於七処於九故天去地九万里

J『太平御覧』巻第七十八　皇王部三　地皇

三五暦紀曰。有神聖人十二頭号地皇

K『太平御覧』巻第七十八　皇王部三　人皇

三五暦紀曰。有神聖人九頭号人皇〈馬揔云一百六十五代合四万五千六百年〉天皇地皇人皇為太古

中国の一般的な歴史書である『漢書』『後漢書』『隋書』などは、いわゆる断代史であり、それぞれ前漢の時代、後漢の時代、隋の時代という限られた時期区分のみを扱う。また、これら一般的な歴史書は、各皇帝、皇族、臣下らの伝記を集成した紀伝体という形式をとる。ところが、「通史もの」「帝紀もの」と呼ばれる六朝時代に流行した歴史書は、天地生成にはじまり、三皇五帝という伝説の帝王の時代、そして人間の歴史までと、太古からその歴史書が編纂された「現代」までを通史的に叙述し、また年代記的スタイルをとっているとされる。これは「説話としての天地開闢伝説の完成ではなく、人間社会の文明の歴史を遡源した、人類の根源の状態を、明確に描いてみせた」もので、[28]「帝王の統治する人間社会へとつながる、宇宙自然と人類史の総合を可能にする形式」であり、[29]「古史」と言い「通史」

と称するこの史体は、かくて後漢に興起した経学史観とも称すべき、三皇・五帝の帝王統治に重ね合わせた礼教国家的歴史観をベースにして、細密な暦数の操作を加えた緯書説による年代観を軸にして、成立したことが理解される」[30]のだという。これら「通史もの」「帝紀もの」と呼ばれる歴史書には、三国呉・徐整『三五暦紀』、三国呉・韋昭『洞紀』、晋・皇甫謐『帝王世紀』、梁・武帝撰『通史』などがあるという。『書紀』もまた天地生成にはじまり、神々の時代、神武東征から「現代」につながる歴史へと、太古からの通史であり年代記的スタイルをとる。さらにその冒頭は、まさに『三五暦紀』による作文からはじまっている。そうであるならば、このような『書紀』のスタイルは、「通史もの」「帝紀もの」と呼ばれる六朝時代に流行した歴史書のスタイルを模倣しているものと考えられるという。[31]私は現在、この考えに強く惹かれている。

冒頭生成論の後、『書紀』の文章は「于ㇾ時天地之中生二一物一。状如二葦牙一、便化二為神一。」と続くが、この「神」について松岡榮志は、「後にわが国では、『神』はいわゆる『神様』の『神』として定着していくが、ここでは漢代から六朝期前半のイメージで用いられていると考える方が妥当であろう。文体や用語を見る限り、この部分の著者は、日本的なものとはややかけ離れた、中国古典の精神世界と修辞法の中にいると考えられる」[32]と指摘する。

神武の即位が辛酉年に設定されたのが緯書説由来であること[33]はよく知られている。また、神武東征の旅立ちは甲寅年であり、これが『書紀』の干支の初出なのであるが、谷川士清『日本書紀通証』、伴信友『比古婆衣』以来、これを『三五暦紀』によるものとする説がある。[34]『芸文類聚』『初学記』『太平御覧』に次の記事がある。

史料10A『芸文類聚』巻第十一　帝王部一　天皇氏

徐整三五暦紀云。歳在摂提。元気肇。有神霊一人。有十三頭。号天皇。

B『初学記』巻第九　帝王部　總敍帝王

〈徐整三五歴紀云。歳在摂提元気。肇有神霊一人。有十三頭。号天皇。〉

C『太平御覧』巻第七十八　皇王部三　天皇

徐整三五暦紀曰。溟涬始牙濛鴻滋萌歳起摂提元気肇啓有神霊人十三号曰天皇

『淮南子』天文訓に「太陰在レ寅、歳名曰二摂提格一。」とあるが、「摂提」とは「寅」のことだという。『三五暦紀』の記事は、寅の年には万物の根源である「元気」が始動し、あわせて「天皇」が出現する年でもある、ということであろう。また、宋代の類書『事物紀原』にも次の記事がある。(35)

史料11『事物紀原集類』巻第一　天地生植部第一　元気

徐整三五暦紀曰歳起摂提元気肇始有神人号天皇

ここまでみてきたとおり、『書紀』冒頭生成論の最初の神が大いなる混沌のなかで生まれる場面は、『三五暦紀』の盤古神話によっていることは明らかである。若水俊によると、盤古神話は中国中心部で知識人が道家思想にもとづき漢代以降に創り出したものであるという。(36)ところで、神代紀第五段の各所伝では、イザナキ・イザナミが海川草木やアマテラス、ツクヨミ、スサノオを生むが、これらが盤古神話と類似しているとかねて指摘されてきた。(37)とくに、一書第六でミソギをしたイザナキの左目からアマテラスが、右目からツクヨミが生まれたことが注目される。『日本書紀纂疏』『釈日本紀』には次の文章があるが、

史料12A『日本書紀纂疏』上　第一

〈前略〉三五暦記曰、未レ有二天地一之時、混沌状如二雞子一、溟涬始牙、濛澒〈割注省略〉滋萠、歳起二摂提一〈寅也〉元氣啓肇、〈後略〉

B『日本書紀纂疏』上　第一

〈前略〉三五暦記曰、盤古、神二於天一、聖二於地一、〈後略〉

C『日本書紀纂疏』上　第一

〈前略〉三五暦記曰、天日高一丈、地日厚一丈、盤古日長一丈、如レ此万八千歳、天数極高、地数極深、盤古極長、後乃有二三皇一、数起二於一一、立二於三一、成二於五一、盛二於七一、処二於九一、故天去レ地九万里、〈後略〉

D『日本書紀纂疏』上　第二

〈前略〉又三五暦記曰、有二巨人一曰二盤古一、覆則為レ天、仰則為レ地、目為二日月一、〈後略〉

E『日本書紀纂疏』上　第三

〈前略〉故三五暦記曰、謂盤古左右目為二日月一、〈後略〉

史料13『釈日本紀』巻五　述義五　神代上　大日霎貴

〈前略〉有二巨人盤古一。覆則為レ天。仰則為レ地。観則為レ昼。瞑則為レ夜。寿八万歳。死後目為二日月一。骨為二金石一。脂血為二江河一。毛髪為二草木一云々。〈後略〉

史料14A『神書聞塵』

〈前略〉三五略記ニ、左右ノ目カ日月トナルト、盤古ノ事ニ云ソ、〈後略〉

B『日本紀聞書』

〈前略〉盤古ノ唐ヲ開シニモ、左右ノ眼ヲ以、日月トスルソ、〈後略〉

C『神書聞塵』

〈前略〉唐テ、三五略記ニ、有巨人、日月ニハ両眼トナリ、腹カ大海トナルソ、毛髪カ草木トナルソ、仰ハ天トナリ、俯ハ地トナルソ、コレハ唐テモ異事ソ、〈後略〉

D『日本紀聞書』

〈前略〉三呉略記二、大ナル人アリト也、其一身ヲ以、ハラハ海、骨ハ山、掩ハ為天、仰為地、毛髪為草木ト也、

〈後略〉

神野志は史料12『日本書紀纂疏』の各記事を『三五暦紀』の文章と認めてよいとし、さらに史料12、13ともに『修文殿御覧』佚文の可能性が高いとした。(38)神野志は日本への盤古神話伝来について、『修文殿御覧』所引『三五暦紀』によるものとする。(39)『書紀』が利用した類書については議論があるため、出典調査の深化とともに利用類書の特定も求められよう。

近年、池田昌広は『帝王世紀』による『書紀』の具体的な文飾状況を明らかにしたが、(40)

史料15A『日本書紀』巻第十六　武烈天皇

二年秋九月、刳二孕婦之腹一、而観二其胎一。

B『太平御覧』巻第八十二　皇王部七　帝紂

帝王世紀曰〈中略〉刳孕婦之腹而観其胎〈後略〉

史料16A『日本書紀』巻第十六　武烈天皇

八年春三月、〈中略〉大進二侏儒・倡優一、為二爛漫之楽一、設二奇偉之戯一、縦二靡靡之声一、日夜常与二宮人一沈二湎于酒一、〈後略〉

B『太平御覧』巻第八十二　皇王部七　帝桀

帝王世紀曰帝桀淫虐〈中略〉大進侏儒倡優為爛漫之楽設奇偉之戯縦靡靡之声日夜与妹喜及宮女飲酒〈後略〉

南澤良彦によると、『帝王世紀』は感生帝説をきわめて重要視しているという。「感生帝説とは、真に偉大な帝王は観

念的のみならず現実に天（天帝）の精を稟けて生まれた天子（天の子）であるとする観念であり、天人相関思想の極端な現れである。…正統性を認知される帝王は感生帝であり、感生帝だけが新たな五行の徳を受命できる」のだという。(41)

さて、冒頭生成論から、神代、そして人間の歴史へと続く『書紀』の構成が、「通史もの」「帝紀もの」と呼ばれる六朝時代に流行した歴史書のスタイルを模倣しているのだとすれば、『書紀』、とくに神代紀をもう一度読み直す必要に迫られることになるだろう。『書紀』の説明する天地の成り立ち――もしかしたら「世界」や「宇宙」の成り立ちといってもよいのかもしれない――以降の流れが、中国の神秘主義的形而上学、あるいは歴史哲学にもとづいているとするならば、「日向神話」もまたそのような流れのなかに位置づけ直さねばならないであろう。

さらには、『記』序文冒頭もまた生成論からはじまるが、これについても一部の六朝史書、類書、中国撰述の仏書などに記された生成論に直接的な影響を受けたことが指摘されており、(42)『書紀』の場合と同様に考えねばならないであろう。

四　「日向神話」と出典論

『記・紀』に記された天孫降臨から神武東征にかけての「日向神話」は、南九州を舞台にしている。「日向神話」には、ソ、アタ、カシ、アヒラなど、隼人だとされた古代南九州の人々に関わる地名や人名（神名）が登場し、天皇家の祖先と隼人の祖先が血縁関係にあると説かれている。また海宮訪問譚は天皇家の祖先である弟の山幸彦が、隼人の祖先である兄の海幸彦を屈服させるという、隼人の服属の起源を説く話となっている。このように「日向神話」は、隼人だとされた人々の居住域を舞台にしていると考えられる。したがって、『記・紀』編纂者が想定していた「日向神話」の舞台とは、薩摩・大隅両国本土域だと考えられる。

また、コノハナサクヤヒメの火中出産譚、隼人の服属の由来を説く海宮訪問譚は、少なくとも仏書による文飾が認められ、南九州在地の伝承を取り入れたものとは思われない。そもそも王権神話の舞台が「日向」とされたこと自体、伝統的な「神話」などではなく、『記・紀』編纂時に王権に取り込まれつつあった隼人や南九州を意識してのことだったであろう。つまり、「日向神話」は王権による地上統治と隼人／南九州支配の正当性を主張するために創作されたものであると考えられる。さらにはその出典研究から、天地生成にはじまる神代紀の構成自体が――この点は『記』も同様であるが――、「通史もの」「帝紀もの」と呼ばれる六朝時代に流行した歴史書のスタイルを模倣したものである可能性が浮上してきた。

「日向神話」が虚構であることはいまさらいうまでもない。また、神武東征が事実であるとはとても考えられない。『書紀』における「日向神話」はもちろん神代紀のなかの一部であり、その理解は神代紀全体の構成の内部においてこそなされるべきであろう。神代紀については、その構想にさえ関わるような指摘もなされつつあるが、大切なことは、それが出典研究の成果としてあらわれてきたということである。おそらく神代紀にみえる「神話」は、これまでわれわれが考えてきた以上に作為的であるのだろう。もはや出典論を抜きに「日向神話」を論じることはできない状況に、われわれは立ち入っているのではなかろうか。そのような予感めいたものを抱きつつ、本章を閉じようと思う。

註

（1） 本章ではスメミマという語を、子の子である孫という意味ではなく、西條勉の指摘に従い皇祖神の神聖なる血統を受け継ぐ者、皇祖神の血筋をひく者といった意味で用いることとする。西條勉「天子受命から皇孫降臨へ」(『古事記と王家の系譜学』笠間書院、二〇〇五年)一八五―一八八頁、同「スメミマと天皇系譜の根源」(前掲同書)。

(2) 新編日本古典文学全集本『古事記』(小学館、一九九七年)一一八頁、米谷匡史「古代東アジア世界と天皇神話」(大津透ほか『日本の歴史第〇八巻　古代天皇制を考える』講談社、二〇〇一年)三一八―三一九頁。

(3) 中村明蔵「隼人の豪族、曽君についての考察―その本拠地と勢力圏をめぐって―」(『隼人の研究』学生社、一九七七年)、同「隼人の豪族、曽君についての考察―その本拠地と勢力圏をめぐって―」(『新訂　隼人の研究』丸山学芸図書、一九九三年)。

(4) 鹿児島県教育委員会編『鹿児島県埋蔵文化財発掘調査報告書(五七)　小中原遺跡』(一九九一年)。

(5) 吉井巌「海幸山幸の神話と系譜」(『天皇の系譜と神話　三』塙書房、一九九二年)一六六―一六七頁、中村明蔵「日向神話の成立をめぐる諸問題」(隼人文化研究会編『隼人族の生活と文化』雄山閣、一九九三年)二二六―二二八頁。

(6) 江平望「衣評について」(鹿児島中世史研究会編『鹿児島中世史研究年報』三六、一九七六年)。

(7) 中村明蔵「大隅と阿多」(同前掲註(3)『隼人の研究』)六三頁、同「大隅と阿多」(同前掲註(3)『新訂　隼人の研究』)七二頁。

(8) 中村前掲註(5)論文、永山修一「日向国の成立」(宮崎県編『宮崎県史　通史編　古代2』一九九八年)八一頁。

(9) 薩摩・大隅両国域は、もともと日向国に含まれていたと考えられる。本書第一章第三節を参照されたい。

(10) 以上の点については、本書第一章を参照されたい。

(11) 以上の点については、本書第三章および第四章を参照されたい。

(12) 永山前掲註(8)論文一〇七―一〇八頁を参照されたい。

(13) 例えば、津田左右吉「建国の事情と万世一系の思想」(『古事記及び日本書紀の研究―建国の事情と万世一系の思想』毎日ワンズ、二〇一二年)など。

(14) 以上の点については、本書第一章を参照されたい。

(15) 永山前掲註(8)論文一〇七―一〇八頁、また本書第六章を参照されたい。
(16) 米谷匡史「律令国家の王権神話―『古事記』『日本書紀』の『国』と『天下』―」(『情況一九九六年五月号別冊　日本の古代をひらく』一九九六年)、米谷前掲註(2)論文。また、本書序章も参照されたい。
(17) 岡田精司「記紀神話の成立」(『岩波講座日本歴史2　古代2』岩波書店、一九七五年)二九一頁、永山前掲註(8)論文一〇五―一〇七頁。
(18) 吉井巌「日向神話」(『国文学―解釈と教材の研究―』二三―一四、一九七八年)、永山前掲註(8)論文一〇五頁。
(19) 河村秀根・益根(小島憲之補注)『書紀集解　二』(臨川書店、一九六九年)巻第二・神代下、一七四頁。
(20) 瀬間正之「出生の神話―垂仁記・火中出産譚の存在と漢訳仏典―」(古橋信孝ほか編『古代文学講座4　人生と恋』勉誠社、一九九四年)、同「日本書紀の文字表現」(『記紀の文字表現と漢訳仏典』おうふう、一九九四年)。
(21) 太田善麿「神代紀『海宮遊行章』考」(『古代日本文学思潮論Ⅲ　日本書紀の考察』桜楓社、一九七一年)一八六―一八九頁。
(22) 瀬間正之「『海宮訪問』と『経律異相』」(同前掲註(20)書)、同前掲註(20)「日本書紀の文字表現」。
(23) 中村前掲註(5)論文五二頁。
(24) この点については、本書序章および第六章を参照されたい。
(25) 神野志隆光「冒頭部をめぐって」(『古代天皇神話論』若草書房、一九九九年)一二二頁。
(26) 瀬間正之「アメツチノハジメ」(『国文学―解釈と教材の研究―』五一―一、二〇〇六年)一七頁。
(27) 『書紀』冒頭部の参照元をめぐる論争は、『書紀』全体の出典研究を左右しかねないものとして注目されてきた。その詳細については以下の諸論考を参照されたい。小島憲之『上代日本文学と中国文学　上』(塙書房、一九六二年)、勝村哲也「修文殿御覧天部の復元」(山田慶兒編『中国の科学と科学者』京都大学人文科学研究所、一九七八年)、神野志隆光「冒頭部と『三五暦紀』」(『古代天皇神話論』)、瀬間正之『記紀の表記と文字表現』(おうふう、二〇一五年)、同前掲註(26)論文、東野治之「古代人が読んだ漢籍」「修文殿御覧」「芸文類聚」(池田温編『日本古代史を学ぶための漢文入門』吉川弘文館、二〇

○六年）、池田昌広「『日本書紀』と六朝の類書」（日本中国学会編『日本中国学会報』五九、二〇〇七年）、同「『日本書紀』の潤色に利用された類書」（日本歴史学会編『日本歴史』七二三、二〇〇八年）など。また、山田英雄『日本書紀』（教育社歴史新書、一九七九年）、同「日本書紀即位前紀について」（『万葉集覚書』岩波書店、一九九九年）にも『書紀』と類書の関係についての言及がある。

(28) 戸川芳郎「人間史のこと」（『漢代の学術と文化』研文出版、二〇〇二年）二三六頁。

(29) 戸川芳郎「帝紀と生成論―『帝王世紀』と三気五運―」（同前掲註（28）書）一二七頁。

(30) 戸川前掲註（28）論文二三七頁。

(31) 勝村前掲註（27）論文、角林文雄「『日本書紀』・『古事記』冒頭部分と中国史書」（『京都産業大学日本文化研究所紀要』六、二〇〇〇年）、戸川前掲註（28）書、毛利正守「日本書紀冒頭部の意義及び位置づけ―書紀における引用と利用を通して―」（東京大学国語国文学会編『国語と国文学』八二―一〇、二〇〇五年）、瀬間前掲註（26）論文、池田昌広「『日本書紀』書名論序説」（『仏教大学大学院紀要』三五、二〇〇七年）、同「『日本書紀』は「正史」か」（鷹陵史学会編『鷹陵史学』三三、二〇〇七年）、尾崎勤「中大兄皇子と周公旦：斉明朝の「粛慎」入朝が意図すること」（日本漢文学研究編集委員会編『日本漢文学研究』二、二〇〇七年）、森博達『日本書紀成立の真実―書き換えの主導者は誰か』（中央公論新社、二〇一一年）、瀬間正之「『古事記』序文生成論典拠再考―上代日本の作文の一例として」（『アジア遊学』一六二、二〇一三年）、同前掲註（27）書など。なお、『書紀』述作者が『帝王世紀』を直接参照したのか、それとも類書などを経由した間接利用であったのかについては、今後検討する必要があろう。また、尾崎康「通史の成立まで」（慶応義塾大学附属研究所斯道文庫編『斯道文庫論集』七、一九六八年）、大内文雄「中国仏教における通史の意識―歴代三宝記と帝王年代録―」（仏教史学会編『仏教史学研究』三三―二、一九九〇年）なども参考になる。

(32) 松岡榮志「『日本書紀』の文体について」（古橋信孝ほか編『古代文学講座10 古事記・日本書紀・風土記』勉誠社、一九九五年）一五一―一五二頁。

(33) 三善清行（今井宇三郎校注）「革命勘文」（日本思想体系8『古代政治社会思想』岩波書店、一九七九年）、那珂通世「上世年紀考」（松島榮一編『明治文学全集78　明治史論集（二）』筑摩書房、一九七六年）。
（34）谷川士清（小島憲之解題）『日本書紀通證　二』（臨川書店、一九七八年）七二四―七二六頁、伴信友「比古婆衣」（『伴信友全集第四』国書刊行会、一九〇七年）一三頁、那珂前掲註（31）論文一一八―一一九頁、東野治之「天皇号の成立年代について」（『正倉院文書と木簡の研究』塙書房、一九七七年）四〇二―四〇四頁、吉井巖「『日本書紀』の改元をめぐって―日本書紀の記述について―」（同編『記紀万葉論叢』塙書房、一九九二年）八二―八五頁。
（35）私が確認したのは明・正統十二年（一四四七）刻本『事物紀原集類』の景印本であり、『事物紀原』には明暦二年（一六五六）刊の和刻本があるというが、私は和刻本をみていない。
（36）若水俊「盤古と大気津比売における比較の問題」（『茨城女子短期大学紀要』五、一九七六年）。
（37）津田左右吉「日の神月の神及びスサノオの命の生まれた物語」（『日本古典の研究　上』岩波書店、一九七二年改版）、萩原浅雄「記紀所収の日月眼生伝の一考察―特に中国の日月眼生伝との対比を中心に―」（日本文学研究資料刊行会編『日本文学研究資料叢書　日本神話Ⅰ』有精堂、一九七〇年）、廣畑輔雄「神生み神話」（『記紀神話の研究―その成立における中国思想の役割―』風間書房、一九七七年）など。
（38）神野志前掲註（27）論文。
（39）この点については、本書第三章第二節を参照されたい。
（40）池田前掲註（27）「『日本書紀』の潤色に利用された類書」。
（41）南澤良彦「『帝王世紀』の成立とその意義」（日本中国学会編『日本中国学会報』四四、一九九二年）四四頁。
（42）瀬間前掲註（26）論文、同前掲註（31）論文、同前掲註（27）書。

第六章　「日向神話」の隼人像

『記・紀』の「日向神話」には隼人の祖先が登場する。隼人とは、いうまでもなく古代南九州の人々を指した呼称であるが、「日向神話」において隼人は天皇家と同祖だとされ、隼人が天皇に服属することになった由来が語られている。また「日向神話」は一般に、隼人の風俗歌舞奏上（いわゆる隼人舞）や隼人による王権守護の起源を説く話だともされている。

本章ではこれら「日向神話」に登場する隼人について、近年の隼人研究を参照しながら、どのような隼人像が描かれているのかを考えてみたい。

さて、はじめに「日向神話」に登場する隼人について確認しておこう。なお、ここでいう「日向神話」とは、南九州が舞台となった天孫降臨、コノハナサクヤヒメの火中出産、海幸彦と山幸彦の物語である海宮訪問、神武東征への旅立ちまでのこととしたい。物語の構成要素については、本書第五章表２・３も参照されたい。これらのうち、本章で重視するのは海宮訪問譚（海幸山幸神話）である。

まず火中出産譚をみると、ホノニニギとコノハナサクヤヒメの子のうち、『古事記』（以下、『記』）において長男のホデリは「隼人の阿多君が祖」とされ、『日本書紀』（以下、『書紀』）第九段本書では長男のホノスソリが「隼人等が始祖」とされている。

続いて海宮訪問譚のあらすじを確認しておこう。兄の海幸彦（隼人の祖先）と弟の山幸彦（天皇家の祖先）の兄弟は、それぞれ釣針と弓矢を交換し、漁／猟にでる。ところが山幸彦は海幸彦の釣針を失くしてしまう。山幸彦は剣をつぶして釣針を作り謝罪するが、海幸彦は「もとの釣針でなければダメだ」といって受け取らない。途方に暮れた山幸彦は海神の宮へ行き、歓待され失くした釣針をみつけ、海神から潮を満たす珠と潮を引かせる珠を受け取る。地上に戻った山幸彦は、攻めてきた海幸彦を珠の呪力で溺れさせる。懲らしめられた海幸彦は、山幸彦に仕えることを誓う。このように海宮訪問譚は、隼人の祖先である兄の海幸彦が、天皇家の祖先である弟の山幸彦に屈し服従する物語であることに注意したい。以下、史料に従い、その文章表現をみておこう。

海宮訪問譚の最後の場面、海幸彦が山幸彦に屈服する場面をみてみると、『記』においては、「荒き心」を起こして攻めてきた海幸彦を、山幸彦は珠の呪力により溺れさせ屈服させる。海幸彦は「稽首」して赦しを乞い、以後、山幸彦の「守護人」として仕えることを誓う。そして溺れた時の「種々の態」を今にいたるまで演じていると、すなわち隼人舞の起源が語られる。なお「稽首」とは、新編日本古典文学全集本の頭注によると、仏典語であり頭を地につけ敬礼することだという。前章で確認したとおり、『記』の海宮訪問譚は仏書による文飾が考えられるが、ここで仏典語が登場することに注意しておきたい。

『書紀』第十段本書では、「伏罪」して赦しを乞う海幸彦は、今後は「俳優の民」となることを誓う。ここでも隼人の風俗歌舞奏上の起源が語られている。なお同本書では、海幸彦であるホノスソリを「吾田君小橋等が本祖」とする。これは隼人の豪族である阿多君に連なる人物であろう(1)。

同一書第二では、「伏罪」して赦しを乞う海幸彦は、今後は「俳人」「狗人」となり山幸彦に仕えることを誓い、また、山幸彦の「神徳」を知る。さらに海幸彦の子孫である「諸の隼人等」が、天皇の宮に狗として奉仕すること、すなわち隼人の狗吠の起源が語られる。

他の所伝でも同様の物語が展開するが、それらにおいて海幸彦は、隼人の祖先だと明言されてはいない。

以上、「日向神話」に登場する隼人について確認したが、海宮訪問譚において、隼人に対する懲罰的ともいいうる描写があることに注意したい。天皇家の祖先である山幸彦に従わなかった隼人の祖先である海幸彦は、屈服させられ罪に伏して赦しを乞い、永遠の服従を誓った。それは遥か神代に定まったことなのである。

一　隼人研究の概略

ここで、現在の隼人研究の概略について簡潔に振り返ってみたい。これについては本書でこれまで論じてきたため、その結論にのみ触れる。議論の詳細については各章を参照されたい。

隼人とは、天皇の権威を高めるため、国家の威儀を整えるため、中国の華夷思想にもとづき夷狄概念を援用しながら政治的に創出された、制度としての「異民族」であるといえよう。古代王権が南九州の人々を隼人と呼びはじめたのは天武朝のことであると考えられ、それより前の時期の『記・紀』隼人関係記事は文飾だと考えられる。それらの記事のなかには、明らかに漢籍や中国的夷狄観にもとづくものがある。南九州の人々は、政治的ないし政策上の転換により、九世紀初頭以降は隼人とは呼ばれなくなる。つまり、南九州の人々が隼人だとされたのは一二〇年間ほどのことにすぎない。また、肥後国域に隼人とされた人々はおらず、種子島・屋久島から奄美諸島・沖縄諸島にかけての人々は南島人であって隼人ではない。もともと日向国は、現在の宮崎県域と鹿児島県本土域を包括した広大な範囲であったと考えられるが、その広域日向国から薩摩・大隅両国域を除いた地域、すなわち現在の宮崎県域の人々が隼人だとされた例は、古代史料上一つもない。したがって薩摩・大隅両国域、現在の鹿児島県本土域の人々のみが隼人だとされていたと考えられる。もちろん、古代の国境と現在の県境がまったく同じであるわけではないことに注意する必要がある。なお、島嶼地域である薩摩国甑島郡の人々は隼人だとされていた。また薩摩国出水郡のように、薩摩・大隅両国においても住民が隼人だとはされていなかったであろう地域も想定されている。隼人とは、薩摩・大隅両国の人々と他地域の人々を文化的要素によって区分したというよりも、むしろ行政的な区分、ある種の身分制度だと考えた方が理解しやすい政治的概念である。したがって、「政治的に創出された身分制度としての隼人」「文献上にあらわれる隼人像」と「古代南九州の人々の実態」は、可能な限り明確に区別しなければならない。(2)

『帝王世紀』によると、禹は「西羌」に長じた「夷人」だという。(3)晋・皇甫謐『帝王世紀』は、とくに『書紀』編纂に際して参考にされた可能性が高い史書として最近注目されている。また、『晋書』にも同様の記載がある。したがって、隼人が夷狄であること、隼人が天皇と同祖であること、天皇家が「蕃夷の地」に出自をもつことは、禹という「偉大なる聖帝」の類例が中国にあるため、異とするには及ぶまい。(4)

二　『記・紀』編纂時における南九州情勢

次に『記・紀』編纂時における隼人あるいは南九州情勢を確認しておきたい。『書紀』による限り、七世紀末までの南九州情勢は比較的平穏である。しかし、七世紀最末期から不穏な情勢となり、(5)八世紀はじめにかけて軍事衝突さえ発生するようになる。この点について、本章の主旨に関わる範囲で確認したい。

天武十一年（六八二）秋七月、隼人が来朝し方物を貢じ、大隅隼人と阿多隼人が相撲を行った。(6)これが史料上の隼人の「初見」記事である。その後、天武の殯において隼人は誅を行い[7]、賜禄され[8]、さらに持統年間においては、隼人居住地に僧を送り仏教を伝えよとの詔が出され[9]、また朝貢に関する記事がある[10]。

以上のように、七世紀末までの対隼人／南九州情勢は、少なくとも表面上は平穏であるのだが、文武朝に入る頃から状況は変わりはじめる。

まず文武年間に、南島に派遣された覓国使を南九州の豪族が脅迫するという事件が発生し、政府は竺志惣領に命じてこれを処分させるが[11]、そもそも派遣に際して、政府が覓国使に武器を支給していることが注目されよう[12]。これら南九州の豪族は隼人の首長層であったと考えられ、この事件について、国郡制施行への反発と理解する説[13]と、南九州と南島の間に存在した通交・交易を阻害されることへの反発と理解する説[14]とがあるが、いずれにせよ、政府の支配が強まることへの反発として発生した事件であろう。

続いて大宝二年（七〇二）には、薩摩国成立に際して「反乱」が起き、政府と隼人の間に軍事衝突が発生している。『続日本紀』（以下、『続紀』）大宝二年（七〇二）八月丙申朔条は「校㆑戸置㆑吏」とあるように薩摩国と多褹嶋の成立に関する記事であるが、「発㆑兵征討」する事態となっている。その後に戦後処理がなされているが、「要害之地」に「建㆑柵置㆑戍」ことが建議され、許可されている[15]。この「反乱」も大局的にみれば、政府の支配が強まることへの、地域社会の反発および抵抗のあらわれだと考えられよう。

さらに和銅六年（七一三）には、薩摩国同様大隅国成立に際しても「反乱」が起き、政府・隼人間の軍事衝突ののち、豊前からの移民政策が採られている。まず同年四月に日向国から四郡をさいて大隅国が設置されるが[16]、同年七月には「隼賊」との戦いで功績をあげた軍士への褒賞がなされており[17]、大隅建国に際して軍事衝突が発生したことが確認できる。また、隼人は「昏荒野心」にして「未㆑習㆓憲法㆒」という状態であるため、豊前からの移民に隼人を教導させるのだという。[18]

そして養老四年（七二〇）には、大隅国守が殺害されるという最大にして最後となる隼人の「反乱」が起こり、戦闘が一年数ヶ月間にも及ぶという事態となる。まず養老四年二月末に隼人「反乱」の急報が届き、[19]政府側の反応は早く三月はじめには大伴旅人を司令官とした「征討」軍の編成がなされた。[20]その後、「乱」の経過を伝える史料もあるが、[21]養老五年（七二一）七月にいたりようやく戦いが終結する。[22]さらに有功者への褒賞や南九州三国への負担軽減措置などの戦後処理がなされている。[23]以上が、史料上確認される最後の「隼人の反乱」である。

ここまで確認してきた通り、『記・紀』編纂時にあたる八世紀はじめには、対隼人／南九州政策は緊迫の度合いを強め、軍事衝突さえ発生する状況であった。したがって政府とすれば、隼人支配あるいは南九州支配を正当化するイデオロギーの構築が必要であったと考えられる。[24]

ところで、和銅五年（七一二）の『記』「日向神話」は阿多（薩摩側）を中心に取り上げており、大隅に関すると考えられる地名等にはあまり触れない。養老四年の『書紀』「日向神話」は、登場するのが「隼人等が始祖」[25]（第九段本書）、「諸の隼人等」（第十段一書第二）と必ずしも阿多（薩摩側）に舞台を限定しているわけではなく、カシなど大隅に関すると考えられる地名等にも触れている。これは大宝二年に薩摩側で、和銅六年および養老四年に大隅側を中心に軍事衝突が発生した、当時の状況を反映する可能性も考えられよう。[26]

ここまでの考察をまとめてみると、懲罰的要素を含みつつ隼人の服属や風俗歌舞奏上などの起源が説かれるという『記・紀』「日向神話」のストーリーは、七世紀代よりも、むしろ八世紀に入ってからの隼人／南九州情勢との一致が認められると考えられよう。

三　隼人の風俗歌舞奏上の開始時期について

日本古代における「夷狄」をめぐる研究において、隼人と蝦夷・南島人の間の差異が問題となっている。隼人は風俗歌舞を奏上するが、蝦夷と南島人にはそれがみられないとし、風俗歌舞奏上の有無を争点の一つとして、隼人と蝦夷・南島人の位置づけの違いが論じられている。すなわち、蝦夷・南島人は化外の夷狄であるが隼人は化外の夷狄として位置づけられてはいなかった、との問題提起である。これは重要な論点であるため、順を追って確認したい。

史料1『日本書紀』天武十年（六八一）九月庚戌条

饗㆓多禰嶋人等于飛鳥寺西河辺㆒、奏㆓種種楽㆒。

史料2『日本書紀』天武十一年（六八二）七月戊午条

饗㆓隼人等於飛鳥寺之西㆒、発㆓種々楽㆒。仍賜㆑禄各有㆑差。道俗悉見之。〈後略〉

この問題をめぐっては、史料1・2記事の演奏主体について、大平聡により以下の議論がなされた。史料1記事で「奏㆓種種楽㆒」しているのは多禰嶋人ではない。ここでは天武が饗しているのだから、「奏㆓種種楽㆒」の主語も天武である。この「奏」はかなでる、演奏するという意味であり奏上ではない。同じ構文の隼人記事（史料2）では「発」と、より演奏行為が明らかな用字であり、奏上という意味ではない。これら両記事は使役形に理解し演じさせたと解釈することもできない。なお賜禄は饗宴とセットなのであり、風俗歌舞を奏上したから賜禄されたのではない。したがって南島人の風俗歌舞奏上は史料上確認できない、との指摘がなされた。(27)

これに対して永山修一は、次のように反論する。

史料3『日本書紀』清寧天皇四年（四八三）秋八月丁未朔癸丑条

天皇親録二囚徒一。是日、蝦夷・隼人並内附。

史料4『日本書紀』欽明天皇元年（五四〇）三月条

蝦夷・隼人、並率レ衆帰附。

史料5『日本書紀』斉明天皇元年（六五五）是歳条

高麗・百済・新羅、並遣レ使進調。〈百済大使西部達率余宜受、副使東部恩率調信仁、凡一百餘人。〉蝦夷・隼人率レ衆内属、詣レ闕朝献。新羅別以二及飡弥武一為レ質、以二十二人一為二才伎者一。弥武遇疾而死。是年也、太歳乙卯。

史料6『続日本紀』和銅三年（七一〇）正月壬午朔条　元明天皇

天皇御二大極殿一受レ朝。隼人・蝦夷等、亦在レ列。左将軍正五位上大伴宿禰旅人・副将軍従五位下穂積朝臣老、右将軍正五位下佐伯宿禰石湯・副将軍従五位下小野朝臣馬養等、於二皇城門外朱雀路東西一分頭、陳二-列騎兵一、引二隼人・蝦夷等一而進。

史料7『続日本紀』和銅三年　正月丁卯条　元明天皇

天皇御二重閣門一、賜二宴文武百官并隼人・蝦夷一、奏二諸方楽一。従五位已上賜二衣一襲一。隼人・蝦夷等、亦授レ位賜レ禄各有レ差。

史料8『続日本紀』霊亀元年（七一五）正月甲申朔条　元明天皇

天皇御二大極殿一受レ朝。皇太子始加二礼服一拝朝。陸奥・出羽蝦夷并南嶋奄美・夜久・度感・信覚・球美等、来朝各貢二方物一。其儀、朱雀門左右、陣二-列鼓吹・騎兵一。元会之日、用二鉦鼓一、自レ是始矣。是日、東方慶雲見。遠江国献二白狐一。丹波国献二白鴿一。

史料9『続日本紀』霊亀元年　正月戊戌条　元明天皇

蝦夷及南嶋七十七人、授レ位有レ差。

史料10『続日本紀』養老元年（七一七）四月甲午条　元正天皇

天皇御二西朝一。大隅・薩摩二国隼人等、奏二風俗歌儛一。授レ位賜レ禄各有レ差。

『書紀』『続紀』にみえる隼人、南島人と蝦夷が並記される記事をみていくと、史料3～10となる。隼人は和銅三年（史料6～7）までは蝦夷と並記されるが、霊亀元年（史料8～9）以降は南島人が隼人にかわって蝦夷と並記されるようになる。もちろん天武朝より前の時期の記事（史料3～5）を歴史的事実とみることはできないが、『書紀』編纂段階で隼人は蝦夷と並記されるべき存在として認識されていた。また大平自身が指摘したように、天武朝の記事（史料2）では隼人が「種々楽」をなしたわけではない、すなわち隼人が風俗歌舞の奏上を行ったわけではないので、隼人の風俗歌舞奏上の確実な例は養老元年の史料10となる。ようするに隼人が蝦夷や南島人と明らかに区別されて扱われるようになるのは、和銅三年から養老元年の間であり、大宝令制定時点で隼人が夷狄ではなかったとは言い切れない、と指摘した。[28][29]

ここで私見を付け加えてみたい。永山の指摘どおり、和銅三年頃までの時期において隼人は蝦夷とともに朝賀などに参加し両者は並記されるが、遅くとも霊亀元年以降の朝賀などにおいては蝦夷と南島人がこれに参加し、南島人が隼人にかわって蝦夷と並記されるようになっている。つまり隼人と蝦夷は異なる扱いを受けるようになっている。

史料11『令集解』巻五　職員令60隼人司条

隼人司

正一人。掌下検二校隼人一。〈謂。隼人者。分番上下。一年為レ限。其下番在レ家者。差二科課役一。及簡二点兵士一。一如二凡人一。釈云。畿内及諸国。有二附貫一者。課二調役一。及簡二点兵士一。古記亦同レ之。朱云。凡此隼人者良人也。古辞云。薩摩大隅等国人。初捍。後服也。諾請云。已為レ犬。奉二-仕人君一者。此則名二隼人一耳。〉及名帳。教二-習歌舞一。〈穴云。隼人之職是也。朱云。教二-習歌舞一。謂隼人之中。可レ有レ師也。其歌舞。不レ在二常人之歌舞一。可レ別也。〉造※二-作竹笠一事上。〈朱云。一端耳。竹扇等。亦可レ作者。私所レ不レ見レ文。〉

※問。竹笠為レ何用。答。不レ見者。私不レ見文。

佑一人。令史一人。使部十人。直丁一人。隼人。

隼人の風俗歌舞奏上の確実な初見は養老元年（史料10）であるが、養老令隼人司条には「教二-習歌舞一」とこれについての規定がある（史料11参照）。職員令集解60隼人司条には大宝令の注釈書である『古記』が引かれている（史料11）ので、隼人司に関する規定が大宝令段階で存在したことは確実であろう[30]。しかし「教二-習歌舞一」の注釈部分に『古記』は引かれておらず（史料11）、大宝令段階で風俗歌舞の規定が存在したとは言い切れない。また天武・持統朝に隼人は相撲を行っているが、隼人の相撲については二例（天武紀十一年秋七月甲午条、持統紀九年（六九五）五月丁卯条）しか確認されず、持統朝以後、隼人に対する政策が変わった可能性があることを考慮する必要がある[31]。さらに、『記・紀』の海宮訪問譚では隼人の風俗歌舞奏上の起源が説かれていたが、『記』の海宮訪問譚は風俗歌舞に触れているから、『記』が成立した和銅五年段階でこれがなされていたか、あるいは少なくともその計画があったといってよいであろう。以上を総合すると、隼人が蝦夷や南島人と明らかに区別されて扱われるようになり、風俗歌舞奏上が開始されたのは、和銅三年から養老元年の間である可能性が高いものと考えられる[32]。私はかつて隼人の風俗歌舞奏上が大宝令段階、あるいはそれ以前にさかのぼる可能性について示唆したが[33]、失考であった。よって、これを撤回し見解をあらためたい。

四　隼人による王権守護の開始時期について

続いて隼人による王権守護について考えてみたい。隼人は守衛、吠声、行幸への参加など、天皇を呪術的に守護する存在だともされる。隼人は夷狄的性格と王権守護的性格との二面性をもつと言及されることもある。このような王権守護的性格は、蝦夷や南島人にはみられないともされる。[34]ところで、隼人の王権守護的性格が史料に明記され確認されるのは、『記・紀』の海宮訪問譚が初見ではなかろうか。『記』のそれでは隼人が「守護人」として天皇に奉仕する起源が説かれている。『書紀』のそれでは第十段一書第二のみ「狗人」となることや、天皇の宮垣に「吠狗」して仕えることの起源が説かれている。

隼人による天皇守衛については、『令義解』『令釈』がともに「簡㆓点兵士㆒」の職掌に触れ、『古記』も「亦同㆑之」なのであるから（史料11）、大宝令段階でこれが行われていたか、あるいはその計画があったのであろう。しかし仮にそうだとしても、「簡㆓点兵士㆒」とは一般的な用語であり、大宝令段階で一般の兵士と同様の天皇守衛以上の機能、すなわち、「隼人ならでは」の〝特殊〟な呪術的守衛までが期待されていたのかは定かではない。『記』でも『書紀』でも、「神話」において隼人の天皇守衛の起源が語られることを重視したい。ことに『記』において、海幸彦が天皇の守護人となることを誓ったがゆえに、「今に至るまで」風俗歌舞を奏上しているのだ、と両者が一連のものとして描かれていることに注目したい。『記』の海宮訪問譚は仏教類書『経律異相』巻三二「善友好求珠喪眼還明㆒」を直接の典拠とするが、[35]両者において「守護」の用字が一致することはきわめて重要である。[36]なお、史料11（職員令集解60隼人司条）で議論の対象となっている隼人とは、隼人司管轄下の畿内隼人であり、薩摩・大隅両国が隼人司の管轄下にあるわけではないことに注意したい。

次に隼人の吠声について。一般に隼人の吠声には、天皇を呪術的に守護する機能があると考えられている。『万葉集』に「隼人（早人）の名に負ふ夜声いちしろくわが名は告りつ妻とたのませ」（巻一一、寄物陳思、二四九七番）の歌があるため、吠声が八世紀代にさかのぼることは確実であろうが、職員令集解60隼人司条に引かれる『古辞』（史料11）では、「はじめ荒々しかった隼人はのちに服属し、犬として天皇に奉仕するようになった」という主旨のことが述べられている。もし、これが多少なりとも事実を伝えるものであるならば、隼人が「狗人」となり「吠狗」するようになったのは、後次的なものだということになる。『記』が吠声に触れないことも重要であろう。

さらに隼人の行幸参加についても、いわゆる悪霊払いのような呪術的機能が期待されたとされる。これについては宮衛令集解26車駕出入条に『古記』が引かれており、

史料12『令集解』巻廿四　宮衛令26車駕出入条

凡車駕出入。諸従レ駕人当按次第。如二鹵簿図一。〈謂。当按。猶二列次一也。言諸衛各整二当陣列次一。令三レ其不二雑乱一也。釈云。鄭玄注礼記云。不レ失二其所一曰レ当。猶三俗言二当頭一也。当読去声。古記云。当按。謂二亦次一耳。鹵簿図。謂行幸之図也。仮令。行二芳野一。左右京職列レ道。次隼人司。衛門府。次左衛士府。次図書寮。如レ此諸司当次図耳。至二羅城之外一。倭国列レ道。京職停止也。穴云。儀制令唐答。鹵簿隊仗之名也。問。鹵簿図在二誰司一哉。答。不レ見レ文。臨時行幸之時。而諸司造耳。非。或云。師云。鹵簿図常可レ有。但在二其司一不レ見。同。但別司可レ有。在レ穴。朱云。問。当按事歟也。答。然如レ文読也。〉去レ御三百歩内。不レ得レ持二兵器一。其宿衛人従レ駕者聴之。〈跡云。去レ御。謂一面相去限二此三百歩内一。不レ得レ持二兵器一。故上条云。駆二斥所レ不レ当レ留者一。此三百歩外合二駆斥一。又従レ駕人。須臾之間往来者不レ禁。故云二従レ駕者聴一。朱云。問。雖二宿衛人一不レ従レ駕者不レ聴哉。答。然

也。不レ従レ駕者。同二上文三百歩内不レ得レ持二兵器一耳者。〉

隼人司（管轄下の隼人）の行幸参加に触れている。ただしここでは、『古記』編纂時である天平年間頃の吉野行幸における鹵簿の具体例が例示されているものとも考えられ、(37)『古記』が引かれているからといって、ただちに大宝令段階における行幸参加が保証されるわけではない。仁藤敦史によると、行幸関係の律令諸規定を通覧すると、行幸についての具体的な規定は存在せず、実際の行幸においてこれら法規定は空文化していたものと推測され、律令制定時に行幸についての明確なプランが未定だった可能性もあり、「律令国家」における行幸関係の制度が整備されるのは天平年間後半だと考えられるのだという。(38)さて、隼人の行幸参加に求められた機能が吠声による避邪および天皇守護にあるとするならば、それは吠声の開始と同時か、それ以降に開始されたものと考えられる。『記・紀』とも海宮訪問譚では行幸参加に触れていないのである。隼人の行幸参加の実例については、『続紀』天平十五年（七四三）七月庚子条の聖武天皇の石原宮行幸記事が史料上の初見かともされる。(39)

　最後に隼人の名義について、「隼」の用字が『周礼』鄭玄注、『釈名』などにみえる、四神思想における南方を守護する存在である「鳥隼」から採用されたとすることが、現在における通説的理解となっている。(40)しかしこれには、隼人が居住するのは「西海道」であり、また隼人は「西隅等《小カ》賊」(41)とも表現され、西方の存在だとして観念されていたとする有力な反論がある。(42)また、私は隼人の名義について、『易経』繋辞下伝にみえる世に患害をなす小人の象徴としての隼像、『国語』魯語下にみえる遠方の夷狄の象徴、あるいはきざしとして描かれている隼像の存在を指摘した。(43)したがって、隼人の名義が王権を守護する四神思想から採用されたとする通説には、躊躇を覚えざるをえないのである。

　以上確認したように、隼人による呪術的な王権守護が八世紀初頭までになされていたことを示す証拠はなく、これらは後次的な機能だと考えられよう。呪術的な要素を含む王権守護が蝦夷・南島人にはみられず、隼人のみに付随する機能であるとするならば、その始期は両者の行政上の扱いが異なりはじめる和銅～養老年間に求められるのではなかろうか。行幸参加についてはさらに遅れる可能性もあるが、隼人の王権守護的性格、とくにその呪術的機能が明確化しスタートしたのは、風俗歌舞奏上と同じく和銅三年から養老元年の間である可能性が高いものと考えたい。(44)

五　八世紀の求めた「神話」

隼人は『記・紀』の神話に登場するが、蝦夷と南島人は登場しない。このような点も含め、隼人の位置づけ、蝦夷・南島人との差異について、私は次のように考えている。隼人、蝦夷、南島人は化外の夷狄として設定されたが、支配の進展など政治状況の推移により、和銅年間頃から隼人は蝦夷・南島人とは異なる扱いをなされるようになり、実質的には化外・夷狄だとはされなくなった可能性が高い。しかし『続紀』の記事をみると、その後も養老年間あたりまで隼人は化外の蛮夷に関する用語で形容されており、史料の文章表現から伺われるイデオロギー的な認識としては化外・夷狄視され続けている。このような八世紀はじめの隼人を取り巻く複雑な政治情勢のもとで、一方では蝦夷・南島人とは異なり隼人の風俗歌舞奏上や王権守護が開始され、一方では蝦夷同様に隼人を蛮夷に関する用語で形容する『書紀』の認識があるという状況へいたったものと思われる。(45)

さて『記・紀』の「日向神話」には仏教類書の利用も指摘されており、(46)その編纂時における文飾を考慮しなければならない。(47)なお八世紀はじめには東北地方でも蝦夷の「反乱」が起こる。『記・紀』の神話に隼人が取り上げられ、蝦夷が取り上げられなかった点については、次のように考えることも可能ではなかろうか。南九州における隼人の居住域は薩摩・大隅両国本土域のみであり、養老五年を最後に軍事衝突も終わる。しかし蝦夷居住域は東北地方中・北部と広く、軍事衝突も後々まで続く。よって、おそらくは八世紀はじめまでの段階で、隼人や南九州については「版図」に取り込むという目途がついたか、あるいはそれを成し遂げるという強力な意思決定がなされたが、蝦夷や東北地方についてはその目途が立たなかったからではなかろうか。(48) むろん、これがすべてではないかもしれないが、少なくとも理由の一つとしては想定可能であろう。

本章では政府と隼人の軍事衝突、風俗歌舞奏上の始期、王権守護的性格の始期、対蝦夷政策との対比といった観点から、「日向神話」に描かれた隼人像についての検討を行った。以上の本章における考察を総合すると、「日向神話」に登場する隼人については、八世紀の隼人あるいは南九州情勢を反映している可能性が高いものと考えられよう。したがって「日向神話」に描かれた隼人像は、「八世紀の求めた隼人」であり、現行「日向神話」が最終的にまとめられたのは、八世紀であると理解したい。私は本書でこれまで、天武朝より前の時期の『記・紀』隼人関係記事が最終的に述作されたのが八世紀であることを論じてきたが、(49) 本章で考察してきたことはこれとも合致する。以上が、本章の結論である。

註

（1）本書第五章第一節を参照されたい。
（2）以上については、本書第一章を参照されたい。
（3）勝村哲也「修文殿御覧天部の復元」（山田慶兒編『中国の科学と科学者』京都大学人文科学研究所、一九七八年）、角林文雄「『日本書紀』・『古事記』冒頭部分と中国史書」（『京都産業大学日本文化研究所紀要』六、二〇〇〇年）、戸川芳郎『漢代の学術と文化』（研文出版、二〇〇二年）、毛利正守「日本書紀冒頭部の意義及び位置づけ―書紀における引用と利用を通して―」(東京大学国語国文学会編『国語と国文学』八二―一〇、二〇〇五年)、瀬間正之「アメツチノハジメ」(『国文学―解釈と教材の研究―』五一―一、二〇〇六年)、同「『古事記』序文生成論典拠再考―上代日本の作文の一例として」(『アジア遊学』一六二、二〇一三年)、同『記紀の表記と文字表現』(おうふう、二〇一五年)、池田昌広「『日本書紀』書名論序説」(『仏教大学大学院紀要』三五、二〇〇七年)、同「『日本書紀』は「正史」か」(鷹陵史学会編『鷹陵史学』三三、二〇〇七年)、尾崎勤「中大兄皇子と周公旦：斉明朝の「粛慎」入朝が意図すること」(日本漢文学研究編集委員会編『日本漢文学研究』二、二〇〇七年)、森博達『日本書紀成立の真実―書き換えの主導者は誰か』(中央公論新社、二〇一一年)など。なお、『書紀』述作者が『帝王世紀』を直接参照したのか、それとも類書などを経由した間接利用であったのかについては、今後検討する必要があろう。

(4) 本書第四章第三節。

(5) この項で取り上げる南島覓国使剽劫事件、大宝二年・和銅六年・養老四年の隼人の「反乱」について、永山修一が研究史を整理し分析を行っているので、参照されたい。永山修一「隼人の戦いと国郡制」(『隼人と古代日本』同成社、二〇〇九年)。

(6) 天武紀十一年秋七月甲午条。

(7) 天武紀朱鳥元年(六八六)九月丙寅条、持統紀元年(六八七)五月乙酉条。

(8) 持統紀元年七月辛未条。

(9) 持統紀六年(六九二)閏五月己酉条。

(10) 持統紀三年(六八九)春正月壬戌条、持統紀九年(六九五)五月乙未条、同丁卯条。

(11) 文武紀四年(七〇〇)六月庚辰条。

(12) 文武紀二年(六九八)四月壬寅条。

(13) 中村明蔵「南島覓国使と南島人の朝貢をめぐる諸問題」(『古代隼人社会の構造と展開』岩田書院、一九九八年)一八七頁以下、永山前掲註(5)論文五三頁。

(14) 小林茂文「隼人の敗北と社会」(続日本紀研究会編『続日本紀研究』二五二、一九八七年)、竹森友子「南島と隼人―文武四年覓国使剽劫事件の歴史的背景―」（奈良女子大学大学院人間文化研究科編『人間文化研究科年報』二二、二〇〇七年）、田中聡「隼人・南島と律令国家―南方の国制施行―」（『日本古代の自他認識』塙書房、二〇一五年）など。
(15)『続紀』大宝二年九月戊寅条、同十月丁酉条。
(16)『続紀』和銅六年夏四月乙未条。
(17)『続紀』和銅六年七月丙寅条。
(18)『続紀』和銅七年（七一四）三月壬寅条。
(19)『続紀』養老四年二月壬子条。
(20)『続紀』養老四年三月丙辰条。
(21)『続紀』養老四年六月戊戌条、同八月壬辰条。
(22)『続紀』養老五年（七二一）七月壬子条。
(23)『続紀』養老六年（七二二）四月丙戌条、『続紀』養老七年（七二三）四月壬寅条。
(24)吉井巌「日向神話」（『国文学―解釈と教材の研究―』二三―一四、一九七八年）、永山修一「日向国の成立」（宮崎県編『宮崎県史　通史編　古代2』一九九八年）、本書第五章などを参照されたい。
(25)これについては、本書第五章第一節を参照されたい。
(26)永山修一「古代の日向―『古事記』の日向関係記事を中心に―」（宮崎県地域史研究会編『宮崎県地域史研究』二七、二〇一二年）三四―三五頁。
(27)大平聡「古代国家と南島」（宮城学院女子大学キリスト教文化研究所編『沖縄研究ノート』六、一九九六年）。
(28)永山前掲註（5）論文八九―九四頁。
(29)なお註（23）養老六年四月丙戌条でも蝦夷と隼人が並記されるが、これは養老の蝦夷・隼人の「反乱」の戦後処理に関して言及された記事であり、蝦夷と隼人が並んで王権儀礼に参列しているわけではないので、本章の議論とは関わらない。
(30)中村明蔵「隼人司の成立とその役割」（『熊襲・隼人の社会史研究』名著出版、一九八六年）二九二頁。

(31) このことについては、本書第三章を参照されたい。
(32) このことについては、永山前掲註(5)論文九二頁以下、および、本書第四章を参照されたい。
(33) 拙稿「国栖の歌笛奏上とこれに関わる官司について」(名古屋市立大学大学院人間文化研究科編『人間文化研究』四、二〇〇六年)。
(34) 伊藤循「蝦夷と隼人はどこが違うか」(吉村武彦ほか編『争点日本の歴史　第3巻古代編Ⅱ』新人物往来社、一九九一年)など。
(35) 瀬間正之「『海宮訪問』と『経律異相』」(『記紀の文字表現と漢訳仏典』おうふう、一九九四年)。
(36) 中村前掲註(30)論文、同「隼人の移配と律令国家の形成―畿内制と浄穢観念にふれて―」(同前掲註(13)書)三二―三二頁、永山前掲註(5)論文九〇頁。
(37) 澤木智子「日本古代の行幸における従駕形態をめぐって―八世紀を中心に―」(日本女子大学史学研究会編『史艸』三〇、一九八九年)七五―七六頁。
(38) 仁藤敦史「古代国家における都城と行幸―「動く王」から「動かない王」への変質―」(『古代王権と都城』吉川弘文館、一九九八年)三五六―三五七頁、同「古代王権と行幸」(『古代王権と官僚制』臨川書店、二〇〇〇年)九六頁以下。ただし仁藤は隼人の行幸参加について、令制以前からの古い儀礼だとする(同前掲「古代王権と行幸」九六頁)が、本章で考察してきたとおり、これについては従えない。
(39) 永山修一「隼人と律令制」(下條信行ほか編『新版古代の日本第3巻　九州・沖縄』角川書店、一九九一年)一七六頁、永山前掲註(5)論文八九頁。
(40) 駒井和愛「日本民族のなりたち」(『日本と世界の歴史第1巻　古代〈日本〉先史―5世紀』学習研究社、一九六九年)、同「熊襲・隼人考」(古代学協会編『古代文化論攷：浜田耕作先生追憶』一九六九年)、中村明蔵「隼人の名義をめぐる諸問題」(『隼人と律令国家』名著出版、一九九三年)。
(41) 前掲註(21)『続紀』養老四年六月戊戌条。

(42)　河内春人「華夷秩序の構造と方位認識」(『日本古代君主号の研究―倭国王・天子・天皇―』八木書店、二〇一五年)。

(43)　本書第二章。

(44)　隼人の王権守護的性格が後次的なものであることは、伊藤循も論及しており、議論の一部を参照した。伊藤循「隼人の天皇守護と夷狄論批判」(『古代天皇制と辺境』同成社、二〇一六年)二八九―二九三頁。

(45)　本書第四章。

(46)　瀬間正之「出生の神話―垂仁記・火中出産譚の存在と漢訳仏典―」(古橋信孝ほか編『古代文学講座四　人生と恋』勉誠社、一九九四年)、同前掲註(35)書など。

(47)　本書第五章を参照されたい。

(48)　中村明蔵「インタビュー　隼人の文化圏―相互を写す鏡としての隼人と蝦夷」(東北芸術工科大学東北文化研究センター編『東北学』四、二〇〇一年)一四〇頁、寺川眞知夫「日向神話の設定」(『万葉古代学研究所年報』二、二〇〇四年)二五―二六頁。

(49)　本書第三章および第四章。

第七章　「神武東征」の成立

本書においては、前章までに『古事記』（以下、『記』）『日本書紀』（以下、『書紀』）の「日向神話」および隼人関係記事について論じてきたが、いわゆる神武東征については触れていなかった。そこで本章においては、神武東征(1)について考察を行いたい。神武東征をめぐっては、最近になって注目すべき見解がいくつか発表された。そこでそれらの研究に学びつつ、本書のこれまでの成果も交え、検討を行いたい。

はじめに神代紀の末尾と神武紀の冒頭、神代記の末尾と神武記の冒頭を掲げておこう。

史料１『日本書紀』巻二　神代下　第十一段

彦波瀲武鸕鷀草葺不合尊、以㆓其姨玉依姫㆒為妃、生㆓彦五瀬命㆒。次稲飯命。次三毛入野命。次神日本磐余彦尊。凡生㆓四男㆒。久之彦波瀲武鸕鷀草葺不合尊、崩㆓於西洲之宮㆒。因葬㆓日向吾平山上陵㆒。

一書曰、先生㆓彦五瀬命㆒。次稲飯命。次三毛入野命。次狭野尊。亦号神日本磐余彦尊。所㆑称㆓狭野㆒者、是年少時之号也。後撥㆓平天下㆒、奄㆓有八洲㆒。故復加㆑号、曰㆓神日本磐余彦尊㆒。

一書曰、先生㆓五瀬命㆒。次三毛野命。次稲飯命。次磐余彦尊。亦号神日本磐余彦火火出見尊。

一書曰、先生㆓彦五瀬命㆒。次稲飯命。次神日本磐余彦火火出見尊。次稚三毛野命。

一書曰、先生㆓彦五瀬命㆒。次磐余彦火火出見尊。次彦稲飯命。次三毛入野命。

史料2『日本書紀』巻三　神日本磐余彦天皇　神武天皇

神日本磐余彦天皇、諱彦火火出見。彦波瀲武鸕鷀草葺不合尊第四子也。母曰二玉依姫一、海童之小女也。天皇生而明達、意礭如也。年十五立為二太子一。長而娶二日向国吾田邑吾平津媛一為レ妃、生二手研耳命一。及二年四十五歳一、謂二諸兄及子等一曰、昔我天神、高皇産霊尊・大日孁尊、挙二此豊葦原瑞穂国一、而授二我天祖彦火瓊瓊杵尊一。於レ是火瓊瓊杵尊闢二天関一披二雲路一、駆二仙蹕一以戾止。是時運属二鴻荒一、時鍾二草昧一。故蒙以養レ正、治二此西偏一。皇祖皇考、乃神乃聖、積レ慶重レ暉、多歴二年所一。自二天祖降跡一以逮、于レ今一百七十九万二千四百七十餘歳。而遼邈之地、猶未レ霑二於王沢一。遂使二邑有レ君、村有レ長、各自分レ疆、用相凌躒一。抑又、聞二於塩土老翁一。曰、東有二美地一。青山四周。其中、亦有下乗二天磐船一而飛降者上。余謂、彼地必当レ足下以恢二弘大業一、光中宅天下上。蓋六合之中心乎。厥飛降者、謂是饒速日歟。何不二就而都一之乎。諸皇子対曰、理実灼然。我亦恒以為レ念。宜二早行一之。是年也、太歳甲寅。

其年冬十月丁巳朔辛酉、天皇親帥二諸皇子・舟師一東征。至二速吸之門一。時有二一漁人一、乗レ艇而至。天皇招之、因問曰、汝誰也。対曰、臣是国神、名曰二珍彦一。釣二魚於曲浦一、聞二天神子来一、故即奉レ迎。又問之曰、汝能為レ我導耶。対曰、導之矣。天皇勅授二漁人椎槁末一令レ執、而牽二納於皇舟一以為二海導者一、乃特賜レ名、為二椎根津彦一。〈椎、此云二辞毘一。〉此即倭直部始祖也。行至二筑紫国菟狭一。〈菟狭者地名也。此云二宇佐一。〉時有二菟狭国造祖一。号曰二菟狭津彦・菟狭津媛一。乃於二菟狭川上一造二一柱騰宮一而奉レ饗焉。〈一柱騰宮、此云二阿斯毘苔徒鞅餓離能宮一。〉是時勅以二菟狭津媛一、賜二妻之於侍臣天種子命一。天種子命是中臣氏之遠祖也。

十有一月丙戌朔甲午、天皇至二筑紫国崗水門一。

十有二月丙辰朔壬午、至二安芸国一居二于埃宮一。

乙卯年春三月甲寅朔己未、徙入二吉備国一、起二行館一以居之。是曰二高嶋宮一。積二三年一間、脩二舟楫一蓄二兵食一、将レ欲

㆔以一挙而平㆓天下㆒也。

戊午年春二月丁酉朔丁未、皇師遂東舳艫相接。方到㆓難波之碕㆒、会㆘有㆓奔潮㆒太急㆖。因以名為㆓浪速国㆒。亦曰㆓浪花㆒。今謂㆓難波㆒訛也。〈訛、此云㆓与許奈磨盧㆒。〉

三月丁卯朔丙子、遡流而上、経至㆓河内国草香邑青雲白肩之津㆒。

史料3『古事記』上巻

　是天津日高日子波限建鵜葺草不葺合命、娶㆓其姨玉依毘売命㆒、生御子名、五瀬命。次、稲氷命。次、御毛沼命。次、若御毛沼命、亦名、豊御毛沼命、亦名、神倭伊波礼毘古命。〈四柱。〉故、御毛沼命者、跳㆓浪穂㆒渡㆓坐于常世国㆒、稲氷命者、為㆓妣国㆒而、入㆓坐海原㆒也。

史料4『古事記』中巻

　神倭伊波礼毘古命〈自㆑伊下五字以㆑音。〉与其伊呂兄五瀬命〈上伊呂二字以㆑音。〉二柱、坐㆓高千穂宮㆒而議云、坐㆓何地㆒者、平聞㆓看天下之政㆒。猶思㆓東行㆒、即自㆓日向㆒発、幸㆓行筑紫㆒。故、到㆓豊国宇沙㆒之時、其土人、名宇沙都比古・宇沙都比売〈此十字以㆑音。〉二人、作㆓足一騰宮㆒而、献㆓大御饗㆒。自㆓其地㆒遷移而、於㆓竺紫之岡田宮㆒一年坐。亦、従㆓其国㆒上幸而、於㆓阿岐国之多祁理宮㆒七年坐。〈自㆑多下三字以㆑音。〉亦、従㆓其国㆒遷上幸而、於㆓吉備之高島宮㆒八年坐。故、従㆓其国㆒上幸之時、乗㆓亀甲㆒為㆑釣乍打羽挙来人、遇㆓于速吸門㆒。爾、喚帰問之、汝者、誰也、答曰、僕者、国神。又、問、汝者、知㆓海道㆒乎、答曰、能知。又、問、従而仕奉乎、答白、仕奉。故爾、指㆓渡槁機㆒、引㆓入其御船㆒、即賜㆑名号㆓槁根津日子㆒。〈此者、倭国造等之祖。〉

一　アマテラスの誕生

近年、『書紀』研究の世界においては、区分論（第四章表1参照）、文体論／語法分析、出典論といった言語学、古典学、文献学からのアプローチが盛んになってきているが、神代紀についても、この分野を牽引してきた研究者から新たな問題提起がなされている。

森博達はその区分論(2)にもとづき、「天照大神」「皇祖」「高天原」について以下の指摘を行った。(3)

史料5『日本書紀』巻三〇　持統六年（六九二）閏五月条

丁未、伊勢太神奏㆓天皇㆒曰、免㆓伊勢国今年調役㆒。然応㆑輸㆓其二神郡㆒赤引絲参拾伍斤、於㆓来年㆒当㆑折㆓其代㆒。

この持統紀六年の記事では「伊勢太神」であって未だ「天照大神」とはなっておらず、さらには、その「伊勢太神」が「奏㆓天皇㆒」していることから、表記のみならずアマテラスの実質的な神格もこの時点では未成立であったとする。「天照大神」「皇祖」の語句はα群では使用が確認されず、(4)β群にのみみられる。β群が執筆されたのは文武朝以降である。(5)さらに持統の諡号について、大宝三年（七〇三）段階では「大倭根子天之広野日女尊」(6)だったが、養老四年（七二〇）年成立の『書紀』では「高天原広野姫天皇」(7)となっていることから、「高天原」(8)の成立も同様に新しいものであるとした。すなわち、「天照大神」「皇祖」「高天原」という概念については、おそらくセットで構想されたものと考えられ、それらの表記だけではなく、実質的な内容も文武朝以降に成立した、とする。

これを受けて瀬間正之は、神武紀について以下の問題提起を行った。

史料6（史料2再掲）『日本書紀』巻三　神武即位前紀

〈前略〉昔我天神、高皇産霊尊・大日孁尊、挙二此豊葦原瑞穂国一、而授二我天祖彦火瓊瓊杵尊一。〈後略〉

史料7『日本書紀』巻三　神武天皇即位前紀　戊午年

六月乙未朔丁巳、〈中略〉天照大神謂二武甕雷神一曰、夫葦原中国猶聞喧擾之響焉。〈中略〉武甕雷神対曰、雖二予不レ行、而下二予平国之剣一、則国将二自平一矣。天照大神曰、諾。〈中略〉天照大神訓二于天皇一曰、朕今遣二頭八咫烏一。〈中略〉我皇祖天照大神、欲三以助二成基業一乎。〈後略〉

『書紀』人代巻のなかでは、巻三神武紀のみに「大日孁尊」と「天照大神」の双方が用いられている。その神武紀では初出の史料6記事のみ「大日孁尊」と書かれるが、その後の用例はすべて「天照大神」である（史料7記事の四例）。また「天神」と「皇祖」の書き分けもある。これは東征以前の記事、東征以後の記事と分けることもでき、東征以前の記事内容は、「天照大神」や「皇祖」という語句[9]の成立以前に形成された可能性があるとする[10]。さらに、『記』の編纂においては、全巻にわたる接続語「尓」の用例などから、仏教類書『経律異相』による文飾も含め『記』が一人の手により成立したと考えてよいとした[11]。また、『記』は一貫して「天照大御神」の表記を用いるので、アマテラスの成立が文武朝であるならば、α群はそれ以前に書かれ、β群と『記』はそれ以降に書かれたことになるとした[12]。

二　神代紀と神武紀

以上の研究成果を受け、さらに発展させたのが葛西太一である。以下、葛西の議論を追ってみよう。

神武紀冒頭では「大日孁尊」の語句がみられるが（史料2および6）、神代紀第五段一書第一にも同じ語句が確認できる。

史料8『日本書紀』巻一　第五段　一書第一

一書曰、伊弉諾尊曰、吾欲㆑生㆓御寓之珍子㆒、乃以㆓左手㆒持㆓白銅鏡㆒、則有㆓化出之神㆒。是謂㆓大日孁尊㆒。右手持㆓白銅鏡㆒、則有㆓化出之神㆒。是謂㆓月弓尊㆒。又廻㆑首顧眄之間、則有㆓化神㆒。是謂㆓素戔嗚尊㆒。即大日孁尊及月弓尊、並是質性明麗。故使㆑照臨天地。素戔嗚尊是性好㆓残害㆒。故令㆔下治㆓根国㆒。珍、此云㆓于図㆒。顧眄之間、此云㆓美屡摩沙可利爾㆒。

このことについて葛西は、神武紀は「天照大神」表記を基本とすると考えられるにもかかわらず、神代紀と神武紀で「大日孁尊」表記の一致がみられることに注目した。

次に神代紀と神武紀で訓注が重出する例を確認すると、①神代紀第六段本書には「奮㆓稜威之雄誥㆒〈雄誥、此云㆓烏多鶏廬㆒。〉」とあり、神武即位前紀戊午年夏四月条には「植㆑盾而為㆓雄誥㆒焉〈雄誥、此云㆓烏多鶏廬㆒。〉」とある。②神代紀第四段一書第一には「妍哉、此云㆓阿那而恵夜㆒」とあり、神武紀三十一年夏四月条には「妍哉乎国之獲矣。〈妍哉、此云㆓鞅奈珥夜㆒。〉」とある。③神代紀第八段一書第五には「柀、此云㆓磨紀㆒。」とあり、神武即位前紀戊午年九月条には「譬猶㆓柀葉之浮流㆒者〈柀、此云㆓磨紀㆒。〉」とある。この三例を勘案すると、神代紀と神武紀の施注が別人の手になったと考えるべきだと指摘する。

次に神代紀と神武紀の施注不順について確認すると、①神代紀第七段本書に「掘㆓天香山之五百箇真坂樹㆒」「亦以㆓天香山之真坂樹㆒為㆑鬘」、神代紀第七段一書第一に「採㆓天香山之金㆒以作㆓日矛㆒」、神代紀第七段一書第三に「於㆑是天児屋命掘㆓天香山之真坂木㆒」、神代紀第九段一書第六に「其天火明命児天香山、是尾張連等遠祖也」と神代紀には「天香山」が五例あるが、神武即位前紀戊午年九月条ではじめて「宜取㆓天香山社中土㆒〈香山、此云㆓介遇夜摩㆒。〉」と施注がされる。②神代紀第五段一書第二に「水神罔象女〈中略〉罔象、此云㆓美都波㆒。」と施注があり、神代紀第五段一書第三に「水神罔象女」、神代紀第五段一書第四に「罔象女」とあるが、神武即位前紀戊午年九月条に「水名為二厳罔象女一〈罔象女、此云二瀰菟破廼迷一。〉」と再び施注がある。③神武即位前紀甲寅年冬十月条（史料2）に「臣是国神、名曰二珍彦一。」とあるが、同じ巻三の神武紀二年春二月条で「以二珍彦一為二倭国造一。〈珍彦、此云于砮毘故一。〉」と施注される。これは神武紀内部の問題だけでなく、神代紀第五段一書第一（史料8）に「珍、此云二于図一」と施注されることから、神代紀と神武紀にわたる問題でもある。この三例によって分かることは、前述の訓注の重出と同様に、神代紀と神武紀および神武紀内部でも異なる施注あるいは述作方針によっている場合があると考えるべきだとする。

このように「大日孁尊」表記、訓注の重出、施注不順を確認したところ、神代紀と神武紀の施注／述作方針の違いとともに、神武紀内部の相違にも留意しなければならない。また神武即位前紀における「大日孁尊」表記は、神代紀を承けるものと理解しない限り不自然な表現となるとする。

かつて津田左右吉は「…神武天皇東遷の物語は神代のとの間に明らかな区別がつけられてゐるが、しかし物語そのものは、ヒムカから出発せられてゐる点に於いて、それと連続してゐる…」[13]と指摘し、小島憲之は「…神代紀の冒頭の漢籍的潤色や文選語などを巻中に散在させる方法は、神武紀の、冒頭の潤色や（神武記にはこの部分がない）、文選の利用方法に同じ。即ち第一次の原古事記的な表現の上に潤色を加へたのは、両紀それぞれ別人とみられるが、更に漢籍的潤色を加へた第二次或は最後の整理者（述作者）は両紀ともに同一人ではないかと思はれる」[14]と指摘していた。

そこであらためて考察してみると、「大日孁尊」表記から神武即位前紀は神代紀と同一の述作者（述作方針）とみなせる。「珍」についての施注から、神武紀甲寅年冬十月条は神代紀と同一の述作者（述作方針）だと捉えることができる。したがって少なくとも神武紀甲寅年冬十月条までは神代紀と同一方針で述作されたと位置づけるべきである。「雄誥」の訓注は神武紀戊午年夏四月条に神代紀と重複して施されるので、これ以降は異なる施注者（施注方針）の手になると区別できる。このことは神武紀戊午年六月条（史料7）で「天照大神」表記となっていることとも一致する。また、神武紀戊午年夏四月条以降に「妍哉」「柀」の訓注が重出することや「天香山」「罔象女」にはじめて注が施されることも同様である。したがって、神代紀と神武紀の述作者および施注者（あるいは述作方針、施注方針）の転換は、神武紀甲寅年十一月条から同戊午年三月条の間に求められる。すなわち、当初は、現行神武紀冒頭部も神代紀の末尾として同一述作者の手でまとめられたが、神武紀戊午年夏四月条以降は別人が述作を行ったために前述の齟齬が生じたと理解できる。以上要するに、述作の初期段階では、神代紀から神武紀冒頭部までが一括して構想／準備されていたが、『書紀』編纂の最終段階にいたって現行神武紀冒頭部を神代紀から切り離し、すでにあった神武紀と統合して現行の巻三神武紀が成立したと想定されると指摘する。

以上が、葛西による研究の概略である。(15)

三　神武紀と神武記

『記・紀』ともに神武は「日向」から東征へ旅立ち、以後、近畿地方を中心に物語が展開される。ところで、神武紀を読み進めると、奇妙なことに気づく。近畿地方に上陸した神武一行の事績は詳しく語られるのに対し、東征の途上の旅路の記述はあまりに簡潔にすぎやしないか。(16)具体的にいうならば、まず神武即位前紀に漢籍からの文飾によると思われる神武の東征決断の言葉があり旅立つのであるが、神武紀甲寅年十一月条から同戊午年三月条までの記事――「日向」出発から河内到着まで――と、同戊午年夏四月条以降の記事――舞台が近畿地方に移って以降(17)――では、文章の分量も記事の詳細さも異なるように見受けられる。そしてこの異質性は、かねて指摘されてきたことでもある。まるで、さも取って付けたようではないか。そしてこの区分は、葛西の指摘する区分（神武紀甲寅年十一月条から同戊午年三月条の間）とも重なりあうのである。

念のため、神武記も確認しておこう。瀬間が指摘したように『記』は一人の手になると想定されるため（第二節）、明確な区分は難しいのであるが、それでも、「日向」を発ってから近畿地方へたどり着くまで（史料4「即自㆓日向㆒発」から「此者、倭国造等之祖」まで）と、舞台が近畿地方に移ったあと（「故、従㆓其国㆒上行之時」以降、史料未掲載）では、『書紀』同様に文章の分量も記事の詳細さも異なるように思われるのである。このことは、いったい何を意味するのであろうか。

ここで、葛西が『書紀』に対して指摘した述作方針あるいは述作者の転換をもとに考えてみよう。もともと『書紀』では神武の事績の一部が神代紀の末尾で語られるとの構想であったが、何らかの事情により、それは神武紀冒頭へ移されることになった。いわば原神代紀・原神武紀（原β群）が改変され、現行神代紀・現行神武紀（現行β群）へとあらためられた。

そして述作方針転換の影響をもっとも鮮明にあらわすのが葛西の指摘する神武紀甲寅年十一月条から同戊午年三月条の間であるならば、やはりその要因は、神武東征の途上にこそ求められるべきであろう。

四　神武と「日向」

廣畑輔雄は神武について論じた著書のなかで、次のように述べている。

…神話作者が、降臨の地を日向として、日向を舞台にして語りたかったのは、海幸彦・山幸彦の話だったのである。

海幸彦・山幸彦の話は、その二柱の神の間に何が起こったかを語ったもので、結局その結末は、海幸彦が降伏して、子孫の隼人たちがその芸能をもって朝廷に仕えることになったというところにある。それこそが、隼人の地を舞台にしなければ語り得ない内容である。隼人の地が舞台に選ばれた理由が、ここに至って明らかになってくる。それは神話作者のねらいが、隼人の服属由来を語る点にあったからである。(18)

神武の日向出発に至った事情を、天孫降臨以後の物語の構想に基づいて考えてみると、まず、皇祖神の子孫による葦原中国統治を目的として天孫が日向へ降臨する、というのが降臨の発端の構想であった。その構想でいくと、日向での目的が達せられた後には、その子孫のうちの誰かが、日向を出発して国の中央に移り、葦原中国全体の統治体制に入らねばならぬ道理である。そしてその役割は神武に与えられた。神武の日向出発あるいは日向からの東征というのは、降臨の最初からの、そうした構想にしたがって形成された筋書きであった。つまり、神武の日向出発は、その構想そのものの自然の帰結なのであって、それ以上の要因を考えなければならぬ理由は、見当たらないように、私には思われる。(19)

この廣畑の視点について、――細部はともかくとしても――私も同意する。

ここで、これまで本書で論じてきたことを、あらためて振り返ってみよう。第一章では隼人とは中国の華夷思想をもとに政治的に創出された存在であり、南九州の人々が隼人だとされたのは天武朝から九世紀初頭までのおよそ一二〇年間ほどのことにすぎず、日向国域の人々が隼人だとされた事例は確認されず、薩摩・大隅両国本土域の人々のみが隼人だとされたことを論じた。第三章では天武朝より前の時期の隼人関係記事は、漢籍や中国思想による文飾を受けており、史実とは認めがたいことを論じた。第四章では七世紀終わりから養老年間までの隼人の政策的位置づけの変遷を検討し、夷狄的性格と王権守護的性格という隼人の性格が規定され、それが『記・紀』の記事として反映されるのは和銅から養老年間であることを論じた。第五章では「日向神話」について検討を行い、「日向神話」は隼人の服属を説く目的で創作されたこと、その舞台は薩摩・大隅両国本土域だと想定されること、『記・紀』の「日向神話」は『経律異相』『法苑珠林』といった仏教類書による文飾が施されていることを論じた。第六章では「日向神話」に描かれた隼人像について検討を行い、隼人舞や狗吠など呪術的に王権を守護するという隼人の性格は、対隼人政策が変化していく和銅から養老年間に規定され、それが『記・紀』の「日向神話」に投影されていることを論じた。なお第一章で触れたとおり、薩摩・大隅両国域はもともと日向に含まれていた。

天孫降臨から神武東征までの舞台が「日向」だとして設定されているのは、『記・紀』編纂時における対隼人／南九州政策の一環である。隼人居住域である「日向」の「伝承や信仰とは全く関係がなく、神話の構成上の舞台として地名を借りただけにすぎない」[20]。そして『記・紀』の「日向神話」が現行の様子へ整えられたのは、少なくとも八世紀に入ってからであり、前述のとおり和銅から養老年間である可能性が高い。

ここで一つ確認しておこう。神武即位前紀には「吾田」「吾平」[21]と隼人に関する語句[22]があらわれると同時に、「天神」「大日孁尊」が登場する（史料2）。瀬間が東征以前の記事内容は「天照大神」「皇祖」の表記が成立する以前に形成された可能性があると指摘する（本章第一節）ことから、「日向神話」に隼人が登場するのは文武朝より前の時期に定まっていたと考えるとしたら、それはいかにも早計であるといわねばならない。

『書紀』出典論では漢籍や仏書による文飾が施されたのは、『書紀』編纂の最終段階だと想定されている（第四章第二節）。神代紀の火中出産譚は『法苑珠林』による文飾が認められ、これは「日向神話」の構成と不可分であると思われる（第五章第二節）。さらにβ群の述作自体が本格化したのが文武朝以降である（本章第一節）。神代記の海宮訪問譚は『経律異相』による文飾が認められ、これもまた「日向神話」の構成と不可分であると思われる（第五章第二節）。瀬間は『経律異相』による文飾も含め『記』が一人の手により、文武朝以降に述作されたと考えてよいとする（本章第一節）。さらに、天武朝より前の時期の『記・紀』の隼人関係記事自体が、八世紀に述作された可能性が高い。『記・紀』の隼人関係記事も「日向神話」も、八世紀はじめという時代の産物である蓋然性が高いのである。

そこで次のように考えてみよう。①七世紀末までには、のちに『書紀』β群として結実することになる原資料があった。そこでは未だ「天照大神」「皇祖」「高天原」といった語句は用いられておらず、隼人や「日向」の要素もなかった。ただし、例えば近畿地方などにおいて神武が「東征」で活躍する様子は記されていた可能性がある。②文武朝に入り、「天照大神」「皇祖」「高天原」といった語句や概念が成立しつつあり、これを政策的な基盤とし、原資料をもとに原β群の編纂（あるいは原資料の修正）が開始された。これは「天照大神」「皇祖」「高天原」を取り入れつつあったが、未だ隼人や「日向」への言及はなかった。③文武朝初期を過ぎ、それ以降の時期、おそらくは和銅から養老年間にかけて、原β群に隼人や「日向」の要素が付け加えられることになり、それと同時に神武の要素が原神代紀から原神武紀へ切り貼りされることになり、現行β群（現行神代紀および現行神武紀）が成立した。

つまり、②の段階までは原神代紀に神武の要素（現行神武紀でいえば即位前紀に相当）があり、「天照大神」「皇祖」「高天原」への変更がなされつつあったが、完了してはいなかった。③の段階に入り、「日向神話」が創作され、原神代紀から原神武紀（ともに原β群）へ神武の要素が移される際（現行神代紀および現行神武紀、ようするに現行β群の成立）、神武紀甲寅年十一月条から同戊午年三月条にかけての諸記事が創作され、神武即位前紀に「吾田」「吾平」も加えられたが、「天神」「大日孁尊」は修正されないままに残された。その理由は不明だが、あるいは『書紀』にみられる修正の不徹底というだけなのかもしれない。しかし、次のことを付け加えておきたい。天孫降臨の場面をみると、司令神がタカミムスヒの場合（第九段本書、同一書第四、同一書第六）、南九州の地名や隼人の要素に触れるが、伊勢に関することにはあまり触れない。逆に司令神がアマテラスの場合（同一書第一、同一書第二）、伊勢には触れるが、南九州や隼人についてはあまり触れない。神武即位前紀の場合、「日向神話」の要素が新たに加わったわけであるが、述作者はアマテラスにそれほど関心がなかったのかもしれない。

『記』については同一人物による述作が想定されており、具体的な述作の段階を検証することは難しい。ただし、仮に『記・紀』両書がともに「何らかの事情」によって述作方針をあらためたのであれば、それは述作上の推敲の過程といった純粋に文章構成上の事情によるものではなく、その原因は何らかの外的要因である可能性が高い。というのも、両書は別個の書物だからである。その両書が同様の変更を行う場合、しかるべき理由があったはずである。瀬間が指摘するように、β群と『記』は文武朝以降に最終的な述作がなされたのであれば、両書の主要な述作時期に何十年ものタイムラグがあるわけではない。いわば両書を取り巻く情勢はほぼ同一のものであっただろう。よって、詳細を論じることは困難だが、『記』においても現行「日向神話」「神武東征」のストーリーや要素（隼人が登場すること、舞台が「日向」であること）は、やはり八世紀代（とくに和銅年間）に定まったものと想定したい。

五　「神武東征」の成立

八世紀に入ってからの不穏な南九州情勢のなかで、対隼人／南九州政策の一環として「日向神話」は創作された。そこでは、隼人が天皇に服属する由来が――場合によっては隼人が過ちを認め謝罪する様子も含め――語られていた。(23)しかし「日向」は、最果ての地である。天皇の祖先は「中央」へ赴かねばならない。このようにして神武東征は創作された。

もともと、神武が、例えば近畿地方を中心に活躍する物語が、七世紀末までには用意されていた可能性がある。しかし天皇の祖先が「日向」に降臨することになってしまった以上、接ぎ木が必要となった。そこで草稿段階の『書紀』の改変が行われることになった。原β群に隼人や「日向」の要素が付け加えられることになり、それにともない神武の要素が原神代紀から原神武紀へ加筆や修正がなされながら移された。神武紀甲寅年十一月条から同戊午年三月条にかけての諸記事は、その際、新たに創作されたものである。こうして現行β群（現行神代紀および現行神武紀）が成立した。それはおそらく、和銅年間から養老年間へかけての時期である。原β群の述作開始が文武朝であれば、それに手を加えた現行β群の成立はさらに遅れるはずである。

『記』について詳細に論じることは、現状では困難であるが、「天照大御神」表記の成立および『記』の述作が文武朝以降である以上、『記』の編纂動向も『書紀』と無関係ではいられないであろう。

現在われわれが接する「神武東征」は、以上のような過程を経て創作されたと考えられる。

註

（1）本章を成すにあたっては、次の論考に大きな示唆をえた。あわせて参照されたい。大山誠一『天孫降臨の夢　藤原不比等のプロジェクト』（日本放送出版協会、二〇〇九年）、同『神話と天皇』（平凡社、二〇一七年）。また、神武東征についての研究史については、星野良作『研究史　神武天皇』（吉川弘文館、一九八〇年）、山中鹿次「神武東征伝承の成立過程に関して」（横田健一先生米寿記念会編『日本書紀研究』二七、二〇〇六年）などを参照されたい。

（2）森博達『日本書紀の謎を解く―述作者は誰か』（中公新書、一九九九年）、同『日本書紀成立の真実―書き換えの主導者は誰か』(中央公論新社、二〇一一年)。

(3) 森博達「皇祖天照大神と『日本書紀』区分論」(釜山大学日本研究所編『日本研究』一五、二〇一四年)、同「皇祖天照大神はいつ誕生したか―『日本書紀』区分論から史実を探る―」(『京都産業大学日本文化研究所紀要』一九、二〇一四年)。

(4) 「皇祖」についてはα群に属する孝徳紀で用例があるが、いずれも『書紀』編纂時の文飾が疑われる詔勅中の例である。森前掲註(3)二論文を参照されたい。

(5) 神代紀を含むβ群が述作されたのは、儀鳳暦が使われていることなどから文武朝以降だと考えられる。森前掲註(2)『日本書紀の謎を解く』、同『日本書紀成立の真実』。また、小川清彦「日本書紀の暦日について」(斎藤国治編『小川清彦著作集古天文・暦日の研究―天文学で解く歴史の謎―』皓星社、一九九七年)、同「日本書紀の暦日の正体」(前掲同書)を参照されたい。

(6) 『続日本紀』大宝三年十二月癸酉条。

(7) 『日本書紀』巻三十冒頭。

(8) 「高天原」については、次の論考も参照されたい。青木周平「高天原の成立―天原から高天原へ」(『国文学　解釈と鑑賞』七一―五、二〇〇六年)。

(9) 瀬間正之「古事記『尒』再論」(『記紀の表記と文字表現』おうふう、二〇一五年)。

(10) 『古事記』の海宮訪問譚(海幸山幸神話)が『経律異相』により文飾されていることは、瀬間正之が明らかにしている。また瀬間は、『日本書紀』の火中出産譚(コノハナサクヤヒメの火中出産)が仏教類書『法苑珠林』により文飾されていることも明らかにしている。瀬間正之「出生の神話―垂仁記・火中出産譚の存在と漢訳仏典―」(古橋信孝ほか編『古代文学講座四人生と恋』勉誠社、一九九四年)、同「『海宮訪問』と『経律異相』」(『記紀の文字表現と漢訳仏典』おうふう、一九九四年)。なお、このことについては、本書第五章で言及した。

(11) 瀬間正之「古事記は和銅五年に成ったか」(同前掲註(9)書)。

(12) 瀬間正之「『日本書紀』と『古事記』の成立時期を考える」(洋泉社編集部編『古代史研究の最前線　日本書紀』洋泉社、

二〇一六年）二一―二二頁。

(13) 津田左右吉「神武天皇東遷の物語」（『日本古典の研究　上』岩波書店、一九七二年改版）二九〇頁。

(14) 小島憲之「日本書紀の文章」（『上代日本文学と中国文学　上―出典論を中心とする比較文学的考察―』塙書房、一九六二年）四五二頁。

(15) 葛西太一「神武紀冒頭部の位置付け―アマテラスの呼称転換と訓注の重出・不順をめぐって―」（古事記学会編『古事記年報』五七、二〇一五年）。

(16) 例えば、新編日本古典文学全集本の頭注を参照されたい。

(17) 例えば、津田左右吉「神武天皇東遷の物語」（同前掲註（13）書）二六一頁、関和彦「神武東征虚実性試論」（歴史学研究会編『歴史学研究』三九四、一九七三年）二一頁など。

(18) 廣畑輔雄「神武天皇の日向出発」（『万世一系王朝の始祖　神武天皇の伝説』風間書房、一九九三年）一三八頁。

(19) 廣畑前掲註（18）論文一四五頁。

(20) 岡田精司「記紀神話の成立」（『岩波講座日本歴史2　古代2』岩波書店、一九七五年）二九一頁、永山修一「日向国の成立」（宮崎県編『宮崎県史　通史編　古代2』一九九八年）一〇五―一〇七頁。

(21) 『記』中巻においても神武が「日向」にいた頃の夫人は「阿多之小椅君妹」である「阿比良比売」だとする。本書第五章第一節を参照されたい。

(22) これについては、本書第五章第一節を参照されたい。

(23) 本書第五章および第六章。

終章――『日本書紀』を創るということ――

本書は隼人を主軸に据え、『日本書紀』（以下、『書紀』）を中心に『古事記』（以下、『記』）『続日本紀』（以下、『続紀』）の隼人関係記事について分析を行うことで、当該時期における天皇制の特質――とくに政治思想的側面――の一端を解明することを目的とする。本書のここまでの検討は、このテーマに沿ってなされてきたが、ここであらためて振り返ってみよう。

天武朝に天皇制が創始されるにあたり、中国的な政治システム導入の一環として夷狄制度も採り入れられ隼人が設定され、また、『書紀』という史書の編纂事業も開始する。(1) そのようななかで創出された行政上の区分としての隼人は、当然のことながら必ずしも当時の南九州の人々の実態を反映しているわけではなく、華夷思想というイデオロギーにもとづいた存在であった。(2)「日向神話」において隼人は中国撰述仏書による文飾を受けながら天皇に服属する由来が語られるが、(3) 天武朝より前の時期の『記・紀』隼人関係記事は『記・紀』編纂時にあたる八世紀はじめに求められた隼人像、すなわち天皇に臣従し忠誠を誓うという姿を、漢籍や中国思想を参照した文飾によって創作された、歴史的事実とは考えられないものである。(4)

もともと天武朝に化外の夷狄として設定された隼人は、八世紀に入ると政策転換により化内化／非夷狄化の方向が目指されたようだが、『書紀』成立段階でも隼人の身分上の位置づけは過渡期にあったと考えられ、『書紀』では夷狄としての隼人像と王権を守護する存在としての隼人像が並立しており、これは当時の状況を反映したものと思われる。(5)『記・紀』はその冒頭を天地生成からはじめる（天地開闢神話）が、そのような『記・紀』の構成は同様の形式をとる一部の六朝史書の強い影響下にあることが想定され、「日向神話」もまたそのような流れに置いて理解しなければならない。(6)前述の政策転換によって隼人の位置づけに変化があり、その王権守護的性格がスタートするのは八世紀に入ってからであると考えられるが、隼人の王権守護的性格が描かれた「日向神話」もまたそのような八世紀の産物であり、「日向神話」に登場する隼人は「八世紀の求めた隼人」だとすることができる。(7)すなわち、『記・紀』の隼人関係記事で歴史的事実だと考えられないものについては、八世紀に創作されたと理解することができる。(8)そのような状況下において南九州を舞台とする「日向神話」が創作され、神武が「日向」から東征に旅立つ物語も、同様に八世紀に創作されたと思われる。(9)

一　奈良時代の「日向神話」

『延喜式』には「神代三陵」の記載があるが、それは「日向」にあるとしか記されておらず、その詳細は不明とするほかない。

史料1　『延喜式』巻第二十一　諸陵寮

日向埃山陵〈天津彦彦火瓊瓊杵尊。在二日向国一。無二陵戸一。〉

日向高屋山上陵〈彦火火出見尊。在二日向国一。無二陵戸一。〉

日向吾平山上陵〈彦波瀲武草不葺合尊。在二日向国一。無二陵戸一。〉

〈巳上神代三陵。於二山城国葛野郡田邑陵南原一祭之。其兆城東西一町。南北一町。〉

ここでは、「以上の神代三陵については、山城国葛野郡の田邑陵で祭る」という主旨のことが述べられているが、田邑陵とは文徳天皇陵であり、その文徳が亡くなったのは天安二年（八五八）である。永山修一はこのことについて、「八五八年に亡くなった天皇の陵で日向三代を祭るわけですから、祭りをするようになったのは八五八年より後のことと考えられます。したがって古代には、神代三代の陵がどこにあるかということは、どうでも良かったことなのだろうと思われます」と指摘する。[10]坂上康俊もまた、奈良時代において、「日向」が天皇家祭祀との関わりで重視された形跡はほとんどない、と指摘する。[11]奈良時代の人々にとって、天皇家の「父祖の地」が「日向」であり、初代の王が「日向」から東征してきたなど、はたしてどれほど信じられていたのであろうか。誰も信じてはいなかったからこそ、「日向」にあるとされる「神代三陵」は「どうでも良」い扱いをされたのではなかろうか。奈良時代の人々にとって、「日向神話」が事実上『記・紀』編纂時の創作であることは、明々白々なことではなかったか。

かつて直木孝次郎は、『記・紀』の王権神話について次のように述べた。

> しかし津田左右吉はじめ多くの学者の研究によって、『記・紀』の神代の物語――いわゆる「記紀神話」――は、民間の神話・伝承を素材として含んではいるが、日本の統治者としての天皇の地位の正当性を説明するため、多くの作為が加えられていることが明らかにされている。その作為を行ったのは、『古事記』の序文からもうかがえるように、天皇を中心とする朝廷の貴族たちである。こうしてできあがった『記・紀』の神代の物語を、「古代の人々」が神話として信じていたわけでは決してない。朝廷の貴族たちさえ、『記・紀』の物語を信じていたかどうかは疑わしい。[12]

津田左右吉の指摘以来、『記・紀』の王権神話を、皇統による地上統治の由来を物語るために創作された政治的「神話」

と理解することは、動かしがたい定説になっている。[13]

川副武胤は『記・紀』の「神話」について次のような主旨のことを指摘するが、

民間伝承のいくらかはもちろん朝廷の史官にも知られていたであろうが、しかしそれらがそのまま、あるいは、それらだけがそのまま、日本神話の原型を構成する素材となったとは到底思われない。むしろ『記・紀』編纂時の知識人は、日本で容易に得られる民話と同等以上の比重で、大陸・半島から伝来した文献の中に、その神話の話根を捜そうとしたのではないか。いな、むしろ同じ話が、捜せばすでに日本にあった場合でさえ、新来の中国文献（仏教経典・歴史書や小説類）によって、それを採ろうとしたのではなかろうか。それらは高度の文化観の産物であって、その点では、次元はすでに、〝民間〟〝常民〟〝庶民〟のそれとは別のところにあるのである。[14]

私の『記・紀』の「神話」に対する基本的認識も同様のものである。われわれが現在触れることができる『記・紀』の「神話」は、あくまで「書かれたもの」であり、「語られたもの」そのものではない。[15]「書かれたもの」は「語られたもの」と決してイコールではない。もちろん両者が似通っている可能性はあるものの、基本的には両者は区別されるべきであろうし、その上で比較・検討がなされるべきであろう。古代社会に何らかの民間伝承が存在したであろうことと、『記・紀』に民間伝承とはまったく関係のない外来の説話が採用されることは、論理的に両立しうることであり、何ら不自然ではない。

例えば「日向神話」は、隼人に向けて創られたのではない。隼人を懐柔するため、南九州在地の伝承を王権神話に取り入れた、ということではない。[16]「日向神話」は南九州の在来文化や伝承とは無縁のところで、ただ物語構成上の舞台として設定されたに過ぎない。それは、南九州支配および隼人支配の正当性／正統性を主に国内へ喧伝するために創作されたのであろう。

二　「古典」としての『記・紀』、あるいは『記・紀』の「非読者」

仮に、人々の思想や行動を規定するある種の規範性を帯びた書物を「古典」と呼ぶとするならば、わが列島の歴史においては、『書紀』こそがこれに相当するのではなかろうか[17]。

ところで品田悦一によると、『万葉集』が「古典」となったのは近代に入ってからであるという。もちろん『万葉集』は江戸期にも出版されており、連歌師らが読み継いできた書物ではあるものの、「国民」の大多数が『万葉集』について知っているという状況――むろん、その存在を知っているということであり、読んだことがある、ということではない――は、近代以降の学校教育によるものだという。品田によると、近代国家はイデオロギー政策の一環として「日本の古典」なるものを選定するが、そこでは前近代までの「古典」であった漢籍が排除され、前近代の国学者たちが歯牙にもかけなかった随筆や軍記物語が選定されているのだという[18]。

確かに、『万葉集』も『記』も『書紀』も、現代の「日本人」はみなその存在を知っており、内容についてもサラリ程度なら知っている方々も多いのかもしれない。しかし、では実際に『万葉集』や『記』や『書紀』を読んだことがあるという人間はどれほどいるのだろうか。社会全体のなかではかなりの少数派であろうことは容易に想像できる。そうであるならば、「古典」とは、きわめて「人工的」な存在であり、人々の思想や行動を規定するある種の規範性を帯びているとされるものの、実はほとんど誰も読んだことがない、という大まかな特徴がありそうである。列島に暮らす大多数の人々は歴史上『記・紀』に接したことはなかったであろうし、『記・紀』の性格について考える際には、「非読者」の存在こそが重要なのではあるまいか。

そこで考えてみたい。『書紀』の「想定読者」について、貴族官人層だとする見解がなされ、[19] 支持されている。貴族官人層だけでなく、あるいは地方豪族層をも想定読者に含めるべきかもしれないが、いずれにせよ、『書紀』が国内向けに編まれた史書であるということに、私も賛同したい。

ところで、『書紀』が国内向けの史書であるからこそ、天皇に都合のよいよう内容を自由に創作することは難しかった、との議論がある。[20] 確かにそのようなこともあるかもしれず、一概にこれを否定することはできないが、だからといって、当時から現代にいたるまで列島の人々のうち大多数を占めたであろう、『書紀』の「非読者」の存在を忘れることがあってはならないと思うのである。『書紀』の「想定される読者」が貴族官人層（や地方豪族層）だとすれば、逆にいえば『書紀』の「読者」は貴族官人層（や地方豪族層）しかいなかった、ということであろう。列島に暮らす人々のうち大多数は「非読者」であったろうと想定されるのである。

むろん、『書紀』編纂に際して想定された読者は貴族官人層（や地方豪族層）のみであり、列島の人々すべてが『書紀』に接する必要はなく、それで十分に『書紀』編纂の目的ははたされたものと思われる。

しかし、その貴族官人層（や地方豪族層）にしてもいささか腑に落ちない点がある。よくいわれる養老五年の養老講書がなされたとして、[21] その場にいあわせた官人たちは、『書紀』の語る「歴史」に心服しなければならないのであろうか。そうではあるまい。『書紀』に記されたことについて官人たちは、公の場で表面上従えば、それでよかったのである。養老年間に生きた官人たちは、『書紀』の語るタテマエを、それが「大本営発表」であることを、理解していたのであろう。しかし数世代が交代し、百年も経てば、いつしか『書紀』に記されたことが「本当のこと」になってしまう。そしてわれわれは、一三〇〇年後も、いまだ『書紀』の呪縛から解き放たれたとはいいがたい。その点、『書紀』は編纂者が想定していたよりも日本の思想史や宗教史に大きな影響を与え続け、予想外の「成功」だったのではなかろうか。『書紀』編纂者も想定される読者たちも、まさか『書紀』の記述がこれほどまでに影響を与えうるとは、当時、考えられてはいなかったのではあるまいか。以上のことは、基本的には『記』についても同様であろう。前節で述べたような「日向神話」がいかなる目的で創作されたかといったことについても、当時の官人たちの「共通理解」であったと思われる。

三　『日本書紀』出典論のもう一つの意義

工学の世界には、reverse engineering という概念があるという。例えば『半導体大事典』はリバースエンジニアリングについて次のように解説する。

リバースエンジニアリングとは、競合メーカーの最終製品を分解したうえで分析し、その結果を踏まえて、模倣製品を製造したり、自社製品の開発、生産に活かす活動を指す。〈中略〉

知的所有権に触れるような模倣は問題とされるが、それ以外の分野で、たとえば、ある製品と互換の製品を作るために行われる技術はビジネスとしてなりたっている。(22)〈後略〉

例をあげてみよう。S社が新型扇風機を発売したら、P社は一台それを買ってきて研究所で分解して調べる。ここに今までみたことがない突起が付いている、これは一体何だろう?力学的特性を調べてみると、突起のおかげで空気の流れが効果的になっていることが判明した。ああなるほど、というわけである。スティーヴが新OSを発表すると、ビリーはそれを買ってきてプログラム・コードを調べる。ようするにリバースエンジニアリングとは、残された手がかりから「機能」を分析して設計者の「意図」を探り、もともとの「設計図」を復元することであろう。企業家における「設計思想」とは、きわめておおざっぱにいえば、購買意欲をそそるような便利で低コストな製品を作り出すことであろう。

それでは、『書紀』にも「設計図」が存在したと仮定してみれば、どうなるであろうか。もし「設計図」が存在するならば、程度の差こそあれ、それは史料としての『書紀』の価値を揺さぶることになりはしないか。

書紀冒頭生成論が『淮南子』や『三五暦紀』によって作文されていること自体は、これまでにも広く知られた事実であった。しかし、その後の研究の進展は、ある意味では衝撃的でさえあったといえよう。天地が開闢し陰と陽が混ざってイザナキ・イザナミが誕生し、この二神が万物を生成する。冒頭生成論は神代紀成文化によってはじめて構想されたものと想定され、そこには述作者の意図を汲み取ることができる。そもそも史書冒頭に生成論を置くことは六朝史書の一部にみられ、そこでは天地生成から三皇五帝という伝説の帝王たちの時代、そして人間の歴史と、太古から「現代」までを通史的に叙述しているという。このようなスタイルは、私なりに理解するならば、単に人間の歴史を述べるだけではなく、帝王が支配するこの「宇宙」「世界」の成り立ちから説き起こすものであろう。少々大げさに敷衍するならば、「この世界が存在することの意味」をも説明したものであるかもしれない。(23) もし、そうであるならば、『書紀』が冒頭に生成論を配置したことは、きわめて意図的になされたと考えざるをえないのである。

神代紀は生成論からはじまり、その後の流れのなかに「日向神話」は位置づけられる。そこでは隼人は懲らしめられて服属を誓い、その後の「人間の時代」において隼人が天皇に臣従する様子が描かれている。天武朝より前の時期の隼人関係記事は、このように理解すべきではなかろうか。

いうまでもなく、『書紀』は書物である。書物もまた、人間が人工的に作り出したものである。そこには当然、製作の目的や意図があったであろう。多かれ少なかれ、何らかの「設計思想」が存したはずである。私は、『書紀』出典論は「設計図」の復元へ踏み込むべきであると思うし、また、すでにその段階へ入りつつあると認識している。編纂者の「設計思想」の復元を目指すこともまた、『書紀』出典論のもつ意義なのではないかと考えている。

なお、近年では森博達に代表される『書紀』区分論も、「設計思想」「設計図」の復元にきわめて有効だと思われるので、今後の進展を俟ちたいと思う。[24]

四　テキストのなかの隼人

序章第一節で確認したように、『書紀』を読むに際しては、冒頭の天地開闢（神代紀第一段）から持統譲位／文武即位（持統紀十一年八月乙丑条）にいたるまで、『書紀』の語る〝おはなし〟を一貫した態度で読み解かなくてはならないし、これを隼人研究にあてはめるならば、コノハナサクヤヒメの火中出産譚（神代紀第九段）から持統紀の相撲記事（持統九年五月条）まで、『書紀』の隼人関係記事すべてに対して一貫した説明を与えねばならないと考える。本章でも触れ、これまで本書でも論じてきたように、『書紀』の隼人関係記事については、その全体的布置のなかの整合性においてこそ理解されるべきであろう。好みに応じて特定の要素のみを「抜き出す」などといったことは、慎まなければならない。

近年、蝦夷――だということにされた人々――について精力的に再検討をすすめる松本建速は、蝦夷について次のように述べている。

…正史上の蝦夷関連の内容の多くは、実態からかけ離れた「物語」であった可能性が高い。それが書かれた時期、国家の形を整えるのに要した装置がいくつもあり、「蝦夷」はその典型であった…。[25]

蝦夷と呼ばれた人々の姿すら、古代日本国が創作した幻影にすぎなかった。その原型となる存在を何かに求めることもできる。しかし、その源にあったのは、古代日本国の中枢にいた一部の人々が創造した物語であった。それを、後の人々が増幅し、さらに補強していったのである。(26)

これは蝦夷についての指摘であるが、この松本の発言は、まさに隼人の本質をついている。隼人が「国家の形を整えるのに要したいくつもの装置」の一つであることは、本書でも確認してきた。また、天武朝より前の時期の『記・紀』隼人関係記事が、仏教思想を含む広義の中国思想によって創られた〝おはなし〟であることも、本書で論じてきたとおりである。

テキストが創り出した〝古代〟、テキストのなかの〝隼人〟。およそテキストを読むとは、いかなることであるのか。どうすればわれわれは、テキストを読んだことになるのだろうか。『書紀』研究はもちろんのこと、隼人研究においてもまた、このことが問われている。忌憚なきご批正を賜らんことを乞う。

註

(1) 本書序章。
(2) 本書第一章および第二章。
(3) 本書第五章。
(4) 本書第三章。
(5) 本書第四章。
(6) 本書第五章。

（7）本書第六章。
（8）本書第三章、第四章および第六章。
（9）本書第七章。
（10）永山修一「古代の日向―『古事記』の日向関係記事を中心に―」（宮崎県地域史研究会編『宮崎県地域史研究』二七、二〇一二年）二八―二九頁。また、中村明蔵「古代における服属関係の成立」（『熊襲・隼人の社会史研究』名著出版、一九八六年）五五―五六頁も参照されたい。
（11）坂上康俊「古代の日向国」（坂上康俊ほか『県史45　宮崎県の歴史』山川出版社、一九九九年）六三頁。また、永山前掲註（10）論文一〇四―一〇五頁。
（12）直木孝次郎「日本『神話』にみる作為と変形」（『日本神話と古代国家』講談社学術文庫、一九九〇年）八四頁。
（13）津田左右吉『日本古典の研究　上』（岩波書店、一九七二年改版）。
（14）川副武胤『日本神話』（読売新聞社、一九七一年）四三六―四三七頁の文章を原口が改変した。また、同書四三八―四五〇頁も参照されたい。必ずしも従えるわけではないが、川副により、「神話」の中国文献による類話・出典の紹介・指摘がなされている。
（15）この点については、本書序章第二節を参照されたい。
（16）これらについては、本書第五章および第六章を参照されたい。
（17）例えば、吉田一彦『シリーズ〈本と日本史〉①『日本書紀』の呪縛』（集英社新書、二〇一六年）など。
（18）品田悦一「古典としての万葉集」（神野志隆光編『必携　万葉集を読むための基礎百科』学燈社、二〇〇三年）。また、品田悦一『万葉集の発明―国民国家と文化装置としての古典』（新曜社、二〇〇一年）も参照されたい。
（19）細井浩志「律令国家の国史編纂」（『古代の天文異変と史書』吉川弘文館、二〇〇七年）三二八頁。
（20）遠藤慶太「『日本書紀』の分註―伝承の複数性から―」（大阪歴史学会編『ヒストリア』二一四、二〇〇九年）、同『東アジアの日本書紀―歴史書の誕生―』（吉川弘文館、二〇一二年）一五―一六頁など。

(21) 例えば、水口幹記「奈良時代の『日本書紀』読書—養老講書をめぐって—」(新川登亀男ほか編『史料としての『日本書紀』—津田左右吉を読みなおす』勉誠出版、二〇一一年)など。

(22) 菅野卓雄・川西剛監修『半導体大事典』(工業調査会、一九九九年)一四五三頁。

(23) 以上については、本書第五章第三節を参照されたい。

(24) 森博達『日本書紀の謎を解く—述作者は誰か』(中公新書、一九九九年)、同『日本書紀成立の真実—書き換えの主導者は誰か』(中央公論新社、二〇一一年)、葛西太一「神武紀冒頭部の位置付け—アマテラスの呼称転換と訓注の重出・不順をめぐって—」(古事記学会編『古事記年報』五七、二〇一五年)など。

(25) 松本建速『ものが語る歴史25　蝦夷とは誰か』(同成社、二〇一一年)一九頁。

(26) 松本前掲註(25)書二九九頁。

あとがき

今、私の手元に、中村明蔵編『南九州古代史史料集（歴史篇）』（甲南書店、一九九三年）という冊子が一部ある。たくさんの書き込みがあり、いろいろな思い出がよみがえってくる。

私は大学受験に際してフランス文学科を志望していたのだが、受験に失敗し、ビジネス系の学部へと進んだ。ただ、人文系の分野を学びたいという希望は抱き続け、文学か歴史を学びたいと考えていた。というのも、中村明蔵先生が地元紙に連載されていた隼人や日向神話についてのシリーズの切り抜きを、母が「支援物資」と一緒にアパートに送ってくれており、それを読んで関心をもったからである。

卒業後は都内でしばらくサラリーマンをしていたのだが、隼人を研究したいと思い立ち、退職することにした。郷里の鹿児島へ戻り、大学院進学へ向けて勉強をはじめた。鹿児島県歴史資料センター黎明館で開催される隼人文化研究会に加えていただき、また、鹿児島国際大学で中村先生が開講される隼人の講義、上村俊雄先生の考古学の講義、小園公雄先生の地域史の講義を、社会人聴講制度で聴講させていただいた。冒頭の冊子は、その時のテキストである。

そもそも私が隼人に興味をもったのは、大学時代に読んだ神話の本に、日向神話には隼人が登場し、また私の故郷がその舞台になっていると記されていたからである。それまで児童向け古事記などしか読んだことがなかったので、そんなことをはじめて知り、非常に驚いた記憶がある。

私の出身地である鹿児島県南さつま市は、古代の薩摩国阿多郡の範囲とおおよそにおいて一致する。しかし子供の頃を思い起こしても、周囲の大人たちから神話について聞いたことなど一度もない。まったく記憶にないのである。ところが、この十五年ほどで、地元の人たちも神話の話題を口にするようになった。その頃から、地元の商工会か青年団が、神話で村興しをはじめたからである。後年、「伝承というのはこうやってできていくのだろう」と思った。

大学院は名古屋市立大学で、吉田一彦先生のもとで学ぶことになった。入学前、今後の相談とアパートを決めるために名古屋へ出向いた時、吉田先生の研究室で雑談したことはよく覚えている。先生は別れ際、最後に一言「まあ、僕は異端だから」といわれた。その時は「学者というのはこうやって格好つけるのか、変わった人たちだ」と思ったのだが、古代史の勉強を進めるにつれ、先生が本当に古代史学界の異端児だと知り、びっくりした。

その後、大学院で古代史を学んでいたのだが、修士論文のテーマが決められず、思い悩むことになった。結局、修論は隼人メインでは書けずに、吉野国栖を主軸に据えて書くことになった。修論の一部をまとめ直して公刊したのだが、今回、その一部を撤回することになってしまった。

博士課程に進学してからも、なかなかテーマが決められず、苦しんでいた。たぶんその頃だと思うが、先生から「隼人やるんだったら、瀬間君の論文を読んどいた方がいいよ」と、瀬間正之先生のご著書をご教示いただいた。一読して衝撃を受けた。瀬間先生の火中出産譚や海宮訪問譚の出典論についてのご論考である。神話の研究にこんな方法があるのか、と思った。今にして思えば、私の方向性はその時に定まったのだろう。

博士の学生になってからは、成城大学で開催される日本書紀を考える会に参加させていただくことになった。私は、隼人文化研究会と日本書紀を考える会で育てていただいたんだと、強く思う。
もともと私は、研究としては日向神話を取り上げるつもりはなかった。ただ、日本書紀の隼人関係記事を検討していく上で、その必要性に迫られた。これも運命なのだろうか。結局、本書は、結果として日向神話を論じるためのもののようになってしまった。

ここで本書各章の初出について触れておきたい。本書のもとになった拙稿は、以下のとおりである。本書を成すにあたり、構成や内容の一部が変更されていることを申し添えておく。今後は本書をもって卑見としたい。

①「『記・紀』隼人関係記事の再検討（一）」（名古屋市立大学大学院人間文化研究科編『人間文化研究』No.九、二〇〇八年）――第一章。
②「「日向神話」と南九州、隼人―出典論との関わりから―」（鹿児島地域史研究会編『鹿児島地域史研究』No.五、二〇〇九年）――第五章、一部は終章。
③「『記・紀』隼人関係記事の再検討（二）」（名古屋市立大学大学院人間文化研究科編『人間文化研究』No.一五、二〇一一年）――第三章。
④「文章表現からみた隼人」（大隅国建国一三〇〇年記念事業実行委員会・霧島市・霧島市教育委員会編『大隅国建国一三〇〇年記念シンポジウム資料集　大隅国建国がもたらしたもの』二〇一三年）――第四章。
⑤「隼人研究の背景」（宮崎考古学会編『宮崎考古』第二四号、二〇一三年）――序章、一部は終章。
⑥「隼人論の現在」（古代学協会編『古代文化』第六六巻第二号、二〇一四年）――第一章、一部は大幅に増補し第二章。

⑦「「日向神話」の隼人像」（名古屋市立大学大学院人間文化研究科編『人間文化研究』No.二三、二〇一五年）――第六章、一部は終章。

⑧「大宝令前後における隼人の位置付けをめぐって」（加藤謙吉編『日本古代の王権と地方』大和書房、二〇一五年）――第四章。

⑨「「日向神話」から神武東征へ」（瀬間正之編『古代文学と隣接諸学No.10『記紀』の可能性』竹林舎、二〇一八年）――第七章。

なお、終章は新稿である。

私のこれまでの研究をまとめ、同成社古代史選書から公刊しないかとのお話をいただいたのは、確か二〇一三年の夏の終わりであったと記憶している。ちょうどその頃、私は人生の転機であったのか転職を繰り返すなどしたため、私のような無名の駆け出しに大きなチャンスをお与えいただいたにもかかわらず、入稿は遅れに遅れてしまった。同選書監修の舘野和己先生、佐藤信先生、小口雅史先生にこの場をお借りしお詫びするとともに、機会をいただいたことに御礼申し上げる。また、同成社佐藤涼子氏にも多大なご迷惑をおかけしたことをお詫びするとともに、謝したい。

なお、本書第一章図2「薩摩・大隅郡配置図」は、深野信之氏（鹿児島県始良市教育委員会）作成のものをご提供いただき原口が改変した。図3「南九州古墳分布図」は、橋本達也氏（鹿児島大学総合研究博物館）作成のものをご提供いただいた。記して両氏に謝したい。

さて、大学院を出てからについても記すべきことは多々あるのだが、いずれその機会もあるだろう。吉田先生をはじめ名古屋市大の皆様、鹿児島県の歴史／文化財関係者の皆様、日本書紀を考える会の皆様、宮崎県の歴史／文化財関係者の皆様、日中両国の各学会／研究会の皆様、そして今夏まで三年間勤務させていただいた安徽大学の皆様。皆様との出会いを抜きにして、本書をまとめることなど到底できませんでした。深く感謝いたします。

二〇一八年六月　合肥にて

原口　耕一郎

付記

本書は名古屋市立大学に提出した博士学位請求論文『隼人と日本書紀』がもとになっており、それに幾分かの加筆／修正をなしたものである。

また、本書のもとになった拙稿のうち数編は、公益財団法人松下幸之助記念財団2012年度研究助成「中国文献および中国思想の伝来と受容からみた古代日本天皇制の特質に関する政治思想史的研究」、平成二六年度日本学術振興会科学研究費補助金（奨励研究）「『日本書紀』の隼人像—古代天皇制におけるイデオロギー政策の一端（研究課題番号：26901003）」による成果の一部である（研究代表者はいずれも原口）。

隼人《はやと》と日本書紀《にほんしょき》

■著者略歴■

原口　耕一郎（はらぐち　こういちろう）

1974年　鹿児島県に生まれる

2009年　名古屋市立大学大学院人間文化研究科博士後期課程単位取得満期退学

2018年　博士（人間文化）

現　在　西安交通大学外国語学院日語系　外国人専任講師

主要著書

「『日本書紀』の文章表現における典拠の一例――「唐実録」の利用について」（共著、大山誠一編『日本書紀の謎と聖徳太子』平凡社、2011年）、「大宝令前後における隼人の位置付けをめぐって」（共著、加藤謙吉編『日本古代の王権と地方』大和書房、2015年）、「「日向神話」から神武東征へ」（共著、瀬間正之編『古代文学と隣接諸学 No10『記紀』の可能性』竹林舎、2018年）など

2018年10月25日発行

著　者　原口耕一郎

発行者　山脇由紀子

印　刷　三報社印刷㈱

製　本　協栄製本㈱

発行所　東京都千代田区飯田橋4-4-8（〒102-0072）東京中央ビル　㈱同成社

TEL 03-3239-1467　振替 00140-0-20618

ISBN978-4-88621-807-0 C3321